［改訂版］

生きる力を育む生徒指導

宮下 一博
河野 荘子
　　　編者

北樹出版

●執筆者一覧 (執筆順)

宮下　一博	(第1章)	千葉大学教育学部	
鈴木　健一	(第2章)	金沢大学保健管理センター	
辻河　昌登	(第3章)	兵庫教育大学学校教育学部	
橋本　広信	(第4章)	群馬医療福祉大学社会福祉学部	
原　英樹	(第5章)	千葉大学教育学部	
伊藤美奈子	(第6章)	慶應義塾大学教職課程センター	
榎本　淳子	(第7章)	東洋大学文学部	
石田　弓	(第8章)	広島大学大学院教育学研究科 附属心理臨床教育研究センター	
河野　荘子	(第9章)	名古屋大学大学院教育発達科学研究科	
山田　裕子	(第10章)	東京学芸大学大学院連合学校教育学研究科	
笠井　孝久	(第11章)	千葉大学教育学部	
北島　善夫	(第12章)	千葉大学教育学部	
林　智一	(第13章)	大分大学医学部	
藤井　恭子	(第14章)	愛知教育大学教育学部	

改訂版　はしがき

　本書の初版刊行から5年余が経過した。その間、多くの方々に本書をご活用いただき、深く感謝申し上げたいと思う。このまま本書の増刷を繰り返すという方法もあるが、今回は、次の2つの理由から改訂版の刊行を行うこととした。まず、一つ目は新学習指導要領の施行である。小学校と中学校では、それぞれ平成23年度、24年度から新学習指導要領が全面実施され（なお、幼稚園では平成21年度から全面実施）、高校では、基本的に平成25年度入学生から年次進行で実施される（特別支援学校では、幼稚園・小学校・中学校・高校それぞれの実施時期に準じて実施）。このような学習指導要領の改訂に対応するためには、本書を全面的に見直す作業が不可欠と判断した。なお、今回の新学習指導要領では、子どもたちの「生きる力」の育成がさらに声高に叫ばれているが、これは本書のタイトルでもあり、まさに本書の狙いと合致するところである。二つ目は、5年余という年月の経過によりデータ等が古くなっているところがあり、大幅なデータの差し替えを行ったことがあげられる。本書の改訂版についても、さらに多くの方々にお読みいただきご活用いただければ幸いである。

　　平成22年7月

編　著　者

初版　はしがき

　現代の児童生徒の不適応行動は、不登校やいじめ、非行・犯罪などの増加や低年齢化のみならず、非常に極端なかたちで表出されることが多くなった。たとえば、学校から完全に距離をおく不登校や、青少年の人を人と思わないような残虐ないじめや事件が、頻繁にマスコミで報道されている。12歳の少年による幼児殺人事件が日本全国を驚愕させたのは、比較的記憶に新しいところである。本年（2005年）2月に発生した、17歳の少年による教師殺傷事件も社会に大きな衝撃を与えた。こうした状況に対処するため、わが国では、数年前に、改正少年法を施行し、刑事罰の対象を16歳から14歳へと引き下げる措置を行ったが、少年による凶悪な事件は以後も続いて発生している。また、重大な不適応行動とはいえないが、人間関係を極端に苦手とする子どもや、基本的生活習慣（自立）の遅れを示す子どもも徐々に増えつつあるように感じられる。このような青少年の心の荒れや社会性の発達の遅れの根源には現代のわが国の社会病理があり、それを反映するかたちでの家庭教育や学校教育の問題が関係していることは間違いない。つまり、このような青少年の行動を予防・改善していくためには、何よりも教師や親が子どもの心を理解し（あるいは、理解しようとし）、子どもと向き合うこと（あるいは、向き合おうとすること）が必要・不可欠となる。

　本書は大別して2部からなる。まず、第Ⅰ部は「生徒指導の基礎的内容」としてまとめられ、全5章から構成されている。第1章では、生徒指導の定義や内容とともに、生徒指導と教育相談や進路指導との関連が記述されている。第2章では、生徒指導の具体的な方法論が紹介され、第3章と第4章では、それぞれ生徒指導の一環としての教育相談及び進路指導の内容が記述されている。また、第5章では、生徒指導の重要な対象である児童生徒の不適応行動に関して、現代におけるその主な内容ならびにその要因について、記述がなされている。これにより、生徒指導の基本的な内容を理解するとともに、子どもと向き合う際の基本的な態度について考えを深められるよう工夫がなされている。続

く第Ⅱ部は「生徒指導の具体的内容」としてまとめられ、全9章から構成されている。生徒指導の具体的内容としては、第6章では不登校、第7章ではいじめ、第8章ではひきこもり、第9章では非行、第10章では基本的生活習慣、第11章では学習不適応、第12章では発達障害、第13章では精神障害、第14章では進路指導をそれぞれ取り上げ、現代におけるそれらの実態やその要因、いくつかの指導の実際例などについて記述している。それにより、これらの問題についておおよその内容を知り実際に指導を行う際に役立つとともに、多様な個性をもつ個々の子どもへの対応に関して、子どもの個性に応じた対応を考える力量が育まれるよう工夫をしているつもりである。

　本書は、基本的に大学や短大などにおける教職課程用のテキストとして編集されたものであるが、青少年に関わるすべての関係者の方々に読んでいただける内容となっている。多くの方々に幅広く読まれ、活用されることを切に願っている。

　最後に、ご多忙の中、本書の執筆をお引き受けくださった諸先生方、ならびに本書の企画から出版に至るまで暖かくご援助くださった北樹出版編集部の古屋幾子氏に厚くお礼を申し上げたい。また、北樹出版社長の登坂治彦氏にも大変お世話になった。これらの方々に、心から感謝を申し上げたい。

　　　平成17年3月

　　　　　　　　　　　　　　　　　　　　　　　　　　　編　著　者

目　　次

I　生徒指導の基礎的内容

第1章　生徒指導とは……………………………………………………12
第1節　生徒指導の目的・内容………………………………………12
第2節　教育課程における生徒指導…………………………………14
　　　　A．教科指導における生徒指導（15）
　　　　B．道徳における生徒指導（15）
　　　　C．特別活動における生徒指導（18）
第3節　生徒指導と教育相談・進路指導……………………………20

第2章　生徒指導の方法………………………………………………22
第1節　個別指導と集団指導…………………………………………22
第2節　児童生徒理解の方法…………………………………………23
　　　　A．観察法（24）
　　　　B．面接法（26）
　　　　C．質問紙調査法（28）
　　　　D．創作物を用いた方法（28）
　　　　E．心理検査法（29）
第3節　学校における生徒指導体制の確立とその進め方 …………30

第3章　生徒指導における教育相談…………………………………32
第1節　教育相談の目的と内容………………………………………32
　　　　A．教育相談の目的（32）
　　　　B．教育相談の内容（33）
第2節　教育相談の方法 ………………………………………………34
第3節　学校における教育相談体制の確立とその進め方 …………35
　　　　A．教育相談係の役割（35）
　　　　B．教育相談体制の確立（36）

　　　　C. 教育相談の進め方〔39〕
　　　　D. 教育相談の態様〔42〕

第4章　生徒指導における進路指導 …………………………………44
　第1節　進路指導の目的・内容……………………………………44
　　　　A. 進路指導の定義〔44〕
　　　　B. 進路指導の内容：進路指導の6分野〔47〕
　第2節　進路指導の6分野から見た進路指導の方法 ………………47
　第3節　学校における進路指導体制の確立とその進め方 …………52
　　　　A. 進路指導体制確立における留意点〔52〕
　　　　B. 進路指導の体制作りとその進め方〔54〕

第5章　児童生徒の不適応行動とその要因 …………………………56
　第1節　児童生徒の不適応行動………………………………………56
　　　　A. 不　登　校〔56〕
　　　　B. 非　　行〔57〕
　　　　C. い じ め〔58〕
　　　　D. 注意欠陥多動性障害（ADHD）〔60〕
　第2節　児童生徒の不適応行動の要因 ………………………………61
　　　　A. 家庭の要因〔61〕
　　　　B. 学校の要因〔62〕
　　　　C. 社会の要因〔65〕

Ⅱ　生徒指導の実際的内容

第6章　不登校にまつわる理論と指導の実際 ………………………72
　第1節　不登校の理論と実態…………………………………………72
　　　　A. 不登校に対する見方の変遷〔73〕
　　　　B. 不登校についての原因論〔74〕
　　　　C. 現代社会における不登校〔75〕
　第2節　不登校の指導の実際 …………………………………………76
　　　　A. 子どもと保護者への対応〔76〕

　　　　B．不登校支援の新しい視点（78）
　　　　C．学校をめぐる相談体制作り（82）
　　　　D．ま　と　め（85）

第7章　いじめにまつわる理論と指導の実際 ……………………86
　第1節　いじめにまつわる理論と実態 ………………………86
　　　　A．いじめとは何か（86）
　　　　B．いじめの実態（90）
　第2節　いじめの指導の実際 ……………………………………95
　　　　A．学校でできること（95）
　　　　B．学級でできること（97）
　　　　C．被害者、加害者に向けてできること（98）

第8章　ひきこもりにまつわる理論と指導の実際 …………100
　第1節　ひきこもりにまつわる理論と実態 ………………100
　　　　A．ひきこもりの定義（100）
　　　　B．ひきこもりの一般的特徴（100）
　　　　C．ひきこもりのきっかけと背景にある諸要因（101）
　　　　D．ひきこもりの長期化と悪循環（102）
　　　　E．ひきこもる子どもの実態（104）
　第2節　ひきこもりの指導の実際 ……………………………108
　　　　A．本人への対応（108）
　　　　B．家族の支援（112）
　　　　C．教師による支援（113）
　　　　D．社会的援助資源の利用（114）
　　　　E．ま　と　め（114）

第9章　非行にまつわる理論と指導の実際 …………………117
　第1節　非行にまつわる理論と実態 …………………………117
　　　　A．非行とは？（117）
　　　　B．最近の非行の実態（120）
　　　　C．非行のメカニズム（122）

         D. 非行を考える際に（125）
　　第 2 節　非行の指導の実際 …………………………………………126
         A. 事例の紹介—万引きをするR雄（126）
         B. 非行を指導する際にもっておきたい視点（127）
         C. ま と め（130）

第10章　基本的生活習慣にまつわる理論と指導の実際 …………132
　　第 1 節　基本的生活習慣に関する理論と実態 ……………………132
         A. 基本的生活習慣の概念と現状の課題（132）
         B. 基本的生活習慣の形成に関連する理論（134）
         C. 子どもの基本的生活習慣の形成に関する研究（138）
　　第 2 節　基本的生活習慣の指導の実際 ……………………………141
         A. 遅刻をはじめ生活習慣の乱れが見られる子（141）
         B. きまりを守る習慣のない生徒（143）

第11章　学習不適応にまつわる理論と指導の実際 ………………147
　　第 1 節　学習不適応にまつわる理論と実態 ………………………147
         A. 学習不適応とは（147）
         B. 学習不適応に影響を及ぼす要因（150）
　　第 2 節　学習不適応児の指導の実際 ………………………………153
         A. 授業中、ボーッとしている子どもへの支援（153）
         B. 心理的問題が学習活動を阻害していた子どもへの支援（155）
         C. ま と め（160）

第12章　発達障害にまつわる理論と指導の実際 …………………161
　　第 1 節　発達障害にまつわる理論と実態 …………………………161
         A. 発達障害児に関連する学校教育の動向（161）
         B. 発達障害の捉え方－①発達の連続性の中で捉える（163）
         C. 発達障害の捉え方－②多様な困難をもち合わせる（165）
         D. 特別な教育的ニーズをもつ子どもたちへの支援（166）
　　第 2 節　発達障害の指導の実際 ……………………………………167

A．学習障害（LD）（167）
　　　B．注意欠陥多動性障害（ADHD）（169）
　　　C．高機能自閉症（HFA）、もしくは、
　　　　　高機能広汎性発達障害（HFPDD）（171）
　　　D．まとめ（173）

第13章　精神障害にまつわる理論と指導の実際 ……………………174
　第1節　精神障害にまつわる理論と実態 ……………………………174
　　　A．生徒指導における精神障害の問題（174）
　　　B．青少年に好発する主要な精神障害（175）
　第2節　精神障害の指導の実際 ………………………………………179
　　　A．精神障害を有する児童生徒を抱える環境作り（179）
　　　B．精神障害を有する児童生徒をめぐる
　　　　　チームアプローチの実現に向けて（180）
　　　C．統合失調症の青年に対して、誤った認識と対応が見られた事例（185）
　　　D．学校と医療機関の連携において
　　　　　スクールカウンセラーが有効に機能できた事例（186）
　　　E．まとめ（188）

第14章　進路指導にまつわる理論と指導の実際 ……………………190
　第1節　進路選択という自分探し ……………………………………190
　　　A．進路選択と学歴社会の揺らぎ（190）
　　　B．職業の意味（192）
　　　C．移行の難しさ（194）
　第2節　進路指導にまつわる理論 ……………………………………197
　　　A．将来展望と進路成熟（197）
　　　B．アイデンティティの探求（200）
　　　C．キャリア発達（202）
　第3節　進路指導の実際 ………………………………………………206
　　　A．キャリア教育（206）
　　　B．進路指導の実践（209）

Ⅰ　生徒指導の基礎的内容

第1章 生徒指導とは

　現代は、不登校、いじめ、非行等の教育問題が多発し、これまでにも増して教師による「生徒指導」の必要性が叫ばれている。また、家庭教育の形骸化などを背景に、子どもの基本的生活習慣の未確立や社会性の発達の遅れ、自立の遅れなどの人格形成をめぐる諸問題も一層深刻になってきている。これらの子どもの対応に追われ、「授業どころではない」という声も聞かれる。現在の学校では、子どもにまつわる多様な問題が発生し、教師はその対応に追われて、四苦八苦しているというのが現状である。

第1節　生徒指導の目的・内容

　「生徒指導」というと、教師の威圧的な対応が真っ先に連想され、「怖い」、「恐ろしい」というイメージをもつ人も多い。しかし、「生徒指導」とは、そもそもそのような権威主義的・管理主義的な対応とはまったく無縁のものである。そのようなイメージで捉えられていることは、ある意味で「教育」の失敗ということができる。

　文部科学省（2010）では、生徒指導の定義（意義）について、「生徒指導とは、一人一人の児童生徒の人格を尊重し、個性の伸張を図りながら、社会的資質や行動力を高めることを目指して行われる教育活動」と規定している。さらに、この文章に続けて、「生徒指導は、すべての児童生徒のそれぞれの人格のよりよき発達を目指すとともに、学校生活がすべての児童生徒にとって有意義で興味深く、充実したものになることを目指しています。生徒指導は学校の教育目標を達成するうえで重要な機能を果たすものであり、学習指導と並んで学校教育において重要な意義を持つものと言えます」、「各学校においては、生徒指導

が、教育課程の内外において一人一人の児童生徒の健全は成長を促し、児童生徒自ら現在及び将来における自己実現を図っていくための自己指導能力の育成を目指すという生徒指導の積極的な意義を踏まえ、学校の教育全体を通じ、その一層の充実を図っていくことが必要です」としている。また、自己実現の基礎にあるものとして、児童生徒の様々な「自己選択」と「自己決定」等に言及し、その機会の提供とともに、それらの過程において教職員が適切に「援助や指導」を行うことの重要性を指摘している。

つまり、生徒指導の中心は、児童生徒の「健全な成長の促進」ならびに「自己指導能力の育成」にほかならないが、教師はそのために、児童生徒の行動、自己選択や自己決定等に関して「指導・援助」を行うという役割をもっていると考えられる。このような生徒指導の理念からすれば、教師の威圧的な対応は決して真の生徒指導とはいえない。なぜなら、そのような教師の対応は、「援助や指導」の枠を超えているのみならず、それらが、本当の意味での児童生徒の自己指導能力を育成することにはつながらないからである。

また、生徒指導には3つの目的があるとされている。この3つとは、「成長を促す指導」「予防的指導」「課題解決的指導」（文部科学省，2010）である。「成長を促す指導」とは、すべての児童生徒の発達を考えて行う指導、「予防的指導」とは、一部の児童生徒を対象に、深刻な問題に発展しないように初期段階で諸課題を解決しようとする指導、「課題解決的指導」とは、特別に支援を要する児童生徒を対象に、深刻な問題行動や悩み等の解決に焦点を当てた指導を意味する。

現在の教育現場では、いまだ一部の問題行動をもつ児童生徒の生活指導という点に力点が置かれているようにも思われるが、それだけでは上記の生徒指導の3つの目的を十分達成しているとはいえない。問題行動を未然に防ぐ、あるいは深刻なものにしないという観点も加味しながら、すべての児童生徒のよりよい人格形成を目指す生徒指導がより一層求められるのである。

以前に比べればゆるやかになってきているという面もあるが、厳しい校則を適用して、児童生徒の生徒指導を行おうとする傾向もいまだ見受けられる。子

どもの側からすれば、なぜ守らなければならないのかまったく理解できないような理不尽な校則もある。このような対応をする教師（学校）は、子どもの教育を放棄しているとしかいいようがない。厳しい縛りが生み出すのは、怒りや不満をうっせきさせる無条件の服従であり、これが子どもの「自己指導能力の育成」と対立することは一目瞭然である。

「自己指導能力の育成」は、子ども自身が種々の場面で自己を適切に統制できる能力を醸成することである。それは、理不尽な校則に従うということから生まれるのではなく、教師の指導のもとに、より自由な雰囲気の中で子どもが自ら考え議論することにより生み出されるものである。教師は、もう少し子どもを信頼してみてはどうであろうか。「生徒指導」は、教師と生徒の相互の信頼関係なしには十分に機能しないと思われるからである。

第2節　教育課程における生徒指導

　前節で述べた「生徒指導」の理念や目的からすれば、学校における生徒指導は随時行われるべきものである。すなわち、授業中、休み時間、放課後などを問わず、子どもがいるところでは、いつでも生徒指導的な関わりが求められる。その場合、何よりも指導する教師自身の人格の健全さが問題になる。自分ではとてもできないことを子どもたちに要求する、理由も聞かず頭ごなしに叱る、不公平である、子どもとの約束を守らない、思いやりがないなど子どもとの信頼関係の絆の確立が難しい場合は、健全な生徒指導的な関わりは到底望めないであろう。この点で、教師には、専門的な知識（学習指導）とともに、大人としての成熟した人格が不可欠のものとして求められるのである。

　さて、生徒指導は随時行われるわけであり、教育課程のすべてと深い関わりをもっている。中でも、「道徳」、「特別活動」との関わりはきわめて密接である。以下、教科指導、道徳、特別活動の順に、教育課程における生徒指導の問題について考えてみようと思う。

A．教科指導における生徒指導

　文部科学省（2008a）の『小学校学習指導要領』第1章「総則」第4「指導計画の作成に当たって配慮すべき事項」の2－(3)では、「日ごろから学級経営の充実を図り、教師と児童の信頼関係及び児童相互の好ましい人間関係を育てるとともに児童理解を深め、生徒指導の充実を図ること」と規定されている。
　また、文部科学省（2008b）の『中学校学習指導要領』第1章「総則」第4「指導計画の作成等に当たって配慮すべき事項」の2－(3)では、「教師と生徒の信頼関係及び生徒相互の好ましい人間関係を育てるとともに生徒理解を深め、生徒が自主的に判断、行動し積極的に自己を生かしていくことができるよう、生徒指導の充実を図ること」と規定されている。
　これらのことからわかるように、生徒指導は教科指導の中に有機的に位置づけられ、教科指導の中で生徒指導を行うという点も十分考慮する必要がある。たとえば、授業への遅刻、私語、教室の汚れ、カンニング、授業妨害などがあれば、その授業の中である程度指導を行うことが必要であろう。授業中、人間として許されない卑劣な行為や行動をした場合には、厳しくその行為・行動を叱るということも必要である。また、その子なりの努力が見えたり、望ましい行為・行動をしたりした場合には見逃さずほめるという姿勢も重要である。
　教師が子どもたちと最も長時間関わりをもつのは、通常、教科指導においてである。子どもの様子を見ていると、普段と異なる様子が見えることもある。学習意欲が落ちてボーッとしている子ども、活力のない子ども、こうした変化には、何らかの原因があるのが通例である。
　このように、教師には、教科指導の中で生徒指導を行うことが非常に多く求められる。いい換えれば、生徒指導を行いつつ教科指導を行う、ということになるのかもしれない。

B．道徳における生徒指導

　文部科学省（2008c）の『小学校指導要領解説－道徳編』は、小学校教育にお

ける「道徳」の意義を次の3点にまとめている。

(1) 人間としてよりよく生きる——人格の基盤としての道徳性の育成——

　人間は、だれもが人間として生きる資質をもって生まれてくる。その資質は、人間社会における様々な関わりを通して開花し、固有の人格が形成される。その過程において、人間は様々に夢を描き、希望をもち、また、悩み、苦しみ、人間としての在り方や生き方を自らに問いかける。この問いかけを繰り返すことによって、人格もまた磨かれていくということができる。人間は、本来人間としてよりよく生きたいという願いをもっている。この願いの実現を目指して生きていこうとするところに道徳が成り立つ。

　道徳教育とは、人間が本来もっているこのような願いやよりよい生き方を求め実践する人間の育成を目指し、その基盤となる道徳性を養う教育活動である。教育基本法第1条に「教育は、人格の完成を目指し、平和で民主的な国家及び社会の形成者として必要な資質を備えた心身ともに健康な国民の育成を期して行われなければならない」と規定されているように、教育は人格の完成を目的とする。道徳教育はこの人格の形成の基本にかかわるものである。

(2) 豊かな関わりと人間としての在り方や生き方の自覚

　人間としての在り方を自覚し、よりよい生き方を求めていくのは、日々の生活における様々なかかわりを通してである。そのかかわりとして、道徳との関連において、特に自分自身、他の人、自然や崇高なもの及び集団や社会などを指摘できる。

　道徳は、自らを見つめ、自らに問い掛けることから出発する。それは、外に表れている自己と内なる自己との対話を意味する。(中略)

　道徳は、他者との関わりにおけるよりよい生き方を求めるものである。個人の生活は、個人の独自性と相互依存性とをもって営まれている。(中略)

　道徳は、自然や崇高なものとのかかわりをもっている。人間は自然との日々の触れ合いによって、様々な思考や感情を発展させ、豊かな心を形成する。(中略)

　そして、道徳は、人間社会におけるよりよい生き方を求めるものである。人

間社会は、人格としての個人と個人がかかわり合いながら生活を共にするところに成り立つ社会集団である。(中略)

　道徳教育は、このようなかかわりを深めることを通して、国民として望ましい道徳性を育成していくことが求められるのである。

(3) 小学校ではよりよく生きる基礎となる道徳性を育成する

　小学校における道徳教育は、人間としてよりよく生きるための基礎・基本となる道徳性を育成するところに意義がある。幼児期においてなされる道徳性の芽生えを促す指導を踏まえて、小学校では、人間としてよりよく生きるために必要な道徳的価値や行動の仕方を様々な体験や学習を通して学び、一人一人の基礎的な道徳性を確立していく必要がある。そして、自らの日々の生活や現在及びこれからの自己の生き方に結び付けて考えを深めようとする視点が重要になる。それらは、人間としての生き方の自覚を重視した中学校における道徳教育へと受け継がれるのである。

　また、『中学校指導要領解説－道徳編』(文部科学省, 2008d)では、中学校教育における「道徳」の意義として次の点を指摘している。

(1) (前略)道徳教育とは、人間が本来もっているこのような願いやよりよい生き方を求め実践する人間の育成を目指し、その基盤となる道徳性を養う教育活動である。教育基本法第1条に「教育は、人格の完成を目指し、平和で民主的な国家及び社会の形成者として必要な資質を備えた心身ともに健康な国民の育成を期して行われなければならない」と規定されているように、教育は人格の完成を目的としている。道徳教育はこの人格の形成の基本にかかわるものである。

　人間は、とかく、本能や衝動によって押し流されやすく、自律的な行為をすることがむずかしいことも確かである。しかし、自己を律し節度をもつとき、はじめてより高い目標に向かって、忍耐強く進むことができ、そこに人間としての誇りが生まれる。

(2) 道徳は、また、人と人との関係の中での望ましい生き方を意味している。例えば、礼儀、感謝、思いやりなどは、互いに人格を尊重しようとすることか

ら生まれる望ましい生き方の現れである。人はこうした心の絆を深め、人間愛の精神に支えられて強く生きることができるし、人格の形成を図ることができるのである。

(3) 更に道徳は、具体的に、人間社会の中で人間らしく生きようとする生き方という意味をもっている。人は、家族、学校、地域社会、国家、国際社会などの社会集団の中で、何らかの役割を果たしながら生きている。そして、法やきまりの意義を理解し、権利・義務や責任の自覚を通して互いに社会連帯の意識を高め、進んで公共の福祉に努めようとするのである。

(4) 人は人間関係の中ばかりでなく、自然の中でも生きている。自然の恩恵なしには、人は一日たりとも生き続けることはできない。同時に、人は自らの有限性を知れば知るほど、謙虚な心をもち、人間の力を超えたものへの思いを深く抱くであろう。このように道徳は、人間と自然や崇高なものとの関わりをも含んでいるのである。

(5) 人格の形成に終わりはなく、絶えず成長していこうとするところに、人間の特質がある。特に、中学生の時期には、一般に自らの人生についての関心が高くなり、自分の人生をよりよく生きたいという内からの願いが強くなる。一人一人の生徒の中に、よりよい人生を求めて懸命に努力している姿を認め、その生徒の願いに、まっすぐに目を向けることから道徳教育は始まるのである。

以上のように、「道徳」の理念は、「生徒指導」の理念とかなり重複するものであり、次に述べる「特別活動」と共に、「教育課程」における「生徒指導」の両輪をなしていることがわかるのである。

C. 特別活動における生徒指導

『小学校学習指導要領』(文部科学省, 2008a) は、「特別活動」の目標として「望ましい集団活動を通して、心身の調和のとれた発達と個性の伸長を図り、集団の一員としてよりよい生活や人間関係を築こうとする自主的、実践的な態度を育てるとともに、自己の生き方についての考えを深め、自己を生かす能力を養う」という点をあげている。また、その具体的な内容として、①学級活動

（学級や学校の生活づくり、日常の生活や学習への適応及び健康安全）、②児童会活動、③クラブ活動、④学校行事の4つを指摘している。

一方、『中学校学習指導要領』（文部科学省，2008b）では、「特別活動」の目標は「望ましい集団活動を通して、心身の調和のとれた発達と個性の伸長を図り、集団や社会の一員としてよりよい生活を築こうとする自主的、実践的な態度を育てるとともに、人間としての生き方についての自覚を深め、自己を生かす能力を養う」と規定されている。また、その内容としては、①学級活動（学級や学校の生活づくり、適応と成長及び健康安全、学業と進路）、②生徒会活動、③学校行事、の3点が指摘されている。

これら「特別活動」の理念も、「生徒指導」の理念と大幅に重なる内容をもっている。自主的な生活態度の育成や自己実現をうたう「特別活動」は、「生徒指導」が最も有効に機能しうる教育課程の場と考えることができる。文部科学省（2008e）も、「児童は、特別活動において、学校生活の充実と向上を目指して様々な活動に取り組む。その過程で適切な指導助言を受けることにより、充実感や達成感を味わい、一層積極的、意欲的によりよい活動を目指すようになる。また、教師は様々な集団活動の場と機会をとらえ、児童一人一人について、より詳細に具体的に理解する資料が得られ、それに基づいて、一層適切に生徒指導を進めることができる。このように生徒指導は、児童が実践的な集団活動を展開する過程で機能的に働き、様々な活動を円滑に進めるための基盤をつくるなど特別活動の実践を支え、容易にする。」としている。また、『中学校学習指導要領解説－特別活動編』（文部科学省，2008f）も、「特別活動の指導は、個々の生徒や生徒集団の生活や活動の場面において、生徒の自発性や自主性を尊重しながら展開されるものであり、生徒の積極的な活動が展開されていくためには、深い生徒理解と相互の信頼関係を前提とした生徒指導の充実が不可欠である。また、生徒指導のねらいである自己指導能力や自己実現のための態度や能力の育成は、特別活動の目標と重なる部分もある。この意味で、生徒指導と特別活動との関連は極めて深いといえる」と指摘している。

知育偏重の現在、子どもたちのストレスははかり知れないものがある。塾通

いや稽古事などに追われ、自由な遊び時間が削られている子どもも多い。こうした状況の中で、子どもたちの友人との自由な関わりは確実に減少している。馬車馬のように走り続け、自己を見つめる機会も奪われつつある。このような環境で、人に対するやさしさや思いやりなどが育つはずがない。

　子どもの問題行動は、種々のストレスに耐えきれず、悲鳴をあげている子どもの訴えである場合が多い。今回の新学習指導要領（平成20年度改正、平成21年度から順次実施）では、旧指導要領（平成10年度改正、平成14年度施行）に比べて、いわゆる主要教科の時間数が大幅に増加しているが、ストレスの多い現代の日本の状況から子どもを守るためには、「道徳」や「特別活動」の充実（とりわけ「特別活動」の充実）こそ求めたいものである。

第3節　生徒指導と教育相談・進路指導

　先述のように、「特別活動」は、「生徒指導」が最も有効に機能しうる教育課程の場である。

　『小学校学習指導要領』（文部科学省，2008a）は、「特別活動」のひとつの重要な構成要素として、「学級活動」をあげている。そのひとつに、「日常の生活や学習への適応及び健康安全」という項目があり、その内容として、「希望や目標をもって生きる態度の形成、基本的な生活習慣の形成、望ましい人間関係の形成、清掃などの当番活動等の役割と働くことの意義の理解、学校図書館の利用、心身ともに健康で安全な生活態度の形成、食育の観点を踏まえた学校給食と望ましい食習慣の形成」と明記されている。これらの中に、「教育相談」の要素があることは明白であり、この点から考えて、「生徒指導」の中に「教育相談」が含まれていると考えるのが妥当であろう。『中学校学習指導要領』（文部科学省，2008b）でも、「特別活動」の中の「学級活動」のひとつとして、「適応と成長及び健康安全」という項目があり、その内容として、「思春期の不安や悩みとその解決、自己及び他者の個性の理解と尊重、社会の一員としての自覚と責任、男女相互の理解と協力、望ましい人間関係の確立、ボランティア活

動の意義の理解と参加、心身ともに健康で安全な生活態度や習慣の形成、性的な発達への適応」が指摘されている。

　また、中学校では、「学級活動」の項目として、「学業と進路」も重要な項目として加えられている。内容的には、「学ぶことと働くことの意義の理解、自主的な学習態度の形成と学校図書館の利用、進路適性の吟味と進路情報の活用、望ましい勤労観・職業観の形成、主体的な進路の選択と将来設計」と規定されており、「生徒指導」の一側面として「進路指導」が位置づけられていることがわかる。

　以上より、「生徒指導」という場合には、「教育相談」や「進路指導」を含めて捉えていくのが普通である。校内分掌では、生徒指導担当、教育相談担当、進路指導担当などと分けられている学校も多いが、内容的には、「生徒指導」として一本化して捉えていく方が無理がない。

　しかし、こうした校内分掌があるとはいえ、「生徒指導」は担任が相当部分担当しなければならないというのも事実である。教育相談に関しては、スクールカウンセラーの派遣が広がりつつある。何もかも担任に負担がかかる現在の学校において、これはその負担軽減へのひとつの取り組みとして注目される。「生徒指導」は「学習指導」とともに学校教育の双璧をなすものではあるが、問題行動が多発する現在の小・中学校では、「生徒指導」に要するエネルギーがさらに大きくなりつつあるといわれている。「子どもへの（生徒指導的な）対応に追われ、授業どころではない」というような教師の発言が減少していくよう、行政や社会のより一層の支援を期待したいものである。

引用文献
文部科学省　2010　『生徒指導提要』
　（http://www.mext.go.jp/b-menu/houdou/22/04/1294538.htm）
文部科学省　2008a　『小学校学習指導要領』　東京書籍.
文部科学省　2008b　『中学校学習指導要領』　東山書房.
文部科学省　2008c　『小学校学習指導要領解説－道徳編』　東洋館出版.
文部科学省　2008d　『中学校学習指導要領解説－道徳編』　日本文教出版.
文部科学省　2008e　『小学校学習指導要領解説－特別活動編』　東洋館出版.
文部科学省　2008f　『中学校学習指導要領解説－特別活動編』　ぎょうせい.

第2章 生徒指導の方法

第1節　個別指導と集団指導

　文部科学省は2010年に『生徒指導提要』を発表した。その中で、生徒指導とは「一人一人の児童生徒の人格を尊重し、個性の伸長を図りながら、社会的資質や行動力を高めることを目指して行われる教育活動」であると定義された。そして、生徒指導を進めていく上で、その基盤となるのは、「児童生徒一人一人についての児童生徒理解の深化を図ること」であり、指導場面においては、「個別指導か集団指導かといった二分法に陥ることなく、個や集団の状態に応じた指導を行うことが大切」であると述べられている。

　不登校や非行、引きこもり、校内暴力などの問題がクラスの中で頻繁に生じてくるにともない、各教師が児童生徒一人一人を相手にした個別指導を行う必要性が増大してきた。つまり、「これまでは叱ったり、励ましたりすることで問題を解決していたのだが、そのようなことでは問題は解決しないし、解決どころかいっそう悪化してしまうということも少なくない」(鑪, 1993) という状況が生じてきた。教師は、問題が発生したことへの責任や、あるいはこれから何らかの問題が起こるかもしれないという不安をより身近に感じながら、指導をするようになった。そして、このような多岐にわたる問題を扱うことは、当然のことながら、心理学やカウンセリングの専門的な知識を必要とするわけで、教師はその勉強にもエネルギーを費やさねばならなくなった。個別指導で利用されるカウンセリングについては後述するが、カウンセリングで基本的なルールとされている「枠」のテーマが、個別指導と集団指導のいずれの場合においても非常に重要になってくると思われるので、それについて考えてみたい。

カウンセリングでは、毎週同じ時間と場所、決められた一定の時間という「枠」の中で、カウンセラーと相談に訪れた人（来談者）とが出逢い、来談者はその「枠」の中で自由に心を表現することが可能となる。カウンセラーは来談者に対してその「枠」を呈示し、お互いがその「枠」を守ることに合意した上で、初めてカウンセリングが成り立つのである。来談者が自由に心を表現できる理由は、その「枠」の中では自分が守られていて安全であるという安心感が得られるからである。子どもは、行動へと駆り立てる衝動性や攻撃性を十分にコントロールできず、道徳観もまだ未確立の時期にある。したがって、教師が守られた「枠」を児童生徒に呈示し、その「枠」の中では安全であることを保証した場合には、児童生徒に自由な表現が許されるが、他人に迷惑をかけるなど、その「枠」を越える時には指導を行っていくような学級空間、学年空間が形成されていくことが望まれる。個別指導でも集団指導でも、お互いが「枠」を守り、「枠」を維持していくことが重要である。最近では、授業中にじっとしていられないといった教室の「枠」を守れない児童生徒や、クラスの約束事を守れないといった集団の「枠」を守れない児童生徒が増えている。その理由として、個々の子どもが抱える問題（注意欠陥多動性障害や広汎性発達障害など）の他に、たとえ教室の中であっても安心していられないほどの不安の強さを、混沌とした今の社会が子どもたちに与えていることもあげられる。子どもたちがより強固な安心感を得られるための「枠」を、大人がどれだけ提供できるかが問われているといえよう。

第2節　児童生徒理解の方法

　心理学研究法の立場から、児童生徒を理解していく方法として、次の5点について述べてみたい。第1は観察法、第2は面接法、第3は質問紙調査法、第4は日記や作文、詩などの創作物を用いた方法、第5は心理検査を用いた方法である。

A．観察法

　まず、観察法について説明する。ここでは自然的観察法と参加観察法について述べていくこととする。

　自然的観察法とは、「人の行動の生起に意図的な操作を加えないで、日常のありのままの行動を観察する試み」（小川・浜名，1974）のことをいう。学校現場に即していい換えるならば、「児童生徒がどのように行動を始め、行動をしているのかということを、教師が介入をしたり指示をしたりしないで、ありのままの行動を観察していく試み」であるといえよう。生徒会主導の行事や休み時間などの、教師が児童生徒に要求をしない、できる限り自然な場面で、彼らがどのように振る舞っているのか、誰と誰がよく話をしているのか、いつもと違うグループができていないか、行動を起こすリーダーは誰かなどという児童生徒同士の関係や、ある子どもに着目し、その表情や振る舞い、動きなどといった一人場面について、それぞれ注意深く観察していくのである。人の心を理解しようとする時にその理解の手がかりとなるのは、主に「言葉」であるが、表情や振る舞い、動きなどの行動の中にも、人の心が表れてくる。ところが、教師の側に「見たい」「わかりたい」という欲求がなかったり、「見たくない」「嫌だ」というような心の作用があると、網膜には映っているけれども見えていないということもある。これはサリヴァン（Sullivan，1954）が「選択的非注意」と呼んだもので、必要で心地よい情報や印象にのみ注意を向け、不快な情報をはぶくような心の働きのことをいう。教師の向けている関心が薄い児童生徒になればなるほど、ややもするとこの選択的非注意が生じてしまう恐れがあることを、十分に知っておく必要がある。

　また、自然的観察法によって得られた理解は、記録として残すことが求められる。これは、逸話記録とも呼ばれている。この記録を長期にわたって振り返ることで、新たな発見も生まれてくる。しかし、現実には、行事や教科指導、部活指導などがあって、なかなかゆっくりと記録を書いたり振り返ったりする時間がないのではなかろうか。ひとことでもいいから、すべての子どもについ

て振り返ってみることが求められるであろう。

　次に、参加観察法について説明したい。参加観察法は、自然的観察法のひとつとして分類されることもあるが、心理学の領域で最近重要視されてきている方法なので、取り上げてみたい。

　参加観察法は、文化人類学や社会人類学、社会学において、ある文化圏の社会や文化を理解しようとするための、実態調査法として用いられてきた歴史がある。「参加観察においては、観察者は、少なくともある程度集団の成員としての役割行動をとりながら、すなわち社会生活に参与しながら観察を行う」（三隅・阿部, 1974）のである。つまり、同じ人が、集団を外から眺めている観察者としての役割と、集団の中で関わっている参加者としての役割を同時に果たすわけである。この観察者と参加者のバランスが大切で、観察者の占める割合が多くなると、先述した自然的観察者に近づいていくし、参加者の割合が多くなると、完全な参加者となってしまい、児童生徒との区別がなくなってしまう。「観察者としての参加者」という立場が参加観察者であり、観察者と参加者という2つの視点をあわせもった、「第3の視点」（佐藤, 1992）を有効に働かせることが重要である。観察者と参加者のバランスの取り方は、個々の教師の得意とするスタイルによって、変わってくるであろう。観察者としての割合が多い方が児童生徒をしっかりと見つめることができる人もいるだろうし、逆に、参加者としてもっと積極的かつ直接的に彼らと関わっていくことで心をつかんでいく人もいるだろう。大切なのは、しっかりと関わると同時に、自分自身がどういう振る舞いをしていて、相手にどういう受けとめ方をされているのかということを知ろうとすることである。観察者としての視点を失わないようにしながら、常に児童生徒だけではなく自分自身の動きを把握しておくことが求められる。「他者理解は自己理解と重ね合わされていく」（齋藤, 1991）ともいえ、自分についてしっかりと理解を深めることは非常に大切なことである。そうしないと、自分の感情に引きずられて彼らの動きの中に入り込んでしまい、あの子はどうしていたかと後から振り返っても、何も覚えていないということになってしまう。なお、最近の学校教育は、教師と児童生徒との直接的な関わりの

中で科学的概念や道理を教えていくことが強調されているが、この参加観察法は、教師が子どもと関わる際の心の持ち方に示唆を与えてくれるのではないだろうか。

B．面接法

次に、面接法について紹介する。個別指導をする場合に、児童生徒との話し合いは不可欠である。個別指導を行うことは、不登校や非行など、多岐にわたる問題を扱うことになるので、単に叱ったり勇気づけたりするだけでは問題が解決しない場合が多い。個別指導では、それらの問題についての専門的な理解が必要である。しかし、「心理学やカウンセリングを学び、個別的指導ができるようになって、生徒の問題を解決したりして、指導の成果をあげることはできるようになるが、一方で教科教育的な活動から遠ざかることになる」（鑪，1993）という問題点もあり、注意が必要である。今後、スクールカウンセラーの配置が進むにつれて、本来の教師の専門性を保ちつつ個別指導を行うことが可能となるであろう。ここでは面接法について、教師がどのような態度で児童生徒との話し合いに臨んでいけばよいか、カウンセリングの知識の中から援用されうる事柄について述べてみたい。

まず大切なことは、しっかりと相手の話を傾聴することである。やってみると案外難しい。「そうはいっても」とか「先生は今忙しいから」、「君にも原因があるんじゃないのか」「相手の立場にもなってみろ」など、つい、教師の側から方向づけをしてしまいたくなる。そして一度これらの言葉をいってしまうと、子どもの側には「先生にはわかってもらえない」という拒否された感じが残ってしまう。ぜひ、気をつけたいところである。

次の留意点として、教師の側に、何が原因なのか早く知りたいという焦りがあげられる。焦りという感情は、物事を客観的に冷静に捉えていこうとする心の動きを妨げる。大切なのは、原因がわかることではなく、原因を理解するための情報を集めていくことである。そして情報を集めていくと、時には子どもが嘘をついていたり矛盾した話が出てきたりすることもあろう。ここで2通り

の考え方がある。その場で即座にこの違いについて彼らに直面させ事実を追及していく方法、もう一方はうまく「騙される」方法である。事実を追及することも必要かもしれないが、うまく「騙される」ことも教師の仕事のひとつではないかと思われる。カウンセリングにおいても、母と子の間に意見の違いが見られることは多い。たとえば、不登校の子どもが「何も手につかず、マンガをぼーっと眺めているうちに一日が終わる」と表現しているのに対して、母親は「マンガを読んでいる時だけ、あの子には笑顔が見られ、生き生きしている」と答えたとしよう。ある出来事に対する子どもの感想と、母親が語った子どもの様子とはまったく異なっているが、ここで大切なのは、「ぼーっとしている」のか「生き生きしている」のかという事実の追及ではなく、母と子がそれぞれ違った世界を体験しながら生活しているという理解である。同じようなことは学校場面でもあるのではないだろうか。他の教師から、授業中に、あなたのクラスの子どもがふざけていたので指導をしたという連絡を受けたとする。ところが、学級に戻って本人に尋ねてみたところ、言い分は、その教師がいっていたこととまったく違っていた。ここで、「〇〇先生はそうじゃないといっていたぞ」と違いを追及することもひとつの方法だが、その子どもの意見を尊重しながら聞く、時には、しっかりと騙されながら聞いていくこともひとつの方法である。そして、騙されながら、はたしてこの子は何がいいたいのか、何を隠そうとしているのか、何が話せないのかなどについて思いをめぐらせていくのである。その「いえなさ」を理解することができ、それを伝えることができたならば、後日、その子どもは、真実を話すのではないだろうか。身体症状を訴える子、いじめられ体験を訴える子、その他の事柄を訴える子や、逆に訴えない子なども同様であろう。本当だろうかと疑いたくなる気持ちもわかるが、しっかりと話す言葉を受けとめながら、わからないことを理解していこうとする姿勢が必要なのである。

C. 質問紙調査法

　第3の質問紙による調査は、一般に「アンケート調査」としてよく知られているものである。これはある集団に対して、複数の質問項目に回答してもらい、その結果を統計的に分析し、個人や集団の意識、感情などの傾向を推し量っていく方法である。「生徒指導において指導すべき内容と方法を考える場合、まず、その生徒指導を必要としている今日の子どもの現状をふまえ、生徒指導の目的を明らかにしなければならない。そうでなければ、現実とかけはなれた生徒指導を構想・実践してしまうであろう」(黒田, 1993)とあるように、今日の子どもの現状を把握することはとても重要である。情報が氾濫し、大人も子どもも、共通の情報を容易に得ることができる現在、子どもたちの心の世界は、大人の推測の範囲を越えていても不思議ではない。子どもたちの心を理解する方法のひとつとして、質問紙調査法は有用であり、大人の想像にも及ばないような事柄や、時代背景が関連しているような価値観や倫理観、道徳観などといった側面については、結果から得られる示唆が大きいと思われる。

　ここで注意しなければならない点を述べておこう。それは、質問紙調査が個人のプライバシーを侵害してはならないということである。通常、教師が実施するわけであり、児童生徒が教師に自分の回答を知られてしまうという不安を感じたりしては、正確な回答は望めない。また、統計的な知識も必要である。たとえば、男子と女子との間に、数字や％では違いが見られても、統計的な検定をしてみたら有意な差が見られない場合は、結果として性差はないと結論づけられるであろう(詳細は森・吉田, 1990を参照されたい)。

　質問紙調査法を用いることで、個人や集団の考え方や意識の大まかな特徴が把握でき、指導に役立てることができるのである。

D. 創作物を用いた方法

　次に、日記や作文、詩などの創作物を用いた方法を紹介する。特に、担任教師との間では、交換ノートを用いて毎日の様子を文章にして交換することなど

がよく行われている。教師と直接会話をすると緊張してしまったり、情緒的な負担を感じてしまう児童生徒に対して、文章という距離をおいた表現手段を用いると、彼らは自分の思いを比較的容易に伝えることが可能となる。しかし、児童生徒の側からすると、友だちとの交換日記もあるし、宿題もあるしで、交換ノートを毎日書き続けていくと、書くことがなくなってくるという場合もある。書くことがなくて、「ないです」と書く者もいるであろうし、提出しない者もいるであろう。対話を行うという意味で、交換ノートが毎日交換されればよいが、提出しない者に対しても、その交換ノートを提出しないということを材料にして、話題作りができるであろう。

　作文や詩の他に、絵画による創作物からも、その色使いや描かれる人物像とその人数、動作の有無などから、児童生徒の心の世界を推し量っていくことが可能であろう。

E．心理検査法

　最後に、心理検査を用いた方法について紹介する。心理検査は、精神科クリニックや総合病院の精神科外来、児童相談所、大学の心理教育相談室などにおいて受けることができる。心理検査には、Ｙ－Ｇ性格検査（矢田部・ギルフォード性格検査）や東大式エゴグラムなどの質問紙法の人格検査や、ロールシャッハ・テスト、ＴＡＴ（主題統覚検査）、ＳＣＴ（文章完成法テスト）、バウム・テスト（樹木画テスト）などの投影法の人格検査がある。しかし、心理検査は専門的な技術を要するものが多いため、基本的には教師が実施することは控えた方がよいであろう。児童生徒の言動に理解できない部分が生じてきたり、これまでに述べてきた方法では関わりが難しくなってきたり、様子がおかしいなどと感じたりした時には、スクールカウンセラーや臨床心理士、精神科医などの専門家に相談することが必要になるであろう。本人やその家族が専門家と会うことを拒む時には、教師が専門家と連絡をとって、対応を相談してみると有効な示唆が得られるはずである。

第3節　学校における生徒指導体制の確立とその進め方

　文部科学省（2010）は「課題解決的な個別指導は、学級担任・ホームルーム担任一人だけでは解決に導くことが困難な場合が多く見られる」とし、「学級担任・ホームルーム担任が児童生徒本人や保護者からこのような課題についての相談を受けたときには、話をしっかりと聞く姿勢を持ち、そして、自分一人だけでは判断せずに、必ず管理職などと相談し、養護教諭やスクールカウンセラー等の専門家の意見を踏まえて対応することが、課題解決的な個別指導には必要」と述べている。

　学校現場の中にスクールカウンセラーが配置されるようになり、カウンセリングなどの方法を用いて、個々の児童生徒の自己実現を援助することが可能となりつつある。まだすべての学校ではないが、「スクールカウンセラーから指導・助言を受けたり、スクールカウンセラーとの教育相談の機会を得ることによって、教師が安心感と自信をもって子ども達に接することができるようになってきた」（辻村，1996）のである。教師が安心感を体験することは、教師と接する児童生徒に安心感を与えることにつながる。このように、個々に対してしっかりと関わっていく方向性は、今後も継続・発展させていく必要がある。しかし、問題のある児童生徒を、特定の教育相談係やスクールカウンセラーなどに任せきりになってしまうことには注意したい。したがって、これからの生徒指導は、それぞれの教師が学級経営や学年経営を充実させながら、スクールカウンセラーなどと連携をとりつつ個々の子どもを見つめていくことが大切になってくるのではなかろうか。第1節で「枠」について述べたが、スクールカウンセラーを含めて、学校や児童生徒と関わるすべての大人たちが、充実した学校となるように、共通の指導方針と共通したイメージをもつことが重要になるであろう。そして、そのイメージを子どもと共有できるような指導が望まれる。特に、いじめに対しては、「絶対に許さない」という大人たちの共通した強い意志がなければ、解決は困難であろう。

引用文献

黒田耕司　1993　生徒指導の内容と方法，鑪幹八郎（編）『生徒指導論』福村出版，pp.47-60.

三隅二不二・阿部年晴　1974　参加観察法の定義と歴史，続有恒・苧阪良二（編）『心理学研究法10　観察』東京大学出版会，pp.139-147.

文部科学省　2010　『生徒指導提要』（http://www.mext.go.jp/b_menu/houdou/22/04/1294538.htm）

森敏昭・吉田寿夫　1990　『心理学のためのデータ解析テクニカルブック』北大路書房.

小川一夫・浜名外喜男　1974　自然的観察法，続有恒・苧阪良（編）『心理学研究法10　観察』東京大学出版会，pp.53-94.

齋藤久美子　1991　人格理解の理論と方法，氏原寛・三好暁光（編）『臨床心理学－アセスメント－』創元社，pp.151-184.

佐藤郁哉　1992　『フィールドワーク』新曜社.

Sullivan, H.S. 1954　*The psychiatric Interview*. New York : Norton.　中井久夫ほか（訳）1986　『精神医学的面接』みすず書房.

鑪幹八郎　1993　教育と生徒指導，鑪幹八郎（編）『生徒指導論』福村出版，pp.11-32.

辻村哲夫　1996　臨床心理士に期待する　臨床心理士報，8，3-4.

参考文献

文部省　1972　生徒指導資料第8集『中学校におけるカウンセリングの進め方』大蔵省印刷局.

文部省　1976　生徒指導資料第12集『精神的な適応に関する諸問題』大蔵省印刷局.

文部省　1980　生徒指導資料第15集・生徒指導研究資料第10集『生徒指導上の問題についての対策』大蔵省印刷局.

文部省　1981　『生徒指導の手引』大蔵省印刷局.

文部省　1988　生徒指導資料第20集・生徒指導研究資料第14集『生活体験や人間関係を豊かなものとする生徒指導－いきいきとした学校づくりの推進を通じて－』大蔵省印刷局.

文部省　1990　生徒指導資料第21集・生徒指導研究資料第15集『学校における教育相談の考え方・進め方』大蔵省印刷局.

第3章 生徒指導における教育相談

第1節 教育相談の目的と内容

A. 教育相談の目的

　教育相談の目的について、大野（1998）は、児童生徒の現在の問題や今後の課題に対して、学校における生活面（心理社会面および健康面）を土台にして児童生徒各自の学習面・進路面に焦点化された指導・援助を行うことであるとしている（図3-1）。これまで教育相談といえば、不登校児童生徒への援助に代表されるように、彼らの心理社会面への援助に偏りがちであった。しかし、この大野の定義は、すべての児童生徒を対象とした包括的な指導・援助を考えたものとして、教育現場の実状に合った大変実践的なものであると思われる。

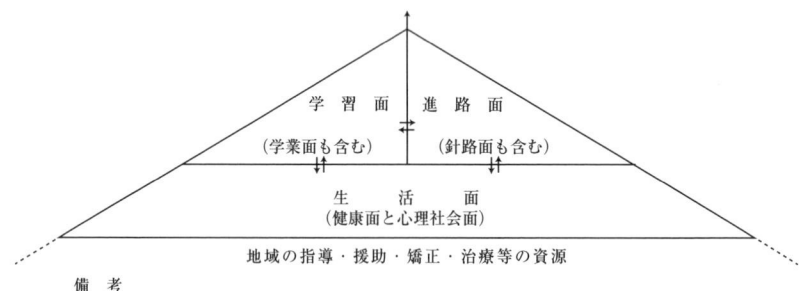

図3-1　学校における指導・援助の三角形（大野, 1998）

B．教育相談の内容

上述したように、学校における教育相談の対象は、すべての児童生徒である。彼ら一人ひとりに応じた教育相談が必要であるため、その内容はどのような児童生徒を対象とするかによってさまざまである。内容が整理されているものとして、日本教育心理学会（1996）の提唱する、以下の3段階の教育援助が参考になる（図3－2）。

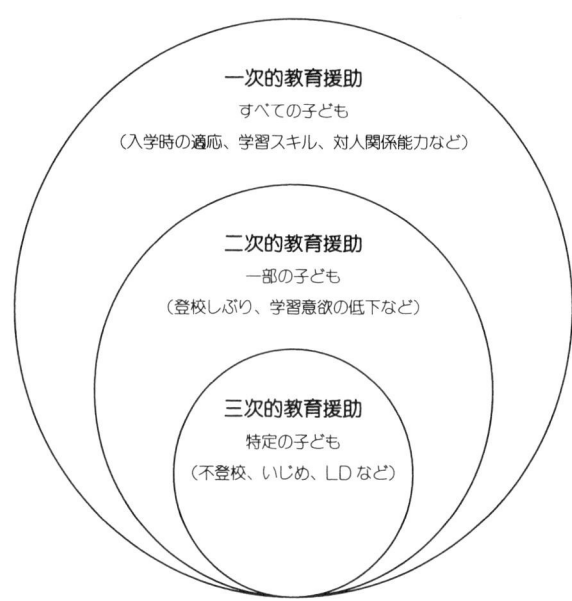

図3－2　3つの段階の教育援助、その対象、および問題の例（日本教育心理学会, 1996）

① 一次的教育援助

これは従来から「開発的カウンセリング」と呼ばれているものに当たる。一次的教育援助には、多くの子どもが出会う課題（例：入学時の適応）を予測して前もって援助する「予防的援助」（例：オリエンテーション）と、子どもの一般的な適応能力（例：学習スキル、対人関係能力）の開発を援助する「発達促進的援助」の2種類がある。

第3章　生徒指導における教育相談　　33

② 二次的教育援助

これは従来から「予防的カウンセリング」と呼ばれているものに当たる。二次的教育援助は、登校しぶり、学習意欲の減退などの問題をもち始めた子どもや、これから問題をもつことが心配される子どもに対して、彼らの問題が大きくならないようにするための援助である。

③ 三次的教育援助

これは従来から「治療的カウンセリング」と呼ばれているものに当たる。三次的教育援助は、不登校、学習障害などの特別な援助が個別に必要な子どもに対して、自分の潜在的な能力や周りの援助資源を活用しながら自分の問題に対処し、学校生活を送ることができるようにするものである。

第2節　教育相談の方法

上述のような教育援助を行う際の方法として、コミュニティ心理学において行われる以下の4つのサポート（House, 1981）が有効であると思われる。

① 情緒的サポート

これは声をかける、励ます、慰める、見守るなど、横の関係から受容的に温かく包むように行う情緒的な関わりである。

② 情報的サポート

これは課題への取り組みや問題解決に役立つ情報の提供、アドバイスを行う関わりである。

③ 評価的サポート

これは児童生徒の行動について、良い点や改善すべき点を評価し、それを伝えるという関わりである。「行動」について評価するものであり、「人間（人格）」を問題にするものではないことに留意する必要がある。

④ 道具的サポート

これは「参考書を貸す」「放課後に勉強を教える」「悩みを相談できる時間を作る」「挨拶の仕方を教える」など、物、労力、時間、対人関係技能などを提

供する関わりである。

教師は児童生徒の状況に応じて、これらを使い分けることが大切である。

第3節　学校における教育相談体制の確立とその進め方

A．教育相談係の役割

　学校における教育相談係の役割には、図3－3に示すように、カウンセラー役割、プロモーター役割、そしてインテグレーター役割がある（大野，1986）。それぞれの役割を詳しく示したのが図3－4である。

① カウンセラー役割

　これは個々の児童生徒との相談を担当したり、他の教師に意見を述べたり、あるいは、教育センター、病院などの校外の専門家と連携しながら相談活動をする役割である。

② プロモーター役割

　これは教育相談に対する教職員の共通理解の形成に努めたり、あるいは、学校教育全体の中で教育相談を的確に位置づけ、それに即して実践したりする役

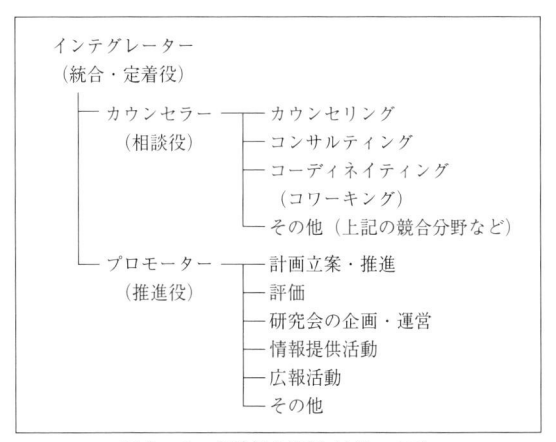

```
インテグレーター
(統合・定着役)
 ├─カウンセラー ─┬─カウンセリング
 │  (相談役)     ├─コンサルティング
 │               ├─コーディネイティング
 │               │  (コワーキング)
 │               └─その他（上記の競合分野など）
 └─プロモーター ─┬─計画立案・推進
    (推進役)     ├─評価
                 ├─研究会の企画・運営
                 ├─情報提供活動
                 ├─広報活動
                 └─その他
```

図3－3　相談係の役割（大野，1986）

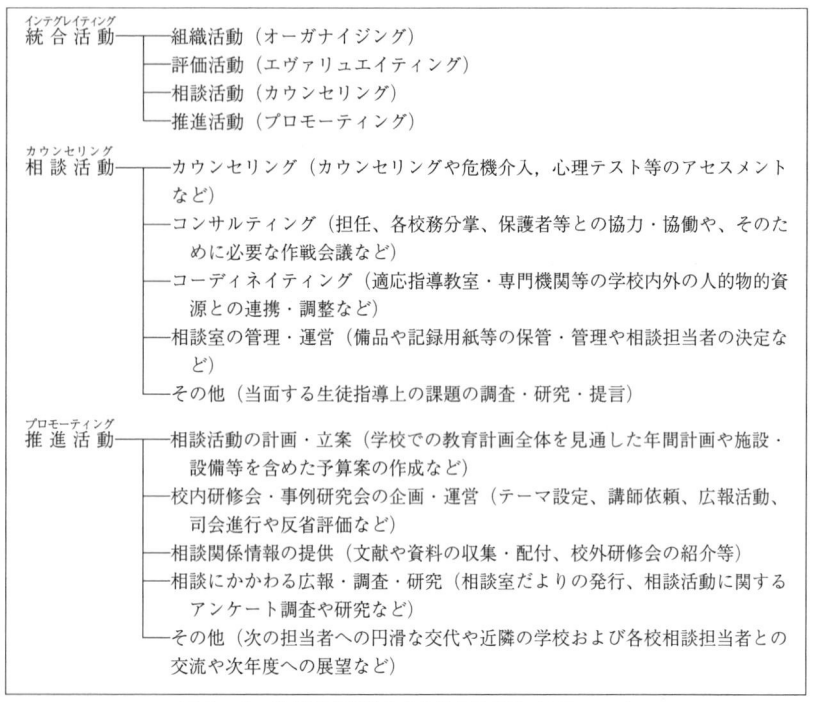

```
インテグレイティング
統 合 活 動 ──┬──組織活動（オーガナイジング）
            ├──評価活動（エヴァリュエイティング）
            ├──相談活動（カウンセリング）
            └──推進活動（プロモーティング）
カウンセリング
相 談 活 動 ──┬──カウンセリング（カウンセリングや危機介入，心理テスト等のアセスメント
            │   など）
            ├──コンサルティング（担任、各校務分掌、保護者等との協力・協働や、そのた
            │   めに必要な作戦会議など）
            ├──コーディネイティング（適応指導教室・専門機関等の学校内外の人的物的資
            │   源との連携・調整など）
            ├──相談室の管理・運営（備品や記録用紙等の保管・管理や相談担当者の決定な
            │   ど）
            └──その他（当面する生徒指導上の課題の調査・研究・提言）
プロモーティング
推 進 活 動 ──┬──相談活動の計画・立案（学校での教育計画全体を見通した年間計画や施設・
            │   設備等を含めた予算案の作成など）
            ├──校内研修会・事例研究会の企画・運営（テーマ設定、講師依頼、広報活動、
            │   司会進行や反省評価など）
            ├──相談関係情報の提供（文献や資料の収集・配付、校外研修会の紹介等）
            ├──相談にかかわる広報・調査・研究（相談室だよりの発行、相談活動に関する
            │   アンケート調査や研究など）
            └──その他（次の担当者への円滑な交代や近隣の学校および各校相談担当者との
                交流や次年度への展望など）
```

図3－4　学校教育相談の全体的な枠組み（大野，1997）

割である。

③ インテグレーター役割

これは学校の現状をふまえて長期的な展望に立ちながら、上記の2つの役割を統合・定着させる役割である。

B．教育相談体制の確立

（1）教育相談の位置づけ

学校における教育相談は、教育相談係の教師だけで取り組むのではなく、校務分掌として位置づけ、学校全体での組織的な取り組みがなされる必要がある。学校の校務分掌組織の中での教育相談の位置づけはさまざまであるが、およそ独立型、他の部などへの所属型、専門委員会型の3つに分類される（図3－5）。

① 独立型

教務部や生徒指導部と並列して、独立した教育相談部などを設置するものである。

② 他の部などへの所属型

相談室や相談係を生徒指導部など、他の部の中に位置づけるものである。

③ 専門委員会型

教育相談委員会を専門委員会のひとつとして設け、その中で直接相談に当たる部門として教育相談係をおくものである。

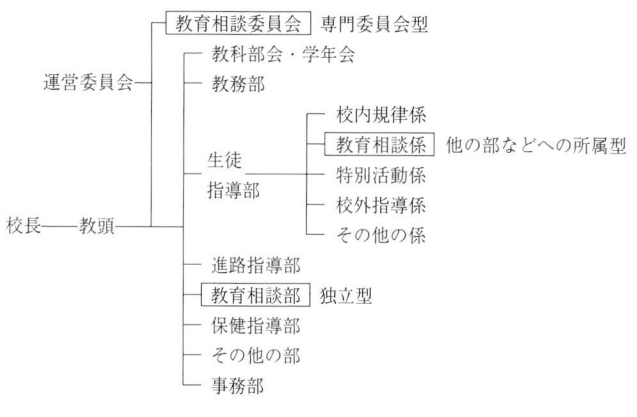

図3－5　教育相談の組織（近藤，1993）

表3－1　教育相談組織の3つの型における長所と短所（文部省，1980の記述を整理したもの）

	独立型	他の部などへの所属型	専門委員会型
長所	部や係が独自の考えに基づいて運営できるので、効率がよい。	教育相談は生徒指導の一環であるという理念を持って活動できる。	関係する各部門の責任者が加わって企画運営していくので、組織間の共通理解が得やすい。担当者が教育相談任務に専念できる。
短所	他の部との間に共通理解が得にくかったり孤立したりするなど、意思疎通を欠く場合がある。	個別的対応を重視しているため、全校的・集団的な対応との行き違いが生じやすい。生徒指導部の下請けとしての対応に追われ、本来的な活動がおろそかになる。	

第3章　生徒指導における教育相談

現在は②の「他の部などへの所属型」を採用する学校が多いようであるが、それぞれの型には長所と短所がある。それを整理したのが、表3－1である。この表を見ると、③の「専門委員会型」が最も望ましい型であると考えられるが、学校の規模や教育相談への理解の程度など、学校の実状に合わせていずれかの型を採用するとよいだろう。

(2) 教育相談の年間計画の作成

　教育相談体制の確立には、表3－2のような年間計画の作成は欠かせないものである。具体的な活動としては、教育相談のPRのためのプリント配布、外部講師を招いての校内研修会や事例検討会、研究成果発表会などがある。これらの活動を他の教育計画とのバランスを考えながら実施する必要がある。

表3－2　A中学校における教育相談の年間計画 (今井, 1989)

月	行　　　　　事
4月	PRのプリント配布（親），学活の時間，各学級を回りPR，面接週間，知能テスト・性格テスト（1，2年），職業適性テスト（3年）
5月	家庭訪問週間，面接家庭訪問週間の事後報告会，校内研究会（第1回）
6月	悩みの調査，ソシオメトリック・テスト，校内研修会（第1回）
7月	事例研究会（有志），校内研究会（第2回），1学期の評価
8月	地区別懇談会，外部研修会参加
9月	夏期休業中の生活実態調査，面接週間，面接週間の事後報告会
10月	事例研究会（有志），校内研究会（第3回）
11月	校内研修会（第2回），親との懇談会
12月	校内研修会（第4回），2学期の評価
1月	校内研修会（第3回），事例研究会（有志）
2月	校内研修会（第5回），生徒（1，2年）への講話
3月	面接記録の整理・統計，研究成果発表会，学年末の評価，次年度の年間計画案作成
年間行事	情報の提供，相談室の管理運営，資料の収集と整理，生徒・親との面接，電話相談，専門機関との連携

C．教育相談の進め方

ここでは教育相談係の役割のひとつであるカウンセリング役割を取り上げ、カウンセリングを行う上での基本的態度と技法、そしてその進め方を述べる。

（1）カウンセリングの基本的態度

カウンセリングを行うための基本的態度として、来談者中心療法を確立したロジャーズ（C.R.Rogers）の提唱したものが参考になる。それが以下の3つである。以下の記述における「クライエント（相談に来た人）」は「児童生徒」、「カウンセラー」は「教師」とおき換えて読んでいただくとよいだろう。

① 無条件の肯定的関心

これはクライエントの抱いている感情に対して評価的にならず、それらをすべてその人のものとしてあるがままに尊重しようとする態度である。クライエントは、こうしたカウンセラーの態度に支えられながら自己理解を深め、自己の問題の解決に取り組むようになる。

② 共感的理解

これはクライエントの抱いている感情をできるだけ正確に理解し、それをカウンセラー自身があたかも自分自身のものであるかのように感じようとする態度である。こうした相手の感情に巻き込まれない感じ方が「共感」であり、これは相手の感情に巻き込まれてしまう「同情」とは異なるものである。

③ 自己一致

これはクライエントの話を聞いた際に、カウンセラーが自分自身の心の中で起こった感情に忠実であろうとする態度である。クライエントに対してネガティブな感情が起こった場合、カウンセラーはそれを否定したり、歪曲したりしないで、どうしてそのような感情が起こったのかについて吟味する必要がある。

（2）カウンセリング技法

カウンセリングを行う際には、上記の基本的態度に基づいて、次のような技

法上のポイントを押さえながら行う必要がある。

① 受 容

児童生徒の発言にしっかりと耳を傾け、「うん、うん」、「なるほど」などと応答しながら気持ちを受けとめる。彼らに対するこうした傾聴的態度によって、彼らの心の中に積極的に相談しようという感覚が芽生える。

② 反射・明確化

教師が児童生徒の話を聴いて理解したことについて、「あなたは～と思うのですね」と要約して伝え（反射）、感情や考えを明確化する。こうした反射・明確化を続けているうちに、児童生徒は「この先生は自分のことをわかってくれる人だ」という陽性感情を高めていく。

③ 質問による非指示的リード

児童生徒の話の中で、彼らが自己の感情や考えを抽象的な表現で語るため、教師はそれを理解しにくいことがある。そういう場合、「～をもう少し詳しく教えてくれませんか？」などと質問する。彼らがこれに答えることによって、教師と感情や考えを共有できるだけでなく、彼ら自身も自分自身のそれを明確化でき、より自己理解を深めることができる。

教師は主にこうした3つの技法を通して、児童生徒との間に「ラポール」と呼ばれる信頼関係を形成し、必要に応じて励ましや助言・指導を行うことが望まれる。

(3) カウンセリングの進め方

① 相談室の設置

学校にもし空いている部屋があるなら、その部屋を相談室として使用するとよい。場所はできれば児童生徒の出入りが少なく、他に声がもれにくく、ゆったりと落ち着いて話ができるような場所である方が望ましい。備品は最低限テーブルと椅子が必要であり、できれば落ち着いた雰囲気を作るための観葉植物や絵画などを備えている方が望ましい。

② 相談時間と相談期間

　教師が一人の児童生徒と行う相談時間は、児童生徒の問題や教師が確保できる時間などを考慮して決めるとよい。1回の相談時間は、長くなるとお互いの集中力と思考力の持続が困難になるので、50分を限度とするのが望ましい。相談期間については、児童生徒の問題が解決する時期まで行う方法と、期間を限定してその期間内で行う方法とがあるので、初回に話し合ってどちらかに決めるとよい。

③ 相談の過程

　1）児童生徒の問題の把握と信頼関係の形成　　初回面接では、まずその児童生徒がいつから、どのような問題に困っており、その問題にどう対処してきたかについて尋ねる。そして、しっかりと傾聴することによって、困っている心情を十分に吐露してもらうことが大切である。そのことを通して、児童生徒が教師に安心して話のできる信頼関係の形成を行う。

　2）児童生徒の自己理解の深化と問題への対処　　教師が上述の基本的態度や技法に基づいてカウンセリングを続けているうちに、児童生徒は自己理解を深め、自己の問題に対処し始める。こうした変化は、数回の面接で起こることもあれば、数ヶ月間の時間を要することもある。後者の場合、教師はなかなか変化が見られないことに焦りを感じ、指示・説得してしまいがちである。その場合、人間が変化するにはある程度の時間を要するものであるため、児童生徒の自己成長力を信じ、「支援」することが自分の役割であることを理解することが大切である。

　3）相談の終結　　相談期間を限定していない場合、児童生徒が自分の問題に自ら対処できるようになり、相談に来る必要を感じなくなった時に終結にするとよい。期間を限定して行った場合でも、そうでない場合でも、終結の際には初回からのことを振り返り、相談面接の成果や今後の生活で心がけとしてもっていると役に立つことを確認する。そして最後に、もし今後相談したいことがあれば、またいつでも来談してよいことを伝えておくとよい。

D．教育相談の態様

　文部省（1980）は、教育相談の態様として次の4つをあげている。この4つの態様は、上記のカウンセリング技法を応用できるので、ここに紹介する。

①　偶然の機会を捉えての相談

　これは「チャンス相談」などとも呼ばれるもので、教師が児童生徒と出会ういろいろの場面、たとえば、廊下ですれ違う時などに行う相談である。教師は頻繁に「散髪してすっきりしたね」などと声をかけ、彼らが心を開いて相談をもちかけてくるチャンスを作る。

②　呼び出して行う相談

　これは「呼び出し相談」などとも呼ばれるもので、教師が児童生徒一人ひとりの生育歴、家族環境、個人的な悩み事などを調べた結果、気がかりな者を積極的に呼び出すことによって行われる相談である。教師は「最近どうしてる？」などといって話を切り出し、彼らが自発的に悩み事を打ち明けられるような状況を設定する。この場合、教師の側がいきなり「君は～なんだろう？」と一方的に問いつめ、単なる説教に終わってしまわないように注意することが大切である。

③　定期的に行う相談

　これは「定期相談」などとも呼ばれるもので、教師が学年当初や学期末などに児童生徒全員に行う個別相談である。これは、相談を望みながらも来談できない児童生徒にとっては、またとないよい機会となる。教師は彼らに個別相談の目的をあらかじめ伝えておく。そして、彼ら一人ひとりの友人関係、学業成績などを調べておき、場合によっては適切な助言・指導ができるように準備しておく。そして、この機会に、特に問題を感じない児童生徒に対しても、悩み事があればいつでも相談に応じる用意があることを伝えるなどして、自主来談を促すとよい。

④　自主来談による相談

　これは「自発相談」などとも呼ばれるもので、チャンス相談や定期相談など

を行ううちに児童生徒との信頼関係が形成され、彼らが悩み事を自発的に相談しに来るものである。こうした自主来談は、初回に話されたことが表面的には些細な問題のようでも、その背後には深刻な問題が潜んでいることが少なくない。それゆえ、できる限り継続した面接を行うことが望まれる。

引用文献

House, J.S. 1981 *Work stress, and social support.* Resding,M.A.:Addison-Wesley.

今井五郎 1989 学校教育相談の組織, 全国教育研究所連盟 (編)『学校教育相談のとらえ方・学び方・進め方』 ぎょうせい.

近藤馨一 1993 学校における教育相談, 秋山俊夫・高山巌・松尾祐作 (編)『図説生徒指導と教育臨床－子どもの適応と健康のために－』 北大路書房, pp.38 - 60.

文部省 1980 『生徒指導資料 第15集 生徒指導研究資料第10集 生徒指導上の問題についての対策－中学校・高等学校編－』 大蔵省印刷局.

日本教育心理学会 1996 『スクールサイコロジスト (学校心理学に基づくスクールカウンセラー) とは』 学会発行リーフレット.

大野精一 1986 相談係の行う教育相談, 月刊生徒指導, 6月増刊号, 学事出版, 50-79.

大野精一 1997 学校教育相談の実践的な体系について, 広島大学学校教育学部附属教育実践センター紀要, いじめ防止教育実践研究, 2, 1 - 41.

大野精一 1998 学校教育相談の定義について 教育心理学年報, 37, 153 -159.

第4章 生徒指導における進路指導

第1節　進路指導の目的・内容

A．進路指導の定義

（1）進路指導の法的規定

「日本国憲法」と「教育基本法」では、それぞれ「職業選択の自由」（「日本国憲法第22条」）と、「教育権の保障」（「教育基本法第3条」）がうたわれているが、これは、児童生徒自らの意志による進路選択を保障するものとして重要である。

進路指導のあり方を具体的に規定するものは、「学校教育法」と「学習指導要領」であるが、特に1969年の中学校、1970年の高等学校学習指導要領は、進路指導のあり方を大きく変えるエポックとして重要である。それぞれの学習指導要領総則には次のような文言が掲げられている。

「学校の教育活動全体を通じて、個々の生徒の能力・適性などの的確な把握に努め、その伸張を図るように指導するとともに、計画的・組織的に進路指導を行うようにすること。」

仙崎ら（2000）によれば、これは、それまで単一の教科や特別活動との関連の中でしか論じられなかった進路指導を見直し、あらゆる教育活動に対して、進路指導の側面を付与することによって、学校教育全体の質的変容を迫ったものであるという。

「教育活動全体を通じた進路指導」という位置づけは、現在に至るまで一貫したものとなっている。ちなみに1998年（小・中学校）、1999年（高等学校）に告示された学習指導要領では、特に次の5点が重要とされる（仙崎ら，2000）。

① 中学校および高等学校で、生徒の自主的な科目選択を大幅に認める方針が採られ、それらの科目選択を援助する必要性が高まっていること。
② 児童生徒の学校不適応や問題行動が多発し、現在及び将来の生き方を考えさせ、それを支援する充実したガイダンス機能が教育活動全体に期待されること。
③ 小学校の学級活動において「生き方を考えさせる」指導が求められ、中学校・高等学校における進路指導との一貫性がより明示的に記されたこと。
④ 小・中・高、すべての学校段階に「総合的な学習の時間」が導入され、自己の在り方生き方を考えさせることがそのねらいの一部となっていること。
⑤ 各高等学校における「学校選択科目」として「産業社会と人間」を設けることができるようになり、将来の生き方について考えさせ、勤労観・職業観を育成することなどがその課題の一部となっていること。

なお、「生きる力」の育成という理念を引き継いだ2008年（小・中学校）、2009年（高等学校）公示の学習指導要領でも、小学校からの12年間にわたる長期の計画的・継続的なキャリア教育を行うという観点から、進路指導に当たることが重視されている。

(2) キャリア教育の重視

変化が常態となりつつある社会において、進路指導の中核となる大きなテーマは、「学校から職業への移行」さらには、「学校から社会への移行」という言葉にまとめられるのではないだろうか。そして、その進路指導において核となるキーワードは、「キャリア教育」というものになりつつある。

中央教育審議会は、1999年に「今後の初等中等教育と高等教育の接続の改善について」（以下、「接続答申」という）という答申を示した。

その名の通り、いわゆる大学全入時代の到来や、学力低下の懸念、児童生徒の個性の多様化を背景にして、学校種間の接続をどう改善するかに焦点を当てたものであるが、それはまた、「学校教育と職業生活との接続」という、学校教育の最終段階における接続の改善も視野に入れたものであった。

こうした答申が出される背景には、高水準で推移する就職後の早期離職、若者のフリーター志向の広がり、無就業者の増加、ニート（NEET:Not in

Employment, Education or Training）と呼ばれる若者の存在など、社会の入り口で立ち止まってしまう若者の増加が深刻な社会問題になっていることが誰の目にも明らかになりつつある現状がある。こうした中、卒業後の職業生活を視野に入れた接続全体のあり方を検討する必要が生じたのである。それはまた、従来の進路指導を取り巻く教育課程全体の見直しの動きにもつながった。

「接続答申」では、「キャリア教育を小学校段階から発達段階に応じて実施する必要」があると明記され、文部科学行政関連の審議会報告などにおいて、「キャリア教育」という文言が初めて登場した。

キャリア教育の推進に関する総合的調査研究協力者会議（2004）による「報告書～児童生徒一人一人の勤労観、職業観を育てるために～」（以下「報告書」という）においても、「子どもたちのキャリア発達を支援する観点に立って、各領域の関連する諸活動を体系化し、計画的、組織的に実施することができるよう、各学校が教育課程の在り方を見直していく」ことの重要性が説かれている。今後の進路指導においては、「キャリア教育」に関する取り組みの振興・充実を図ることが期待されている。

（3）キャリア教育とは

用語そのものは包括的で多義的な概念であるが、「報告書」では、「キャリア」を、「個々人が生涯にわたって遂行する様々な立場や役割の連鎖及びその過程における自己と働くこととの関係付けや価値付けの累積」と捉えている。そして、「キャリア教育」を、「キャリア」概念に基づき「児童生徒一人一人のキャリア発達を支援し、それぞれにふさわしいキャリアを形成していくために必要な意欲・態度や能力を育てる教育」として捉え、端的には、「児童生徒一人一人の勤労観、職業観を育てる教育」とした。

働くことと生きること、そして学ぶことは、実は深く結びついている。進路指導では、進学先や就職先での適応、活躍を期待して指導を行うわけだが、それがキャリア発達につながる形になれば、やがては広義のキャリア（ライフ・キャリア）の発達にもつながっていくだろう。それは、学校の先にある社会の中

で、いかに自分は働き、いかに生きるのかという(職業的・社会的)アイデンティティそのものの発達、生成を支援しているということにもなる。

学校の先の社会において、いかに生き生きと自己実現をしながら生きていくのか。究極的には、進路指導は、こうした一人ひとりの現在及び未来の「生き方」に直結する重要なものであり、生徒指導において核となるものであることを認識する必要があるだろう。

B．進路指導の内容：進路指導の6分野

菊池(1993)によれば、進路指導の具体的な活動内容は、①教師の児童生徒理解と児童生徒による自己理解、②進路情報、③啓発的経験、④進路相談、⑤進路先決定の指導・援助、⑥追指導の6分野に分けられるという。

ここにあげた進路指導の6分野の関係性は、図4－1の通りである。

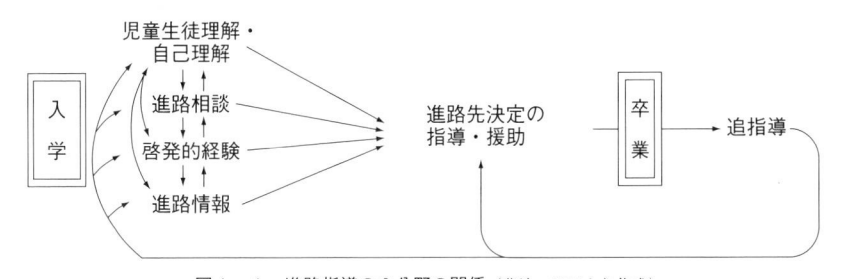

図4－1　進路指導の6分野の関係 (菊池, 1993より作成)

6分野のいずれもが重要なものであり、ひとつひとつが他の内容との関連性をもっている。これらをいかに機能させていくかが課題であるが、次節では、この6分野をふまえて、具体的な進路指導の方法について考えてみたい。

第2節　進路指導の6分野から見た進路指導の方法

(1) 教師の児童生徒理解と児童生徒による自己理解

児童生徒一人ひとりが、どのような能力や適性、個性をもっているかなどと

いうことを教師が把握し、希望進路と重ね合わせ、できるだけよい結果が出るように指導するのは当然のことである。その際、教師の一方的理解に基づく指導ではなく、児童生徒自身の自己理解に基づいた、いわば納得のいく形での進路選択がなされることが、結果として後の適応に結びつくと思われる。

　自己理解というと、「適性」を中心とした、特性・因子論（マッチング論）を想起しがちである。特性・因子論とは、要するに「適材適所」の考え方であり、進路先で求められる資質と個人の資質の適合性に着目する考え方である。しかし、現実には多くの職場では採用時点での職務が不明確であることや、必要とされる職務も時代とともに変化していくこと、また、そもそも児童生徒は発達の途上にあり、働き始めてから大きく興味や関心を変化させていくことなどを考え合わせれば、適合するかしないかという観点のみに基づく指導は、実際には非現実的なものとなりやすい。

　「キャリア教育では、個人の適性と職業や進路先との適合とともに将来自立した社会人となるために不可欠な、社会や集団への適応にかかる指導を重視する」（「報告書」）とあるように、「適合」の観点からのみではなく、「生きる力」の育成の観点をふまえ、「適応」につながる指導を心がけるべきであろう。

　ちなみに、適性を分析するための心理検査なども多く開発されている（表4－1）。

　客観性・科学性に優れているなど有益な点も多くあるが、実施には他の心理検査と同じく、それぞれのテストの特徴をよくおさえ、慎重に用いる必要がある。坂柳（2000）が指摘するように、「心理検査は用具であるから、中立（neutral）である。それをどのように活用するかは人間の問題になってくる」。

　児童生徒理解の深化、そして望ましいキャリア発達に役立てるために用いるという視点を忘れないことが重要である。

（2）進路情報

　池場（2000）によれば、進路指導上、進路情報の学習は「自己理解の学習と両輪の関係にあり、生徒が自己の個性を進路の情報と対比・吟味しながら進路

表4-1　職業適性等に関する心理検査（木村，2000）

（1）職業適性
　職業選択上の一般職業適性として9つの適性能力（知的、言語、数理、書記的、空間判断力、形態知覚、運動供応、指先の器用さ、手腕の器用さ）を職業との関連で把握する厚生労働省編一般職業適性検査（雇用問題研究会）がもっとも代表的な検査である。
　SG式進路適性検査（実務教育出版）、日文式進路適性検査（日本文化科学社）、教研式学年別進路適性診断システム（図書文化社）、など各種のものが開発されている。

（2）職業興味
　6つの職業興味類型（現実、研究、社会、慣習、企業、芸術）と職業興味との関連で職業興味の手がかりを得る職業興味検査（労働政策研究・研修機構）がもっとも一般的である。
　その他、職業レディネス・テスト（同）、教研式職業興味・志望診断検査（図書文化社）、SG式就職指導検査バッテリー（実務教育出版）、新訂職業興味テスト（金子書房）など、各種のものがある。

（3）性格・価値観
　MMPI新日本版（三京房）、MMPI-1自動診断システム（学芸図書）、矢田部・ギルフォード性格検査（日本心理テスト）、新版TEG-II東大式エゴグラム（金子書房）、内田・クレペリン精神作業検査（金子書房ほか）など、多数開発されている。

（4）テスト・バッテリー，進路学習
　最近の傾向としては、適性・興味，性格など個々の領域別の測定ではなく、テストを組み合わせて全体として把握するものが多い。
　また、進路学習の教材の一部として位置づけられているものが多い。高校生のためのわたしの進路さがし（雇用問題研究会）、高校生の進路ノート（実務教育出版）など多数ある。

を探索・計画し、主体的な進路選択を進めていくうえに必要不可欠な活動」であるという。

　インターネットの普及などもあり、進路情報は無限に膨れあがっているのが現状であろう。その中で本当に自分の進路に必要なものを選び取り、重要な情報を読み取る力（リテラシー）がなければ、情報自体に振り回されかねない時代となっている。情報の海からは、活用次第で、なかなか知りえない貴重な情報や、何らかの発見も引き出すことができる。積極的に情報を生かし、読み取り、自己の進路発達につなげる力を養うプログラムを組むなど、より主体的な情報活用指導が求められる。

　参考までに、進路指導上有益な情報源となりうるホームページのうち、代表

的なものを表4－2にまとめた。こうした情報は流動的であり、常に最新の情報を入手するという配慮が重要である。

表4－2　進路指導関連ホームページ

文部科学省	審議会、学習指導要領、各種統計情報等	http://www.mext.go.jp/
国立女性教育会館	研修情報、教育関係文献	http://www.nwec.go.jp/
文部科学省大学入試センター	センター試験情報	http://www.dnc.ac.jp/
厚生労働省	統計情報、白書情報等	http://www.mhlw.go.jp/
雇用・能力開発機構	職業能力開発・向上についての援助情報	http://www.ehdo.go.jp/
総務省統計局	教育関連統計データ等	http://www.stat.go.jp/
日本キャリア教育学会	学会案内、学会研究論文等	http://www.soc.nii.ac.jp/jssce/
SCHOOL NAVI	大学～小学校リンク集	http://schoolnavi-jp.com/
労働政策研究・研修機構	事業紹介や職業ハンドブックCD-ROMの紹介等	http://www.jil.go.jp/
雇用問題研究会	調査研究・各種心理検査開発・案内	http://www.koyoerc.or.jp/
日本学生支援機構	奨学金情報等	http://www.jasso.go.jp/

(3) 啓発的経験

　啓発的経験は、観念的・抽象的な自己理解や進路情報の理解に、具体性や現実性を与えるものとして、その意義はきわめて大きいものである。

　職場体験やインターンシップ、社会人・職業人インタビュー、ボランティア活動、地域の職業調べなどの各種調査研究など、体験的活動は年を重ねるごとに活発化してきている（「報告書」では、職場体験は公立中学校のおよそ80％で実施）。実施においては、事前事後指導を充実させ、一過性の行事に終わらないように、計画的に行うことが大切である。

　体験がもたらす大きな教育効果は、文字通り、児童生徒の進路発達を啓発するものである。体験的活動の先駆けで、今も全国の模範となっている兵庫県の

「トライやる・ウィーク」でも、種々の調査（「トライやる・ウィーク」評価検証委員会、2003など）がその効果の大きさを実証している。また、2009年に公示された高等学校学習指導要領の改訂ポイントの一つは、職業教育において、産業現場等における長期間の実習を取り入れることを明記した点である。今後も地域社会と連携を深め、豊かな実体験の場を創出する努力が求められる。

体験的活動には、職業と生活の分離が進み、異世代間の直接的交流を提供できなくなっている現代社会において、学校と社会をつなぐという重要な役割もある。「一面的な情報に流され、社会の現実を見失いがちな現代の子どもたちに、現実に立脚した確かな認識を育む上でも、体験活動などの充実は欠かすことのできないものである」と、「報告書」は指摘している。

（4）進路相談

すでに指摘したが、進路指導は単なる振り分け指導や斡旋ではなく、生き方・あり方そのものに直結するキャリアの指導となる必要がある。また、進路指導は基本的には一人ひとりに対する個別的指導であり援助活動でもある。一人ひとりに寄り添いながら、キャリア・カウンセリング的な指導を行うことは、必然的に要請されてくるものである。

ガイスバースら（2002）によれば、（ライフ）キャリア・カウンセリングとは、「ライフキャリアの視点（個人の役割・環境・出来事など、人生における重要な要素すべてを考慮して最適な選択を行おうとする考え方）から行うカウンセリング」であり、その担当者の姿勢は、一般のカウンセラーがもつべきものと大差はないという。一人ひとりの課題をしっかりと受け止め、常に個に立ち返り、それぞれのよい点を伸ばしていくために、カウンセリング機会の確保と質の向上に努めることが必要であろう。

（5）進路先決定の指導・援助

実際に就職または進学先を決める最終的な進路先決定の手続きは、進路指導の結果を左右する重要な局面となる。従来、進路指導といえば、このことのみ

に限られてきた観があるが、他の活動面が充実して初めてよい成果をもたらすものとなる点を忘れてはならない。

（6）追 指 導

児童生徒たちは、やがては学校を卒業し、社会へと旅立っていく。彼らが学校の先で何らかの職業に就き、親となり、大人としてさらにその先の世代が生きる社会を構築する。つまり、目の前にいる彼らこそが、次の世代を受け入れる土壌を作るのである。世代と世代を継承するこの連環に学校が責任を担っていくという意味でも、指導がいったん終了した後の経過も把握し、可能な限り追指導に取り組んでいく。このプロセスによって、進路指導に当たる教師の資料や経験が蓄積され、より確かな指導力を培うことにもなるのである。

進路指導が十全に機能していくためには、児童生徒のキャリア発達の特徴をよく理解した上で各分野の指導に取り組み、分野間の関連性がより強まるよう、計画的な指導をしていくことが重要であろう。

第3節　学校における進路指導体制の確立とその進め方

A．進路指導体制確立における留意点

表4－3は、仙崎（1980）によりまとめられた、学校における進路指導の組織体制の類型である。

「Ⅳ．進歩（機能）型」が最も望ましい体制であるが、この型の学校では、進路指導が学校の中核に位置づけられていることが特徴であるように、よい体制作りの第1は、学校全体として、進路指導を中心にすえた教育活動を行おうという見解の共有ではないだろうか。

菊池（1993）は、進路指導体制の確立において留意すべき点を次のようにまとめている。

表4－3　学校における進路指導の組織体制の類型（仙崎，1980）

タイプ 特色など	Ⅰ．マイホーム型	Ⅱ．伝統(保守)型	Ⅲ．マンション型	Ⅳ．進歩(機能)型
組織としての実践目標	生徒個人の自由意思（進路指導は教師の本務外）	個人マッチング（個人と進路を結びつける）方式	一定の偏差値などの尺度による集団マッチング方式	個々の生徒のキャリア発達，自己表現能力・態度の育成
モデル化した組織略図	校長―教頭―職員会議／進路指導部(課)はなし／厚生部(課)・生徒部(課)・教務部(課)	校長―教頭―職員会議／進路部(課)・生徒部(課)・教務部(課)／就職・進学	校長―教頭―職員会議／学年部(課)・生徒部(課)・教務部(課)／3年・2年・1年	校長―教頭―職員会議／進路委員会／進路指導部・生徒部・教務部／(例)追指導評価・進路相談あっせん・進路情報・調査研究・庶務
学校のタイプ	組織的，計画的，継続的進路指導に関心のない中学校・高校など	伝統のある大半の職業高校と普通高校など	大半の中学校　伝統の比較的浅い高校	進路指導の先進的中学校・高校。校外・校内研修の盛んな中学校・高校。研究団体などの研究協力学校など
実践上の特色	各ＨＲ単位で指導。進め方はＨＲ担任に一任。このためＨＲ担任の考え方と技量によってＨＲ間の格差が広がる。	ベテラン教師中心。最終学年の進学・就職指導が重点。上級学校や企業との特定の関係によって進められることが多く，セールス的，サービス的指導。	各学年(居住階層)単位で指導。進め方は学年主任に一任。よくまとまるが，学年間の格差が大。年度によって指導方針が異なる。卒業させれば指導は終わり。	全校的基盤の下に，毎学年，計画的・組織的・継続的にすべての生徒のキャリア発達を目指して指導。校内の共通理解，具体的な指導指標，評価に困難点がある。
主事のあり方	とくに中心者はなし，おいても輪番制	進路指導主事はほとんど交代しない	原則として毎年交代	適切なインターバルでの交代制
組織の実質的リーダー	各ＨＲ担任教師	進学は進学主任(係)　就職は就職主任(係)	学年主任兼進路指導主事（主任）	進路指導主事(主任)
評価尺度	とくに評価尺度なし	大学，短大など進学率　一流企業など就職率	学年としての進学率，就職率の過年度比	生徒個人の進路選択の独自性，計画性，自主性，満足度，自己実現度
組織改革のポイント	1．進路指導の理念，本質，意義の把握・確認 2．校内の全教師の共通理解 3．組織体制の確立と評価	1．現状の再点検と再検討 2．校内の全教師の共通理解 3．組織体制の確立と評価	1．進路指導の理念，本質，意義の再検討，再確認 2．校内の全教師の共通理解，研修の促進 3．学校教師・生徒の定期的評価の実施と活用	1．家庭・学校間の協力連携強化 2．校内の全教師の共通理解，研修の促進 3．学校教師・生徒の定期的評価の実施と活用

・タイプⅠ，Ⅱ，Ⅲ，Ⅳの類型は便宜的，静態的に分類したものである。
・モデル化した組織図は，特定の学校のものでなく，タイプに即して考えられるシステムを設定した。
・組織改革のポイントはそれぞれのタイプをより組織化するための主な手だてのみを示した。

第4章　生徒指導における進路指導

①　それぞれの学校の実態（校種、規模、職員構成、地域の実情など）に即した組織であること。
②　全教職員の共通理解の上に成り立つ組織であること。
③　教職員全体の活動が円滑に進められるように協力体制をつくること。
④　各教職員の組織上の位置づけと役割分担を明確にすること。
⑤　それぞれの教師の特性が生かせる組織であること。

以上のような点をふまえ、積極的な進路指導の体制をとることを期待したい。

B．進路指導の体制作りとその進め方

(1) 進路指導主事と進路指導委員会

　実際に進路指導を行う際に、中心的役割を担うのが「進路指導主事」である。「学校教育法施行規則」（第52条の3）において、「校長の監督を受け、生徒の職業選択の指導その他の進路の指導に関する事項をつかさどり、当該事項についての連絡調整及び指導、助言に当たる」と、その役割が定められている。

　理想的には専任であることが望ましいが、現実には十分な時間の確保やリーダーシップの発揮に困難さを感じているケースも少なくないようである。キャリア教育にとっての進路指導主事の役割は、「リーダーシップの発揮」（米村,2000）であるともいえるが、リーダーシップを発揮するためには、発揮できる環境がなければならない。進路指導主事を中心とした進路指導委員会がきちんと組織され、機能するような体制が求められる。

(2) 進路指導体制に適応しにくい児童生徒

　児童生徒の中には、そもそも進路指導以前の問題、つまり、学校生活そのものへの適応などに問題を抱えているケースもある。啓発的経験の部分で述べたように、生徒指導上困難な事例にも、進路指導は有効な面をもつ。進路の意識化から、生徒指導の足掛かりを作ることもできるのではないだろうか。

　将来の「生き方・在り方」という未来の展望を与えるような指導に取り組み、主体的な学校生活への取り組みを引き出せるような努力も重要であろう。

引用文献

中央教育審議会　1999　初等中等教育と高等教育との接続の改善について（答申），文部科学省．（http://www.mext.go.jp/b_menu/shingi/chuuou/toushin/991201a.htm）

ガイスバース，N.C., ヘプナー，M. J., ジョンストン，J. A.　2002　日本ドレーク・ビーム・モリソン株式会社・ライフキャリア研究所（訳）『ライフキャリアカウンセリング～カウンセラーのための理論と技術～』生産性出版．

玄田有史・曲沼美恵　2004　『ニート―フリーターでもなく失業者でもなく―』幻冬舎．

池場望　2000　進路指導の実践と情報源，仙﨑武（編）『キャリア教育読本―生きる力をはぐくむ新しい進路指導―』教職研修総合特集，42, 238-242.

菊池武剋（編集）　1993　『進路指導』新教育心理学体系2，中央法規出版．

キャリア教育の推進に関する総合的調査研究協力者会議　2004　報告書―児童生徒一人一人の勤労観，職業観を育てるために，文部科学省．（http://www.mext.go.jp/b_menu/shingi/chousa/shotou/023/toushin/04012801/002/010.pdf）

坂柳恒夫　2000　心理検査の種類と方法，仙﨑武（編）『キャリア教育読本―生きる力をはぐくむ新しい進路指導―』教職研修総合特集，42, 167-171.

仙﨑武　1980　進路指導部の改革と創造―社会変化に対応するために　『キャリアガイダンス』2・3月号，14-18.

仙﨑武・野々村新・渡辺三枝子・菊池武剋（編）　2000　『入門進路指導・相談』福村出版．

「トライやる・ウィーク」評価検証委員会　2003　「トライ・やるウィーク」5年目の検証（http://www.hyogo-c.ed.jp/~gimu-bo/tryyaru_kensyo.htm）

米村公俊　2000　進路指導の実践と情報源，仙﨑武（編）『キャリア教育読本―生きる力をはぐくむ新しい進路指導―』教職研修総合特集，42, 71-75.

参考文献

藤本喜八　1991　『進路指導論』恒星社厚生閣．

原田信之（編）　2003　『心をささえる生徒指導―生徒支援の理論と実践』ミネルヴァ書房．

三村隆男　2004　『キャリア教育入門―その理論と実践のために―』実業之日本社．

仙﨑武　1991　進路指導の本質，仙﨑武・野々村新・渡辺三枝子（編）『進路指導論』福村出版．

渡部邦夫（編）　1995　『脱偏差値時代の進路指導の手引き』明治図書．

柳井修　2001　『キャリア発達論－青年期のキャリア形成と進路指導の展開－』ナカニシヤ出版．

第5章 児童生徒の不適応行動とその要因

　本章では、現代の児童生徒に見られる主な不適応行動として、不登校、非行、いじめ、注意欠陥多動性障害（ADHD）などを取り上げていく。まず第1節では、それらの不適応行動の概要について論じ、次に第2節では、不適応行動を総論的に捉えて、その形成要因について検討を加え、これらの問題について基本的な考察を行っていきたい。

第1節　児童生徒の不適応行動

A．不登校

　わが国の不登校児童生徒数は、平成21年度の文部科学省の学校基本調査では12万7000人を記録している（文部科学省, 2009）。このような統計からもわかるように、不登校は依然として主要な教育的、心理的問題のひとつである。

　不登校という問題が極めて深刻に捉えられる理由は、児童生徒が、進路や社会的自立の陶冶を行う重要な時期に、それに必要とされる教育や社会的参加の機会が得難くなってしまうからである（文部科学省, 2003）。また、このような不適応行動は、特定の児童生徒に起こるものではなく、多くの者に起こりうることとされており、教育界及び社会全体として問題を理解し、その対応を検討していくことが求められているといえよう（文部科学省, 2003）。

　さて、上記のように、不登校に関して、その問題の重要性が指摘されているのだが、何をもって不登校と規定するかというその定義や用語上の点については、さまざまな議論がなされていて、必ずしも統一した見解が得られていない（稲村, 1989）。歴史的には、ジョンソンら（Johnson et al., 1941）などが、怠学的

児童生徒と神経症的症状の児童生徒を区別し、後者を学校恐怖症 (School Phobia) とみなしたことに始まっている (稲村, 1989)。しかし、その後、不登校状態を学校に対する恐れや不安と規定することへの異論が出され、親子関係や児童生徒の発達などさまざまな要因が関わっている不登校も見られることから、登校拒否 (school refusal) という用語が用いられるようになった (稲村, 1989 ; 坂野, 1990)。

不登校現象は、臨床的観察によれば、さまざまな成因、症状などによるもので、異なる性質を示す症候群から構成されていると論じられている (Kolvin et al., 1984)。実際、不登校のきっかけには、教師との関係やいじめなどによるものも見られ、その様態についても、心身の不調や強い不安により登校できない "不安など情緒的混乱型"、他の生徒や教師との関係など学校生活の問題から登校しない "学校生活に起因する型"、遊びや非行行動により登校しない "あそび・非行型"、無気力感や不登校状態に対する罪悪感の欠如から登校しない "無気力型"、何らかの信念や考えにより積極的に登校しない "意図的な拒否型"、これらの "複合型" など、その多様な実態が明らかになっている (文部科学省, 2003)。近年、このような多面的様相を考慮して不登校を理解しようという傾向が認められ (坂野, 1990)、不登校を、何らかの心理的、情緒的、身体的、あるいは、社会的要因・背景により登校しないあるいはしたくともできない状況にある者と捉える定義がなされている (文部省, 2000)。稲村 (1989) は、さまざまな不登校状態を、包括的に不登校として捉えるとともに、他方、その性質や内容を、細かく分析、検討していくことが望ましいと論じている。

B. 非　行

非行とは、ある社会的価値基準に照らして、相容れない行為であり、刑罰法令に触れる行為や、不良行為など倫理的価値基準に反する行為などが含まれる (内山, 1974)。また、少年法によって、非行の法的な概念が示されており、犯罪少年 (14歳以上20歳未満の罪を犯した少年)、触法少年 (14歳未満で刑罰法令に触れる行為をした少年)、ぐ犯少年 (20歳未満で、一定の不良行為があり、かつ性格や環境に照らして、将来罪を犯し、刑罰法令に触れる恐れのある少年) などと規定されている。非行

の内容形態については、万引き、オートバイ盗や自転車盗、占有離脱物横領、暴行傷害、侵入盗などが主なもので、性犯罪やシンナー・覚せい剤の使用などは比較的少数である（西村ら, 1989）。

　非行の歴史的経緯に着目すると、戦後混乱期の第1の波、昭和30年代後半の第2の波、昭和50年代後半の第3の波というピークが見られたが、当時の時代、社会背景の影響を受けて、それぞれが異なった性質を示している（福島, 1985）。福島によれば、第1の波は、貧困や生活苦のために行う"生きるための非行"、第2の波は、学歴社会、管理型社会、都市化、経済優先、学園紛争など今までにはない新しい社会構造や価値観に対する抵抗や混乱の中で生じた"価値観の葛藤や文化葛藤による非行"、第3の波は、万引き、オートバイ盗、自転車盗など、一過性で、単純な動機の、軽微な非行で、遊びが非行化した"初発型非行"であると論じられている。そして、現代の非行においては、普通の少年が、突然凶悪な犯罪を犯す"いきなり型非行"（渡辺, 1997）や衝動的で粗暴な攻撃的行動を特徴とする"キレ"と呼ばれる現象などの新たな問題傾向が指摘されている（清永, 1999；宮下・大野, 2002）。上記のような非行の質的変遷に目を向けると、非行は常にその時代の社会的背景や影響を色濃く反映しており、それに対する効果的な指導や対策を実施するためには、児童生徒がおかれている地域社会の環境や社会構造などに目を向けて、幅広い視点から非行という問題を捉え、調査や検討を進めていく必要があると考えられるのである（福島, 1985）。

c. いじめ

　いじめは、近年、多くの先進工業国で深刻な教育的問題として認識されており、さまざまな研究や介入的プログラムの開発などが行われている（Olweus, 1994；Whitney & Smith, 1993）。

　いじめ研究の第一人者であるオルヴェウス（Olweus, 1994）によれば、いじめは、繰り返し行われ（継続性）、加害者の被害者に対する圧倒的に優位な力関係の中で生じる（力の不均衡）、加害者から被害者へ及ぼされる一方的で、意図的な加害行動と定義されている。

また、その加害形態に着目すると、殴る、押す、蹴るなど肉体的に危害を加える"直接・身体的いじめ"、あだ名、悪口、脅しなど言葉によって危害を与える"直接・言語的いじめ"、無視、悪いうわさの流布、友人関係の妨害など間接的な手段を用いて対人関係に危害を加える"間接的いじめ"などの3つのタイプに分類される（Rivers & Smith, 1994）。前者2つのタイプは、用いられる手法は異なるが、直接的に危害を与える点において、ある種の共通性がある。一方、間接的いじめは、女子に比較的多く見られるタイプである（Whitney & Smith, 1993；Rivers & Smith, 1994；平野, 1991；宮崎大学教育学部教育社会学研究室, 1991）。間接的な手段を用いて対人関係に危害を加えるという、一見して判別し難い"微妙な"攻撃形態の性質を示すために、他者がそれを攻撃行動と判断することが困難な場合があり（Crick et al., 1996）、加害者本人がいい逃れなどの自己正当化を行い易いという特徴が指摘されている（Lagerspetz et al., 1988）。このような"間接的いじめ"の性質は、その被害状況の発見や把握が、簡単ではないことを示しているといえよう（原・濱口, 2002）。

　クリックら（Crick & Grotpeter, 1995）によれば、女子に顕著な間接的な攻撃行動形態は、最近まで研究主題としてあまり注目されなかったため、女子の攻撃行動の十分な把握がなされずに、その調査結果が歪められてきたことが示唆されている。いじめの被害経験について、その性差に着目すると、男子の被害経験が多いとするものと、被害経験には男女差は見られないとする異なる調査結果が報告されているが、これらの中には、"間接的いじめ"の測定項目が欠けているもの（たとえば、Rigby & Slee, 1991）、その測定項目の不適切さを指摘されているもの（たとえば、Rivers & Smith, 1994によるOlweusの調査項目への言及）などが含まれていることが指摘されている（原・濱口, 2002）。したがって、被害経験の性差に関して、その実態が十分に明らかになっているとは結論し難い。今後、いじめの実態、とりわけ、その男女差などをより明確に捉えるためには、"間接的いじめ"といういじめの形態やその性質について、一層理解を深めていくことが必要であるといえよう。

D．注意欠陥多動性障害（ADHD）

　ADHDは、Attention-Deficit Hyperactivity Disorder、注意欠陥多動性障害と呼ばれる発達障害である。アメリカ精神医学会の発行するDSM－Ⅳ（『精神疾患の分類と診断の手引き第4版』）によれば、ADHDは、多動性、衝動性、不注意などを特徴とし、その有病率は学齢期の児童生徒の3％から5％であるとしている（American Psychiatric Association, 1994）。

　司馬（1999）の臨床的観察によれば、活発で、思い通りにならないと怒り出し、暴力的な行動に訴えたり、ルールや順番を守れず、気ままな行動を取りやすい"多動性と衝動性を主とするタイプ"、また、気が散りやすく、集中力や忍耐力に欠け、うっかり物忘れをすることが多い"不注意を主とするタイプ"に大別される。

　前者のタイプは、何をするかわからず、一瞬も目を離すことができず、後者のタイプは、要領が悪く、身の回りのことがうまくこなせず、さらに、両タイプともに、集団活動に適応できず、対人関係をうまく保てないという共通した性質をもつ。このような子どもたちは、親にとっては、並外れて手がかかり、教師にとっては指導が難しいと受け止められることが多い（司馬, 1997；司馬, 1999）。このようなADHDを抱える子どもたちに対して、大人たちは絶えず注意や叱責を与えることも少なくないが、それによって子どもたちはより反抗的、非協力的になり、相互の関係が悪化することがあると述べられている（Hallowell & Ratey, 1994；上野, 2003）。このような事例は、ADHDを抱える児童生徒に対して、どのように関わるべきであるかという問題を提起しているといえよう。このような児童生徒とうまく関わっていくためには、その行動的特徴をネガティブに捉えるのではなく、一個性としてポジティブに捉えて理解しようとする姿勢が求められる（上野, 2003）。そして、このような受容的な態度をもって、専門家の診断や指導を基に、彼らに理解しやすく、取り組みやすい課題や作業工程を工夫し、粘り強く問題となりうる行動の修正を援助していくことが必要であるとされている（司馬, 1999；上野, 2003）。

第2節　児童生徒の不適応行動の要因

　前節では、不登校、非行、いじめ、ADHDなどの代表的な不適応行動について概説したが、各論的な視点からの要因の考察は、それぞれの不適応行動を詳説する後続の章に譲り、本節では、さまざまな不適応行動を総論的に捉えて、多くの不適応行動に共通した基礎的な形成要因を検討していきたい。具体的には、主に、家庭、学校、社会などの3つの観点から、児童生徒の不適応行動が、その発達過程においてどのように形成されるか、検討を進めていくことにする。

A．家庭の要因

　さまざまな不適応行動の要因を探ると、多くの研究において、親との関係や家庭環境などとの関連性などが指摘されている。

　実際、親との関係に着目すると、不登校の研究では、子どもが母親から離される際に感じる強い母子分離不安によって、不登校が生じるとされており（Johnson, 1957）、母親の過保護や過干渉、父親の放任などの養育態度における問題性が指摘されている（稲村，1988；星野ら，1985）。非行に関しては、親の放任的養育態度、親の看護能力の欠如が、非行歴の多さと強い関連性をもつことが明らかになっている（高橋，1989）。さらに、いじめでは、母親の子どもに対する接触や関心の欠如（Olweus, 1980；文部省，1996）、母親の暴力に対する許容的な態度、両親の強権的しつけなどが、加害者の形成に、一方、過保護な養育態度が、被害者の形成などに大きく関わっていることが報告されている（Olweus, 1980；Olweus, 1994）。これらの研究によれば、子どもたちを養育する際に、親が示した不適切、または偏った態度や行動が、さまざまな不適応行動の形成に深く関わっていることが明らかにされているといえよう。

　さて、問題行動・不適応の形成に関する論議においては、伝統的に、欠損家庭、解体家庭、貧困家庭などの特殊な家庭や家族的病理などが多く取り上げられてきたが、高度経済成長期以降、それらの行動が、両親健在で、一見すると

問題性の高くない、普通の家庭に育った子どもたちの間で増加したことから、社会構造の変質にともなう家庭の内的機能や役割などの変化を、新たにその形成要因として考慮する必要性が論じられるようになってきた(福島,1985)。

上記のような観点から、都市化、工業化にもたらされた家族構造の変化に注目すると、顕著な現象として、核家族の増加をあげることができよう。このような家庭においては、働きづめの両親の下、子どもたちは、一人だけで淋しい朝食を取る"孤食化"や、テレビやゲームなど"仮想空間が友だち"として育つ"鍵っ子生活"などを特徴とする家庭環境におかれ、親族や地域と遮断された状況で暮らすことを余儀なくされたといわれている(清永,1999)。まさに、これは近代化という社会構造の変化によってもたらされた"擬似欠損家庭化"とも呼べるものであり、子どもたちの発達において重要な役割を果たす家庭の機能に、大きな質的変化が起こったことが示されていると推察される(山口,1983;福島,1985)。当然のことながら、このような家庭においては、児童生徒が、親や祖父母などから、生活習慣、対人関係のあり方など社会生活を営む上で必要とされることがらを教え込むための十分な"しつけ"を受けることが難しく、家庭の養育的機能の低下によって、彼らの健全な発育が阻害される可能性が高いことが論じられている(福島,1985;清永,1999)。さらに、高木(1984)によれば、伝統的な家長制度の決壊により、父親の存在が希薄化し、それによって、社会化のモデルを失った多くの児童生徒が、不登校などの不適応に陥ることが多くなったと述べられている。上記のような論議を集約すると、社会構造の変質による急速な核家族化などによって、家族の養育的機能、とりわけ、子どもたちの適切な社会化を促進する機能が、低下する傾向が発生し、それによって、児童生徒のさまざまな不適応行動が引き起こされている可能性が指摘されているのである。

B. 学校の要因

不適応行動における学校の要因を考えると、学校生活やそれに関係したことがらに起因する疎外感や不適応感との関連性などが示されている。まず、不登

校においては、その研究の初期段階から、学校生活に関連する不安や恐れが原因であるとする主張がなされており（稲村，1989）、その発症のきっかけとして、学業の不振、友人や教師などとのトラブルが比較的多いと報告されている（野添・古賀，1990；文部科学省，2003）。また、非行歴のある者は、授業が楽しくなく、勉強についていけない、クラスメートや教師から疎外されているなどの反応（小林，1989；伊藤忠記念財団，1986）に加えて、学校の規則に不満で、学校を休みたいとするなど、学校生活そのものに対して押しなべて否定的であることが明らかにされている（伊藤忠記念財団，1986）。いじめの研究においても、加害者は、学校における幸福感、安心感が低く（Slee & Rigby, 1992）、学校への嫌悪感が強いことが明らかにされており（Rigby & Slee, 1993）、また、被害者も同様の傾向を示している。このような研究成果から、学校における疎外感や不適応感が、さまざまな不適応行動の発生に関係することがうかがわれるのである。

　さて、上記のような不適応行動と、学校における疎外感や不適応感との関わりを見ると、不適応行動を示す子どもたちにとって、学校は、安心感のある、居心地の良い所とはいえず、ストレスの強い場所になりつつあると推察される。ここで、学校におけるストレスと不適応行動の形成という観点に目を移すと、受験学力中心主義が、学校において蔓延していることが、大きな問題となっているというような主張がなされている（緑川，1999）。それによれば、学力中心の学校においては、学力が評価基準のすべてであり、学力不振の者は、学校のみならず社会的、人格的おちこぼれへと拡大解釈され、根本的な失格のレッテル貼りが行われるという強いストレスにさらされ、その結果として、ストレスが内に向かえば不登校、外に向かえば非行が生み出されるとしているのである。換言すると、学力偏重の均一化した学校教育が、児童生徒の精神的負担となり、不適応行動を招く要因になりうる危険性の高さが暗示されているといえるのである。

　このような教育環境において、教師の関わり方は、不適応行動の増減に大きな重要性をもつことが、以前から多くの教育、心理関係者などよって述べられてきている。実際、いじめに関する調査では、その加害行動は、校庭など、教

師の目が届きにくい場所で頻発しており、教師が問題に関心を向け、休み時間に児童生徒の行動に対して指導監督を行うほど、加害行動が深刻化しないことが明らかにされている（Olweus, 1993）。また、ADHDなどのように、生物学的、器質的要因によって発症する不適応行動においても、その児童生徒が示す行動的特徴を一個性としてポジティブに捉え（上野，2003）、彼らが理解しやすく、取り組みやすい課題や作業などを用いて、行動の修正を援助することで、学校生活で適応的に暮らせる可能性が高くなることが論じられている（司馬，1999；上野，2003）。このような事例の意味するところは、教師が不適応行動に十分な関心をもって、細やかな取り組みを粘り強く行うことによって、少なくとも、その問題性を減らすことが可能であり、このような教師の努力は、不適応行動の改善に確かな役割を果たせるということであろう。

　最後に、わが国の学校システムそのものに関する要因としては、その意義や効用を十分に検討せず、個性を無視して画一的教育を行うその体系などをあげることができよう。清掃活動を例にとると、現在、いまだに多くの学校で、時代に合わない"博物館入りするべき用具や清掃法"による清掃活動が行われているが、その理由や意義は明確にされてはいない。使用されている旧式の"ほうき"、"ちりとり"などの用具は、学校以外の場所、現代の家庭や職場ではまず使用されておらず、教える側の若い教師たちの中にさえ、子どもたちに上手く手本を見せられない者もいると思われる。そのような状況下で、それらが、子どもたちの間でチャンバラなどの遊具と化しても不思議とはいえないであろう。もちろん、問題は、用具の古さではなく、なぜ、掃除機やモップが家庭で使われている時代に、このような旧式の清掃が行われているか、教師にも生徒にも、その意義や目的がきちんと検討され、納得のいく形で実施されていないという点にあるのである。清掃活動が情操教育として、重要視されるのであれば、そのような形で行われる活動の意義が、賛否両論のさまざまな立場から議論されねばならないのである。ことが清掃であれば、その実害も少ないかもしれないが、時代に合わない校則などが、理由も明らかにされず、ただ昔からの慣例だというだけで押し付けられ続けた場合、児童生徒の学校や教師に対する

不信感や無用な反発を生み出し、彼らの自立や自主性を奪うという形で、その適応的な発育を阻害することが十分に考えられる。また、意義や効用を無視した形で、全員に同一の課題や作業をさせる画一的教育は、集団行動が苦手で、授業に集中することが難しいADHDなどの児童生徒にとっては、多くの精神的、肉体的苦痛を強いるものであり、このような指導法に順応できない彼らは、問題性の高い者とされる傾向にあることが指摘されている（上野，2003）。いい換えれば、意義や理由の十分な検討なしに、個性を無視して行われる画一的教育システムは、それについていけない、または疑問を投げかける子どもたちを、不適応者として弾き出してしまう可能性をもっているのである。

C．社会の要因

　すでに述べたように、現代の社会では、都市化、工業化などの社会構造の変化によって、子どもたちの生育環境にも、以前には見られなかったさまざまな影響が及ぼされている。このような中で、とりわけ顕著なものとして取り上げられることが多いのが、テレビやゲームなどの"仮想空間"であろう。核家族で、共働きの家庭、親族や地域社会から切り離された環境にあっては、子どもたちが、身近な者たちから、社会化のために必要な情報やモデルを得ることは難しくなり、"仮想空間"から、それらを獲得することが多くなっている（清永，1999）。このような"仮想空間"から発せられる影響については、規範の希薄化、対人関係の希薄化、共感性の喪失などが論じられている。まず、規範の希薄化に関して、このような仮想空間からもたらされる情報は、子どもたちをターゲットにした消費社会の誘惑と結びつき、際限なく欲望を刺激することになる。緑川（1999）は、硬軟取り混ぜたさまざまな価値観や規範が、絶え間なく与え続けられるために、彼らの価値観や規範意識は大いに混乱していると述べている。次に、"仮想空間"からもたらされる影響は、子どもたちの遊びの形態を大きく変え、同性の仲間集団による遊びの減少と、ファミコンなどの必ずしも他者と関わりを必要としない孤独な遊びの増加をもたらしたといえる（清永，1999）。サリヴァン（Sullivan，1968）は、同性の仲間集団による遊びの体験が、

子どもたちの健全な生育に不可欠であるとしており、閉鎖的世界への依存により、社会で適応的に生きる対人関係技能を学ぶことが難しくなってきていると推察されるのである（桑原，1999）。当然のことながら、他人の感情を推し量ったり、その痛みを感じたりする共感性の獲得は、このような仲間集団との関わりの中で形成されるのであり、仮想空間を遊びの拠り所としている子どもたちが、共感性を身につけることはきわめて難しいといえよう（桑原，1999）。近年の少年たちによる凶悪事件などを見ると、彼らには、他者の存在や立場を理解しないという傾向があり、このような共感性の喪失が、残虐性の強い犯罪につながったとも考えられるのである（清永，1999；桑原，1999）。以上のように、近代化という社会構造の変化は、児童生徒が、適応的な社会生活を送る上で必要な能力や特性を獲得することを困難にしてきた可能性が示唆されているといえよう。

　さて、いじめの研究などによって、加害者や被害者などの直接的当事者以外の児童生徒の言動が、問題行動の形成や維持にさまざまな影響を与えていることが明らかになってきており、子どもたち一人ひとりの集団における役割やメカニズム、いわば、社会心理学的な観点からの分析を行うことが、きわめて重要であることが論じられている（Salmivalli et al., 1996）。

　サルミヴァリら（Salmivalli et al., 1996）によれば、いじめにおいては、加害行動の助力や、その防止に寄与する、直接的な行動を起こす役割を担う児童生徒が、加害行動の増減に影響を与える他に、直接手を下さず、間接的な形で、加害行動をそそのかしたり、煽り立てたりするような行動を取る"強化者"という役割を果たす者が、集団の雰囲気、方向性を操作し、問題を増幅、助長することや、いじめに対して何もせず、ただ無関心な態度を取る"傍観者"という役割を果たす者の行動が、加害者には"暗黙の了解"と判断され、加害行動の助長につながることなどが明らかにされている。オルヴェウス（Olweus, 1978）によれば、いじめやけんかなどの攻撃行動を防止、減少させていくためには、非当事者の児童生徒が、加害的役割に加担するか、問題を止める役割に加担するかが重要であり、クラスにおける加害勢力と非加害勢力の力学関係、バラン

スをどのようにコントロールするかが重要であると論じている。問題行動を扱う場合、特に、間接的な行動や役割を果たす、問題を扇動する者や傍観する者には、加害者や被害者などの直接的な当事者に比べて、強く焦点が当てられない場合も多いが、前述のように、このような非当事者の児童生徒の行動を把握し、クラスの集団をどのように導くかが、不適応行動を防止、減少させるためには不可欠なことであり、集団的メカニズムによるアプローチという観点から、問題を分析し、対策を立てていくことの重要性が浮き彫りにされているといえるであろう。

最後に、児童生徒の不適応行動に関する社会的サポートの影響についてである。文部科学省（2003）が不登校問題について述べているように、社会全体が、問題を理解し、それに対して真剣な取り組みを行うことが大切であるのはいうまでもない。ADHDなどの不適応を抱える児童生徒の社会的自立を考えると、集団行動や社会的技能の問題から、就労などにおいて困難な状況に陥ることが多いことが論じられている（上野, 2003）。彼らは、そのような問題を理解しない周囲の者たちから、非難や軽蔑を受けることも多く、この体験は、対人関係にも重大な影響を及ぼす（Munden & Arcelus, 1999）。しかしながら、このようなADHDの者たちも、適切な治療や社会技能や職業技能に必要な訓練など社会的なサポートを受けることができれば、適応的な社会生活が可能である（上野, 2003）。アメリカには、IEP（Individual Education Programs）という障害をもつ児童に対して、個別の公教育を実施するシステムがあり、心理教育関係者、医師、言語療法士、作業療法士、聴覚・視覚の専門家などにより、一人ひとりに診断や査定を行い、各自に適合した教育方針を策定し、それを基に、学校生活のみならず、将来の就労や学校卒業後の活動に対する準備などに至るまでのサポートが実施されている（司馬, 1999；National Dissemination Center for Children with Disabilities, 1999）。残念ながら、わが国においては、ADHDの児童生徒に対して社会全体で細やかなサポートをしていくシステムは取られていないため、このような問題をもつ者の改善可能な適応上の問題が、放置され、十分に改善されていない可能性があるのである（司馬, 1999）。このような現状がもたらす意味

を考えると、確かに、ADHDは、生物学的要因によって発症するものであるが、その不適応を増幅し、このような障害を抱える者たちが生活することを困難にする要因として、社会全体の理解不足やケアの欠如などが関わっている可能性は大きいといえる。社会全体の不作為によって、不適応行動が拡大されているという可能性をわれわれは認識し直す必要があるといえるのではないか。

引用文献

American Psychiatric Association 1994 *diagnostic and statistical manual of mental disorders*. Washington. D.C..

Crick, N. R., & Grotpeter, J. K. 1995 Relational aggression, gender and social psychological adjustment: *Child Development*, 66, 710-722.

Crick, N. R., Bigbee, M. A., & Howes, C. 1996 Gender difference in children's normative beliefs and aggression about aggression: How do I hurt thee? Let me count the ways. *Child Development*, 67, 1003-1014.

Hallowell, E. M., & Ratey, J. J. 1994 *Driven to distraction*. New York: Pantheon Books. 司馬恵理子（訳）1998 『へんてこな贈り物　誤解されやすいあなたに－注意欠陥・多動性障害とのつきあい方』インターメディカル.

福島章　1985 『非行心理学入門』中央公論社.

原英樹・濱口佳和　2002　いじめ研究の測定法上の問題について，千葉大学教育実践研究, 9, 177-183.

平野恵子　1991　いじめ問題解決のために，イギリスにおける実践的取り組みと日英比較調査，文教大学教育学部紀要, 5, 77-96.

星野仁彦・新国茂・金子元久・遠藤正俊・八島祐子・熊代永　1985　登校拒否の発症に関与する家族・社会的要因, 福島医学雑誌, 35, 413-423.

稲村博　1988 『登校拒否の克服』新曜社.

稲村博　1989 『不登校の研究』新曜社.

伊藤忠記念財団　1986 『児童非行の芽を促進させる不健全要因に関する学際的研究』.

Johnson, A. M., Falstein, E. I., Szurek, S. A., & Svedsen, M. 1941 School phobia. *American Journal of Orthopsychiatry*, 11, 702-711.

Johnson, A. M. 1957 School phobia: Workshop, 1955, 3 Discussion. *American Journal of Orthopsychiatry*, 28, 307-309.

清永賢二　1999　現代非行少年の世界―空洞世代の誕生，非行問題の行方―非行第4のピークを前に，清永賢二（編）『非行少年の世界』有斐閣，pp.1-36, pp. 177-203.

小林寿一　1989　非行歴の回数別に見た非行少年の学校生活，友人関係　1975-1988 『少年非行―その実態・原因・対応の分析』ソフトサイエンス社，pp. 119-127.

Kolvin, I., Berney, T. P., & Bhate, S. R. 1984 Classification and diagnosis of depression in School phobia. *British Journal of Psychiatry* 145, 347-357.

桑原尚佐　1999　暴力非行―失われた他者感覚，清永賢二（編）『非行少年の世界』有斐閣, pp. 67-100.

Lagerspetz, K. M. J., Björkqvist, K., & Peltonen, T. 1988 Is indirect aggression typical of females? *Aggressive Behavior*, 14, 403-414.

緑川徹　1999　初発方非行—豊かさが生み出す浮遊非行，清永賢二（編）『非行少年の世界』有斐閣，pp. 37-66.
宮下一博・大野久（編著）　2002　『キレる青少年の心—発達臨床心理学的考察—』北大路書房．
宮崎大学教育学部教育社会学研究室　1991　いじめに関する実証的研究—第1回－第4回〈小中学生の学校生活に関する意識調査〉データから—．
文部省　1996　『児童生徒のいじめ等に関するアンケート調査結果』．
文部省　2000　『平成12年度学校基本調査』．
文部科学省　2003　『今後の不登校への対応の在り方について』．
文部科学省　2009　『平成21年度学校基本調査速報結果の概要』．
麦島文夫　1989　非行化過程の追跡研究　1975-1988,『少年非行—その実態・原因・対応の分析』ソフトサイエンス社，pp.87-98.
Munden, A., & Arcelus, J.　1999　The ADHD handbook: A guide for parents and professionals and on attention deficit / hyperactivity disorder. London: Jessica Kingsley Publishers.
市川宏伸・紅葉誠一・佐藤泰三（訳）　2000　『ADHD注意欠陥・多動性障害—親と専門家のためのガイドブック』　東京書籍．
National Dissemination center for Children with Disabilities　1999　Individual Education Programs, LG1, 4th Edition. Washigton. D. C..
西村春夫・高橋良彰・小宮山要・鈴木真吾・小林寿一　1989　全国調査による最近の中学生・高校生非行の実態と分析　1975-1988,『少年非行—その実態・原因・対応の分析』ソフトサイエンス社，pp. 28-36.
野添新一・古賀靖之　1990　登校拒否・不登校の病理，坂野雄二（編）『登校拒否・不登校』同朋舎出版，pp. 54-72.
Olweus, D.　1978　*Aggressions in the schools: bullies and whipping boys*. Washington D.C.: Hemisphere Publishing Corporation.
Olweus, D.　1980　Familial and temperamental determinants of aggressive behavior in adolescent boys: A causal analysis. *Developmental Psychology*, 16, 644-660.
Olweus, D.　1993　*Bullying at school*. Oxford: Blackwell Publishing.
Olweus, D.　1994　Annotation: Bullying at school; Basic facts and effects of school based intervention program. *Journal of Child Psychology and Psychiatry*, 35, 1171-1190.
Rigby, K., & Slee, P. T.　1991　Bullying among Australian school children: Reported behavior and attitudes toward victims. *Journal of Social Psychology*, 13, 615-627.
Rigby, K., & Slee, P. T.　1993　Dimensions of interpersonal relation among Australian children and implications for psychological well-being. *Journal of Social Psychology*, 133, 33-42.
Rivers, I., & Smith, P. K.　1994　Types of bullying behavior and their correlates. *Aggressive Behavior*, 20, 359-368.
坂野雄二　1990　登校拒否・不登校の理解，坂野雄二（編）『登校拒否・不登校』同朋舎出版，pp. 2-36.
Salmivalli, C., Lagerspetz, K. M. J., Björkqvist, K., Österman, K., & Kaukiainen, A.　1996　Participant roles and their relations to social status within the group. *Aggressive Behavior*, 22, 1-15.
司馬恵理子　1997　『のび太・ジャイアン症候群　ADHD　いじめっ子・いじめられっ子は同じ心の病が原因だった』主婦の友社．
司馬恵理子　1999　『のび太・ジャイアン症候群2　ADHD　これで子供が変わる』主婦の

友社.
Slee, P. T., & Rigby, K. 1992 Australian school children's self appraisal of interpersonal relations: The bullying experience. *Child Psychiatry and Human Development*, 23, 273-282.
Sullivan, H. S. 1968 *The interpersonal theory of psychiatry*. New York: W.W. Norton & Company. 中井久夫・宮崎隆吉・高木敬三・鑪幹八郎（訳） 1990 『精神医学は対人関係である』みすず書房.
高木隆郎 1984 登校拒否と現代社会，児童精神医学とその近接領域，25, 63-77.
高橋良彰 1989 累犯少年の家庭および家族関係 1975-1988,『少年非行―その実態・原因・対応の分析』ソフトサイエンス社, pp. 128-136.
鑪幹八郎・山本力・宮下一博（編著） 1984 『アイデンティティ研究の展望Ⅰ』ナカニシヤ出版.
内山喜久雄（監修） 1974 『児童臨床心理学事典』岩崎学術出版社.
上野一彦 2003 『LD（学習障害）とADHD（注意欠陥多動性障害）』講談社.
渡辺康弘 1997 深刻化する少年非行問題等の現状と対策（1），警察学論集, 50, 1-20.
Whitney I., & Smith P. K. 1993 A survey of the nature and extent of bullying in junior/middle and secondary schools. *Educational Research*, 35, 3-25.
山口透 1983 中学生非行の増加とその背景，非行と犯罪, 56, 75-103.

Ⅱ 生徒指導の実際的内容

第6章 不登校にまつわる理論と指導の実際

第1節　不登校の理論と実態

　平成21年度の学校基本調査報告によると、小・中学校あわせて12万7千人となり、前年度より2千人の減少となった。とはいえ、12万人を超える子どもたちが学校に行っていない（年間30日以上の欠席）という現状は続いている（全児童、生徒数に占める不登校の比率については図6－1参照）。今回の「減少」という報告の裏には、学校現場での教師による努力、不登校対応の多様化、学校外の専門機関の充実など、多くの要因があるだろう。本章では、実態を押さえた上で、多様化する不登校に対し、どのように対応すべきか検討してみたい。

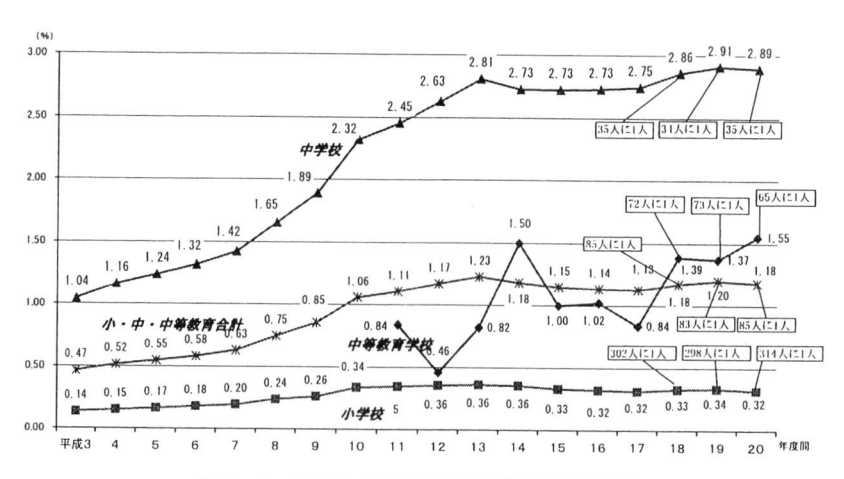

図6－1　全児童、生徒数に占める「不登校」の比率
（文部科学省「平成21年度学校基本調査速報」より）

A．不登校に対する見方の変遷

　不登校の変遷を辿る方法のひとつとして、その呼称に注目する見方がある。不登校が日本で注目され始めた1950年代後半には「学校恐怖症」という名称が使われていた。折しも、高度経済成長の真っ只中にあり、学校に行くということが社会的な成功の第一歩と考えられていた時代である。この時期「学校に行けない」という事例は希少であり、「心の病気」として児童精神科医により治療対象として研究が進められていた。

　その後、1970年代から80年代に入り、不登校の人数はどんどんと増え続ける。特殊な個人病理や特別な家庭の問題ではなく、学校現場における教育問題として注目され始めたのもこの頃である。名称も「登校拒否」と変わっていく。当初、学校現場では、不登校に対し「怠けだ」「気持ちの問題だ」という見方をすることが多く、訓練・鍛錬という形で登校を強要する対応も珍しくなかった。その一方で、1960年代に日本に入ってきたロジャーズ（C.R.Rogers）の非指示的療法の考え方や手法を学ぶ教師も増えてくる。「受容・共感」的な関わりの必要性が指摘され、カウンセリング的な対応が教育相談という形で学校現場にも取り込まれていく。その結果、学校現場の中で、生徒指導におけるこれら2つの対極的な見方がぶつかり合いながら共存するという状況が始まることになる。

　そして、1990年代に入ると、もはや学校現場だけの問題ではおさまらない状況となる。今や、不登校のいない学校、不登校を担任したことのない教師は珍しいといっても過言ではない。1992年に出された文部省（現文部科学省）の報告書の中では、「(不登校は) どの子にも起こりうる」という見解が初めて出された。それと同時に、学校に行かない生き方を認めていこうという風潮が強まるのもこの時期である。そうした実態に合わせて、「登校拒否」という学校現場サイドからの見方を見直し、否定的な意味を含まず現象のみを捉えた「不登校」という名称が一般化し現在に至っている。

B．不登校についての原因論

　不登校の原因についても、さまざまな理論が展開されてきた。「学校恐怖症」と呼ばれた当初は、母子分離不安を不登校の原因と見る説が主流であった。"自我の弱い子ども""子離れできない親"の問題が、不登校の背景にあるという見方である。また学校現場では、先述のように、対極的な見方が並存していた。ひとつは「不登校は怠けだ」という見方である。この視点に立つと、不登校は「学校に登校する」という自明のルールを逸脱した問題行動と捉えられ、指導の対象となる。他方、カウンセリングの観点から、不登校を「蛹の時期」と捉える見方もある。この視点は、"不登校をしている間に自分自身を見つめ、大きく変身する準備をしている、だから不登校の時間を保証しなければならない"という見守り重視の対応につながる。他方こうした個人に注目する見方に対し、不登校が起こるのは子ども自身の問題でもなく家庭の問題でもなく、学校教育の方に問題があるという視点もある。画一化した授業、管理的な指導の行きすぎが不登校を生んでいるという学校批判の立場である。

　これら、個人、家庭、学校に原因を見る見解とは別に、不登校が起こるのは現代という時代が担う当然の結果であるという見方もある。確かに、日本でも高度経済成長期には、学校に行くことが明るい将来や社会的成功につながるという事実があった。ところが、高学歴化が進むと同時に、学校・学歴の価値が相対的に低下し、学校に行くことに積極的な意義や目的が見出せなくなってきた。不登校が増え続けているのもその頃からである。こうした時代の変化、社会の変化の結果として不登校が生まれているという見方である。

　このように、不登校の原因についてはさまざまな理論がある。しかし実際には、唯ひとつの原因で不登校になったというケースは稀であろう。もちろん、「クラスにいじめがある」「特定の先輩との関係がうまくいかない」など、はっきりした原因がある場合はそれを解決する努力は必要である。しかし、本当の原因はわからないことが多く、また原因といわれることが取り除かれても簡単には登校できないケースも多い。不登校に苦しむ子どもや保護者に対する「ど

うして学校に行けないの？」という問いは、現状を非難し当事者たちを追い詰める鋭い言葉でもある。こうした実態に対しては、「何が原因で不登校になったか」にこだわるよりも、"今ここ"を正しく把握・理解し「これからどのように関わればいいか」を検討する方にこそ意義があるように思われる。

C．現代社会における不登校

　「学校に行かなくてはならない」という規範意識が希薄化し、その一方で、「学校に行っても、明るい未来が保証されるわけではない」という諦観が漂う現在、学校に行くことに対する疑問が膨らんでいる。大人たちも、この問いかけ（「どうして学校に行かなくてはならないの？」という）に明確な答えを出すことができずにいる。

　もちろん、（公教育に限定すれば）きわめて低いコストで「学力」が保証されるというのは、学校に行く大きなメリットだろう。また、同世代・異世代の多くの人間と関係作りを学べるという点では、学校は格好の場所である。しかし、塾や通信教育、インターネットによる配信制度が進む中、学力は（金銭的な負担はあるものの）学校以外でも容易に手に入る時代になった。機械化が進み便利になった現代の社会では、生活のあり方も、人と関係をもたずに生きていける方向に変化している。「学校に行くこと」の意味が揺らぐ中、学校制度そのものを見直すべきだという意見も起こっている。

　ただ、そうした近代社会の利便性や文化の恩恵という光に対する影として、表面的・形骸的な人間関係や実体験の乏しさの弊害も指摘されつつある。煩わしいものとして避けられてきた人とのふれあいを取り戻そうと、擬似家族的なつきあいの場を人工的に作ろうという動きもある。人や社会のつながりの第一歩としての学校の意味が、今一度、問い直され再生されるべき時機に来ているのかもしれない。

　こうした時代の波の中で変遷を遂げていく不登校ではあるが、学校現場では目の前の子どもたちに対し、日々対応を迫られている。次節では、子ども本人と保護者双方への関わりについて述べてみたい。

第2節　不登校の指導の実際

A．子どもと保護者への対応

（1）子ども本人への関わり

　不登校本人に関わる場合、思春期特有の問題を避けては通れない。思春期とは、集団や組織という社会への帰属（社会化）と自分らしさの獲得（個人化）という二項対立的な発達課題を、調整しながら達成していくことが求められる時期である。たとえば、いじめによる不登校は、一時的にではあれ社会（学級・学校という集団状況）から退却し、自らの殻の中で立て直しを図ろうとしている状態である。そうしたケースに関わっていると、クラスという集団への同一化と、自分さがしの作業（アイデンティティの獲得）とが、統合の難しい課題であることが見えてくる。

　また、思春期は家庭の中でもさまざまな問題に巻き込まれやすい。相談室で出会う不登校の子どもたちの中には、両親の不和や嫁姑争い、リストラによる失業や祖父母の介護による両親のストレスなど、家族の問題に巻き込まれてしまっている者も多い。思春期というのは、家族の波を最も被りやすい時期なのだろう。しかも、そういったストレスを言葉にして解消する術をもたない者も多い。思春期特有のプライドや大人への反抗心・不信感により、自分の心のうちを言葉にすることを嫌う者もいる。そして、この言語化されない悩みや不安は、暴力や自傷行為のような形で行動化されたり、心身症という形で身体化されてしまうことになる。表面的には不登校という形を取っているが、その裏に秘められた問題は多様である。特に"悩みそれ自体がくっきりとした輪郭をとり難い"（滝川，1998）といわれる"今の中学生"においては、悩みが言葉という形に結晶化していくには時間がかかる。

　そのため、カウンセリング現場においては、不登校児の苦悩に寄り添い、そこに"成長に必要な危機"を読みとろうというアプローチを取ることが必要に

なる。そのひとつが、山中（1979）の思春期内閉論である。この内閉論は、不登校を"外的には社会的自我の未成熟とされる消極面を持ちつつも、内的には「退行」、しかもそれは次なる「新生」をもたらすための「蛹の時期」とでもいうべき積極面を併せもっている"とみなす肯定的な視点である。内閉を"できる限り保証し、彼らの話に耳を傾け、しっかりと患者の「内的な旅」の同行者としてつきあい、ひたすら彼らの「内的成熟」を待つ"という姿勢が治療の基本線として提起された。この理論を裏づけるように、不登校の治療過程を通してそこに本人のアイデンティティの探求や自我発達のプロセスが展開されるケースも少なくない。不登校を考える際には、こうした思春期固有の問題を十分に理解し、本人にとって不登校するということがどんな意味をもっているかについても目を向けることが必要であろう。

　ただその一方で、本人を超えた家族や学校、社会の諸要因から不登校になるケースもある。非行や怠学など、学校教師が積極的に関わりをもたなくてはどんどん長期化してしまうケースも多い。また他方、本人に関わりたくても部屋から一歩も出られないというケースもある。そのような時に有効となるのが、保護者を通しての間接的支援である。

（2）保護者への関わり

　保護者面接の一番の目的は、保護者自身の心の安定化を図ることであろう。保護者の多くは、家の中で学校に行けない子どもたちと向き合い、多くのストレスを抱えている。「他の子たちは平気で学校に行っているのに、どうしてうちの子だけ行けないんだろう」「これから将来、この子はどうやって生きていくんだろう」、そんな不安でいっぱいである。子どもに対しては気を遣って過ごしているが、午後から起き出してきて平気でテレビを見ている（ように見える）子どもを目の前にして、平静ではいられないこともあるだろう。そんな時、その不安ややり場のない怒りの気持ちを吐き出す相手が必要となる。保護者面接は、たまったガスを抜き、気分をリセットして新たな気持ちで子どもに対応してもらうために必要な時間となっている。

ただし日々忙しさに追われる教師には、こうした保護者の思いにじっくり耳を傾ける時間が取れない場合も少なくない。保護者の側からしても、教師に話したい内容と、教師にはいいにくい内容とがあるだろう。そんな時、教師とは違った立場で保護者に対応できるのがスクールカウンセラーである。学校と家庭をつなぐ立場を生かし、教師と子ども、あるいは教師と保護者の関係を修復する役割が求められる。その役割の成否を分ける鍵は、スクールカウンセラーと教師、そして保護者が互いに信頼し情報共有を図れる関係が築かれているか否かである。

B．不登校支援の新しい視点

ここで、不登校に対応する際の具体的な指針について考えてみたい。

文部科学省では、2002年9月に不登校問題に関する調査研究協力者会議を設置し、不登校の現状を把握し直すとともに、今後の施策を検討した。ここでは、その報告書の中から3つの観点を紹介しておく（伊藤，2004）。

（1）「関わる」ことの意味

今回の新しい提言のひとつに、"ただ「待つ」のではなく、正しい「働きかけや関わり」が大切"という文言がある。この提言が出された背景には、「待つ」という言葉が正しく理解されなかったという過去の経緯がある。「待つ」という対応は、正しくは「見守る」といい換えることもできる。しかし、この「見守る」というのは簡単なことではない。子どもが自分の力で動き出すのを、余計な手出し・口出しをせずにじっと待つという、相当に根気が要る作業である。場合によっては、待たずにこちらから手を出す方が楽なこともあるだろう。さらに、「見守る」という気持ちは、相手には伝わりにくいものでもある。教師自身は「見守っている」つもりでずっと気にかけていたのに、子ども本人や保護者は「見捨てられた」と感じていたというケースもある。子どもに対しては見守るべき時であっても、保護者との関係は切ってはならない。子どもには会えなくても、地道な家庭訪問を続ける中で子どもの気持ちに変化が見られた

というケースも少なくない。そういう意味では「待つ」「見守る」という対応は、決して受動的な対応ではなく、正しいアセスメントに基づく「関わり」のひとつであるともいえよう。

　不登校の状態像も、引きこもって悶々と悩む者もあれば、外見上は何も悩んでいないように見える「明るい不登校」も増えている。子どもたちの状態の多様化に合わせて、学校での対応も多様化することが求められる。ただ単に関わればいいというのではなく、収集された多くの情報から一人ひとりの状態を見極め、その上で「誰が、いつ、どんな関わりをすべきか？」という判断が必要となる。今現在は、「登校刺激は避けて見守ろう」という結論が出たとしても、永久にそれでいいというわけではない。子どもの状態の変化とともに、関わりも内容を変えていくことが必要だろう。口では「学校なんて行きたくない、先生には来てほしくない」といいつつ、何も連絡がないと不安になる子どもも少なくない。不登校の渦中にある子どもや保護者の心理は複雑である。「（学校に）行きたいけれども行けない」「（先生から）連絡してほしいけど会いたくない」、そんなアンビバレントな揺れ動きを見せるのである。不登校に関わるには、焦らず気負わず、じっくりと揺れにつきあう根気が必要となる。学校現場では、こうした教師による適切な関わりで救われたケースにも数多く出会う。

（2）進路の問題として捉える

　報告書の中に"不登校を「心の問題」としてのみ捉えるのではなく、「進路の問題」として捉える"という視点が出されている。ここでいう「進路の問題」というのは、"不登校の子どもたちが一人ひとりの個性を生かし社会へと参加しつつ充実した人生を過ごしていくための道筋を築いていく活動への支援"（森田，2003）を意味している。つまり「進路の問題」とは、「生き方支援」といい換えることもできるだろう。この場合、学校は、子どもたちの学力を高めることだけが目的とされるのではなく、広く社会に子どもたちを送り出していく準備をする機関としてより広い役割が求められることになる。「心の問題」と「進路の問題」は同時に考え対応していかなくてはならない「生き方支援」の

両輪なのである。

　ここで、中学3年生で不登校だった生徒を対象に5年後に追跡調査を行った森田（2001）の結果を紹介する。「不登校したことが現在にマイナスの影響を与えているかどうか」に対する回答としては（図6－2）、「マイナスではない」と現在を肯定する回答が4割と最も多かったが、「どちらともいえない」と保留する意見も4割近かった。また「マイナスに影響している」と否定的な回答は24％であった。他方、現在の状況について、「望み通りの仕事や学校に出会ったか」という質問に対し、その回答は「はい」「いいえ」に二分される（図

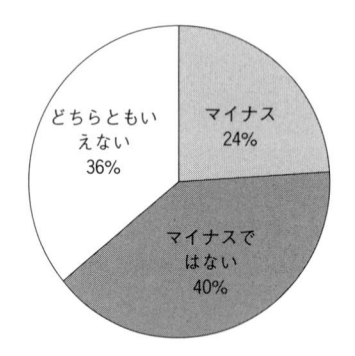

図6－2　「不登校による現在のマイナスの影響」についての回答結果

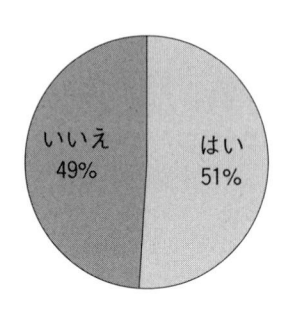

図6－3　「望み通りの仕事や学校に出会ったか」についての回答結果

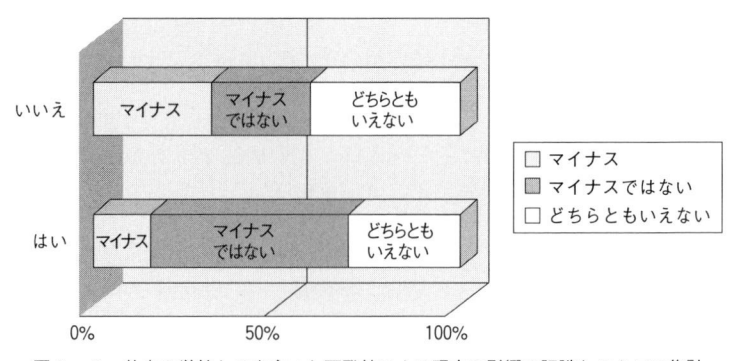

図6－4　仕事や学校との出会いと不登校による現在の影響の認識とのクロス集計
（森田，2001）

6-3)。この２つの回答をクロス集計したのが、図６−４である。望み通りの仕事や学校に出会えた者の方が、不登校経験をマイナスに捉える傾向が低いということが示された。この結果からも示唆されるように、過去がどうあれ、現在において学校や仕事につながり、そこで自分の居場所が実感できている場合は、その過去を乗り越えられる場合が多い。

　ところで、ここでいう「社会的自立」とは、進学や就職という特定の場への帰属だけを意味するのではない。あまりにも強迫的に学校復帰に縛られている場合には、その呪縛から解き放つような関わりも必要だろう。しかし、「学校に行かない」生き方を一人で貫くためには、勇気も力も必要である。時には、大きなリスクを背負うこともある。そのリスクもすべて受けとめて生きていけるだけの勇気と力、そしてサポートを与えてくれる人が必要となる。今、不登校の子ども自身の気持ち、そしてその子どもがもつ「生きていく力」、それを支える環境（人的支えも含めて）を総合的に見極め、最終的な自立に向けて根気強く支援する方策が求められているといえる。

（３）ネットワークとしての関わり

　不登校の裾野が広がるにつれ、学校外部の専門機関との連携がますます重要視されるようになった。しかし、さまざまな専門機関が手を組もうとする際に、互いの"守秘義務"が連携・協力を阻む壁になることも少なくない。学校も、相談機関も、警察も、それぞれが握っている情報がある。互いの信頼関係が構築されないうちは、それぞれの情報を開示するには大きな不安をともなうものである。それを解消するためにも、ネットワークの中で、常日頃から連絡を取り合い、秘密を守る"枠"を広げておく必要がある。そしてその際、情報の共有だけでなく、自分の足で出向き、顔と顔を合わせた中での関係作りへの努力が不可欠となる。この、「人の足」による関係の糸が、専門機関といういくつもの「点」を結ぶ「線」となり、それがネットワークというひとつの「面」を形成するのである。

C．学校をめぐる相談体制作り

（1）校内相談体制

　不登校に対応する時の鉄則のひとつに「一人で抱え込まない」ということがある。教師には、自分のクラスの生徒の問題は自分で解決したいという思いが強い。これは、教師の使命感から生まれてくる場合もあれば、周りの教員に批判されたくないという不安が背景にある場合もある。しかし、不登校への対応については「抱え込み」は危険である。校内でチームを作って取り組むことが望ましい。

　チームを組むメリットとしては、まずは"多面的理解"や"多面的関わり"が容易になるという点がある。担任教師の目だけでは子どもの一面しか見えないが、何人かの教師の目を持ち寄ることで、児童生徒の理解も深まる。また、関係している教師の中で役割分担をすることで、今必要な関わりが速やかに行いやすくなる。ただし、その場合も、担任教師が「抱え込み」から脱していることが重要である。難しいことではあるが、クラスの生徒が他の教師（あるいはカウンセラー）に相談に行ってもこだわりなく見守ると同時に、その教師と協力体制を組めるという柔軟な姿勢が求められる。そのためにも、学校内に、協力し合う体制と"一人の生徒をみんなで育てる"という空気が育っていなくてはならないだろう。

　もうひとつのチーム支援のメリットは「支え合い」の機能である。担任クラスに不登校の児童生徒がいる場合、教師の肩にかかる心と時間の負担は相当に重くなる。どう理解し、どのように対応すればいいかわからなくなることも多いだろう。養護教諭や生徒指導主任、相談係、そしてスクールカウンセラーなど、多くの目が集まることで子どもへの理解も深くなる。一人では行き詰まってしまうような場合でも、互いに役割分担することで長期戦を乗り越える力を備えることも可能だろう。

　こうした校内でのチーム援助を行おうとする際、その要となるのがコーディネータの役割であろう。コーディネータとは、"関係者間の連携や調整に当た

る人"のことである。校内においては、チーム支援に関わる教職員（管理職、相談担当者、生徒指導担当者、養護教諭、担任教師など）の間で関係調整を図ることを主たる役割とする。また校外の専門機関との間では、学校側の窓口としてパイプ役を果たすことが期待される。そのため、コーディネータには、教育相談に関する専門知識だけでなく、校内の人間関係をスムーズに調整できるだけの力量と人望（信頼感）を有することも必要不可欠とされる。

（2）内なる連携、外との連携

では次に、コーディネータが果たすべき具体的な役割について考えてみたい（以下、筆者が作成に協力した国立教育政策研究所生徒指導研究センター（2004）による）。

① 情報交換の場としての委員会の開催

不登校以外にも、学校全体では日々いろいろな問題が起こっている。そうした情報を共有するための話し合いを職員間でもつことも重要である。中学校では、生徒指導委員会などがその役割を果たしている。気になる児童生徒についての情報（どういうことが起こり、どのように対応したか）を共有し、教職員全体で指導していく体制も必要である。この委員会には、生徒指導担当だけでなく、養護教諭、スクールカウンセラー、そして管理職の参加が望まれる。また、学年の代表者（主任など）が出席しているとより都合がいい。学年の情報が即時的に把握できるのに加えて、その場で話し合われた情報を各学年の担任教師に伝えるパイプとなるからである。

② ミニ・カンファレンスの招集

そうした定例の委員会での報告に加えて、より密な情報交換と具体的な対策の話し合いが必要となる事例も出てくる。まずはその児童生徒の状況を把握し、正しい理解と判断（見立て）を行うことが重要である。「今、どんな状態なのか？」「不登校になった背景は？」「これまで、どんな関わりが行われてきたか？」「今後、誰が、どのような関わりをすることが必要か？」などについて、その子どもに関わる教職員が互いの情報を持ち寄って開かれるミニ・カンファレンス（チーム支援会議）が有効である。コーディネータは、まず、当該の児童

生徒のことをよく知り関わりをもってきた教職員を選び、招集する。状況によっては、学校全体で情報共有が必要となるが、まずは関係者中心のミニ・カンファレンスで、具体的な状況把握とともに必要な支援（手立て）について話し合うことが重要となる。校内にスクールカウンセラーなど、専門知識を有する者がいる場合はメンバーに加えることで早期対応もスムーズとなる。

③ 幼小中高の連携

　不登校に限らず、中学校で起こる子どもの問題は小学校以前から、小学校での問題は幼稚園・保育所以前から兆候が見られている場合もある。必要に応じて、前籍校園での様子を聞き、対応についても互いに助言し合える関係を作ることが望ましい。欠席状況だけでなく、「関係機関との連携の下どのような指導を行ってきたか」など、在籍校で適切な関わりができるような情報の共有が求められる。ただし、本人や保護者の中には、不登校の状況について進学先に伝えることに（進路に悪影響はないかなど）心配を感じたり不安を抱く場合もあるので、十分な説明を行い理解を得ることも必要となる。もちろん、個人情報の保護に配慮しなければならないことはいうまでもない。

④ 外部専門機関へのつなぎとフォロー

　心理相談的対応に加え、福祉的対応、医療的対応が必要なケースを適切な専門機関につなぐのは、多くの時間とエネルギーが必要となる。まず、多くの情報から本人の状況を的確に判断し、適切な専門機関をピックアップすることが必要である。その次に、本人と保護者に「どうして、今、そこに関わることが必要か」を丁寧に説明しなくてはならない。このインフォームド・コンセントの段階を正しくふまなければ、当事者は「学校に見捨てられた」という気持ちをもってしまう。そのため、本人と保護者が十分納得するまで丁寧な説明が必要となる。そして、専門機関とつながってからは、学校からの情報を先方に伝え、また専門的なアドヴァイスを受けるという形で、学校と専門機関とのつなぎの役割を果たすことが求められる。

⑤ 家庭との連携

　もうひとつの重要な連携相手が家庭である。不登校の子どもを抱え、不安を

抱く保護者は多い。学校からの連絡がないと、見捨てられた不安や学校に対する不満が生じることもあるので、日常的・継続的な連絡が必要となる。ただし、本人の状況によっては、過度な連絡は登校刺激となって、本人や保護者を追いつめることにもなる。必要とされる情報を、本人が望む方法で共有するためにも、日頃から保護者との間に丁寧な情報交換を行い、本人と保護者自身の現状とニーズを正確に把握しておくことが大切である。

　以上の仕事内容を考えると、一人のコーディネータの負担としては重すぎる。校内担当と校外担当を分担したり、複数人数でのチーム協働作業にするなど、一人の肩にかかりすぎないような工夫も必要である。コーディネータが調整役となって学校全体に波及していく組織を作っておくことが大切である。

D．まとめ

　非行、虐待、発達障害などを含み込み、ますます裾野が広がる不登校に対し、学校現場にも教育以外の専門性が求められるようになっている。担任教師が抱え込むのではなく、学校内でチームを組み、その中に学校内外の専門的な目を上手に取り込んでいくことも必要である。教師自身だけでなく、学校に関わる専門機関すべてが視点の転換を図り、さまざまな立場が加わったネットワークを構築していく時代となった。不登校への対応を通して、学校の指導体制、さらには学校という制度そのものを再生し直す好機でもある。

引用文献

伊藤美奈子　2004　文部科学省報告書の読み方，伊藤美奈子・明里康弘（編）『不登校とその親へのカウンセリング』ぎょうせい，pp.213-224.

国立教育政策研究所生徒指導研究センター　2004　『不登校への対応と学校の取組について－小学校・中学校編』ぎょうせい

森田洋司（現代教育研究会）　2001　『不登校に関する実態調査－平成5年度不登校生徒追跡調査報告書－』．

森田洋司　2003　『不登校－その後』教育開発研究所.

文部科学省　2004　生徒指導上の諸問題の現状と文部科学省の施策について．

滝川一廣　1998　中学生は変わったか，こころの科学，**78**，16-23.

山中康弘　1979　思春期内閉　Juvenile Seclusion－治療実践よりみた内閉神経症（いわゆる学校恐怖症）の精神病理－，現代のエスプリ，**139**，（佐治守夫・神保信一編）登校拒否，42-58.

第7章 いじめにまつわる理論と指導の実際

第1節　いじめにまつわる理論と実態

「いじめ」が大きな社会問題として取り上げられるようになったのは1980年代のことである。当時は日本独特の現象と捉えられがちであったが、その後北欧やイギリスなど各国でいじめの報告がされるようになり、多数の社会に共通して見られる現象であることがわかっている。どこの国を見ても、いじめは子どもが一日の大半を過ごす学校生活で生じている場合が多く、子どもにとっては生きていくこと自体をおびやかされる深刻な事態である。

A. いじめとは何か

(1) いじめの定義

友だちと一緒に過ごす中で、ケンカをすることもあれば、言い合いになることもある。では、いじめとはどのような行為をさすのであろうか。

文部科学省が例年行っている「児童生徒の問題行動等生徒指導上の諸問題に関する調査」において、平成17年度まではいじめを「①自分より弱いものに対して一方的に、②身体的・心理的な攻撃を継続的に加え、③相手が深刻な苦痛を感じているもの。なお、起こった場所は学校の内外を問わないこととする」としていた。しかし、平成18年度間の調査から見直しが行われ、「いじめ」とは、「当該児童生徒が、一定の人間関係のある者から、心理的・物理的な攻撃を受けたことにより、精神的な苦痛を感じているもの。」となった（文部科学省, 2007）。この見直しでは、個々の行為が「いじめ」に当たるか否かの判断についていじめられた児童生徒の立場に立ち、その児童生徒の気持ちを重視するこ

とが前面に出されている。

　また、森田 (1994) は「いじめとは、同一集団内の相互作用過程において優位にたつ一方が、意識的に、あるいは集合的に、他方にたいして精神的・身体的苦痛をあたえることである」と定義している。

　海外での定義を見ると、オルヴェウス (D.Olweus) が、いじめという現象を次の3つの基準によって特徴づけている (Olweus, 1993, 1998)。(a) いじめとは、攻撃的な行為、あるいは意図的に「危害を加える行為」であり、(b) それは「繰り返し、長期間にわたって」行われるものであり、(c) 力の不均等によって特徴づけられる人間関係の中で行われるものである。また、オルヴェウスがノルウェーで行った大規模な「いじめアンケート調査」においては、児童生徒に対しても、どのような行為が「いじめ」であるのか、アンケート冒頭にその定義を載せている (Olweus, 1993)。参考までに「いじめアンケート修正版」で使用された児童生徒向けのいじめの定義 (Smith & Sharp, 1994) を以下に紹介する。

　　もし、ある子（少女・少年）が、他の子（少女・少年）やグループに、いじわるいことや不愉快なことを言われていたら、その子（少女・少年）はいじめられている、いじわるをされていると言います。人をたたいたり、けったり、脅したり、部屋の中に閉じこめたり、いやなことを書いたメモを送ったり、みんなで無視したりすることも、いじめになります。こうしたことは頻繁に起きることがあり、いじめられている子（少女・少年）は、自分を守ることが難しくてできません。いじわるなやりかたで、繰り返し人をからかうことも、いじめです。
　　でも同じくらいの強さの2人の子（少女・少年）が、時々殴り合ったり、口論したりするのは、いじめではありません。

　これらの定義の共通点から考えると、いじめとは「一定の人間関係のある者」から「拒否的・攻撃的行為」が行われ、「精神的苦痛」を受けること、またそこには「力の不均等」が存在し、「優位に立っている方がその関係を悪用して自らの力を濫用することによって生じる」(森田, 1999) ことである。

（2）いじめの構造

いじめは「いじめっ子（加害者）」と「いじめられっ子（被害者）」の2つの関係で捉えられることが多いが、実際にはこれをはやしたて、おもしろそうに眺めている「観衆」と見て見ぬふりをしている「傍観者」という2層が加わった4層構造になっている（森田，1994）。「観衆」は手を下さないが、いじめを積極的に是認することで加害者のいじめ行動を強化する要素となる。また「傍観者」は知らないふりをすることにより、いじめ行動を実質的には容認している。こうしていじめは被害者以外の学級内の成員に支持され、継続していく。こうなるといじめ行動を抑止するためには「観衆」、「傍観者」の行動を変化させることが必要である。つまり、「観衆」はいじめ行動をはやしたてず、「傍観者」は冷ややかな態度を取るとすれば、「いじめっ子」たちは学級の中で次第に浮き上がり、結果としていじめを抑止することができるであろう。いじめが誰に、どんな手口で、どれだけ長く陰湿に行われるかは、加害者にもよるが、同時にかなりの数にのぼる「観衆」、「傍観者」の反応によって決まってくる（森田，1994）。しかし特に「傍観者」は次に自分が被害者へとおとしいれられることへの恐れがあるため、学級の中で抑止力となることは現実には難しい。また、わずかではあるが「仲裁者」が出てくるが、その「仲裁者」は学級の雰囲気によっては、仲介することでいじめられる被害者になりかねない。学級内のいじめをいかに克服するかは、この4層構造をいかに揺るがすかにかかっている。

しかしこの4層構造には教師の存在が取り込まれていないため、具体的ないじめを十分には明らかにしていないという指摘（菅野，1997）がある。教師自身が意識していなくても、教師がいじめに関わってしまうことがある。菅野(1997)は、教室の中で機能する教師といじめとの関わりを4つの類型に分けている。それは、(1)実際に児童生徒をいじめてしまう「いじめる教師」、(2)教師の児童生徒集団に投射する評価や差別が児童生徒自身の認知に影響を及ぼし、いじめが開始される「いじめを裁可する教師」、(3)裁可する教師ほどではないが、児童生徒との日常的な接し方の中でいじめの発端となる状況を作り、それを維持してしまう「いじめを保全する教師」、そして(4)児童生徒からいじめら

れてしまう「いじめられる教師」である。

　多くの教師は学級内にいじめを起こさないように努力している。しかし教師はいじめを「子どもと子どもの問題」として捉えているため、自らがそれに加担している可能性があるとは思っていないことが多い。いじめが学級集団の中で起こることを考えると、まず学級集団を率いている教師自らが、集団の中での自分の位置をきちんと見つめることが重要である。教師も学級集団の一員であり、しかも最も大きな影響力を及ぼしている。教師の機能の仕方によっては、いじめが開始されるきっかけを作り、保全してしまう存在となるが、逆に教師がうまく機能すれば、先の4層構造を揺るがし、いじめを抑止する力を学級集団の中に生じさせることができる存在にもなる。

（3）いじめの加害者と被害者

　なぜ子どもはいじめを行うのであろうか。深谷（1996）は子どもがいじめを続ける理由を子どもの言葉から、(1)悪いと思っていないから、(2)正義のためにしている行為だから、必要なことだから、(3)スリルがあって楽しいから、(4)仲間と連帯できる安心感を得るため、(5)自分を護るため、(6)自分のランクを上げるため、(7)思春期特性の発揮の7つをあげている。これらの理由の背景には各児童生徒の心理的、環境的要因が絡んでいることが考えられる。"なぜ悪いと思わないのか"、"なぜ自分を護るために他者をいじめるのか"など疑問はつきない。そしてその心理的、環境的要因は、研究者の間でさまざまにいわれている。たとえば子どもの共感性や耐性の欠如、受験のストレス、学校教育の形骸化、管理教育の弊害、平等を重視する学校教育の限界などあげられる要因は多々ある。おそらくそのどれもが正しく、しかしそれでいじめの原因のすべては説明できないのであろう。いじめについては、集団のもつダイナミクスの視点から仲間集団全体の動きの結果として生じる事態と捉えられることも多くなった。どちらかといえば、原因探しではなく、意味探しにエネルギーを費やす（岡村ら, 1995）ことで、いじめが起こる背景に近づけるのかもしれない。

　また被害者側の特徴としては、受動的被害者と挑発的被害者の2つに分けら

れる (Olweus, 1993, 1998)。受動的被害者は一般の児童生徒に比べて不安感が強く、自信がなく、その上神経質でおとなしい、(さらに男子の場合は) 身体的な弱さもともなっていることが特徴で、挑発的被害者は不安感と攻撃的な反応パターンの両方を持ち合わせ、過剰に活動的で、集中力に欠け、周囲にイライラと緊張感を撒き散らし、多くの生徒を刺激するのが特徴である。

B．いじめの実態

　ここでは日本のいじめ問題の実態について統計資料をもとに概観したい。ここで扱う統計資料は、文部科学省が毎年実施している「児童生徒の問題行動等生徒指導上の諸問題に関する調査」(文部科学省, 2009) の平成20年度分発表報告、および森田ら (1999) が行った調査から得られた結果である。文部科学省の調査は全国公立小学、中学、高等学校、特殊教育諸学校を対象としいじめられた生徒の立場に立って、より実態に即して把握するように努めた結果得られた認知件数 (学校側がいじめを認知した件数) を報告している。実態に即していじめの件数を把握する際、文部科学省は「アンケート調査など児童生徒から直接状況を聞く機会を設けるように留意」するよう提示しているが、実際にどのように把握するのかは各学校に任されている。森田ら (1999) の調査は、1997年1月に全国の国公立小学5年生から中学3年生を対象に実施されたもので、児童生徒自身 (6906名) が直接回答しているものである。

（1）いじめの認知件数

　平成20年度のいじめの認知件数は小学校で4万807名、中学校で3万6795名であった (文部科学省, 2009：図7－1)。いじめの件数は、調査の見直しが行われた平成18年度を境に大きく増加した。以前の調査は学校側がいじめと判断したものを発生件数として報告していたが、先にも見たように現在は当該児童生徒の立場に立ち、児童生徒がいじめと思った行為を「いじめ」と判断し認知件数として報告している。調査方法の変更がもたらしたいじめ件数の増加は、児童生徒間で生じているいじめを正確に学校側が把握することが難しいこと、さ

らにいじめとして認識する行為について、学校と児童生徒の判断は大きく違うことを示していると言える。今後どのようにしていじめを正確に把握していく

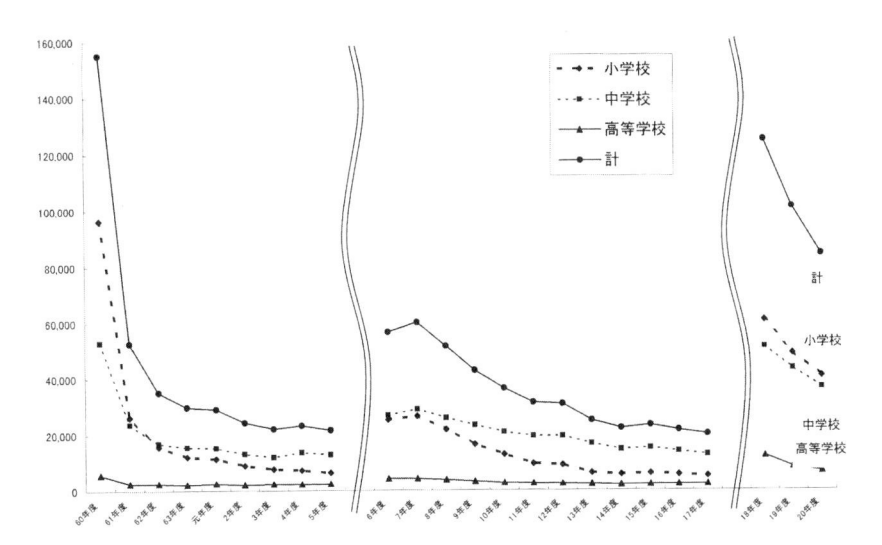

	60年度	61年度	62年度	63年度	元年度	2年度	3年度	4年度	5年度
小学校	96,457	26,306	15,727	12,122	11,350	9,035	7,718	7,300	6,390
中学校	52,891	23,690	16,796	15,452	15,215	13,121	11,922	13,632	12,817
高等学校	5,718	2,614	2,544	2,212	2,523	2,152	2,422	2,326	2,391
計	155,066	52,610	35,067	29,786	29,088	24,308	22,062	23,258	21,598

	6年度	7年度	8年度	9年度	10年度	11年度	12年度	13年度	14年度
小学校	25,295	26,614	21,733	16,294	12,858	9,462	9,114	6,206	5,659
中学校	26,828	29,069	25,862	23,234	20,801	19,383	19,371	16,635	14,562
高等学校	4,253	4,184	3,771	3,103	2,576	2,391	2,327	2,119	1,906
特殊教育諸学校	225	229	178	159	161	123	106	77	78
計	56,601	60,096	51,544	42,790	36,396	31,359	30,918	25,037	22,205

	15年度	16年度	17年度
小学校	6,051	5,551	5,087
中学校	15,159	13,915	12,794
高等学校	2,070	2,121	2,191
特殊教育諸学校	71	84	71
計	23,351	21,671	20,143

	18年度	19年度	20年度
小学校	60,897	48,896	40,807
中学校	51,310	43,505	36,795
高等学校	12,307	8,355	6,737
特別支援学校 (特殊教育諸学校)	384	341	309
計	124,898	101,097	84,648

(注1) 平成5年度までは公立小・中・高等学校を調査。平成6年度からは特殊教育諸学校、平成18年度からは国・私立学校も調査。
(注2) 平成6年度及び平成18年度に調査方法等を改めている。
(注3) 平成17年度までは発生件数、平成18年度からは認知件数。

図7-1 いじめの認知（発生）件数の推移（文部科学省, 2009）

第7章 いじめにまつわる理論と指導の実際　　91

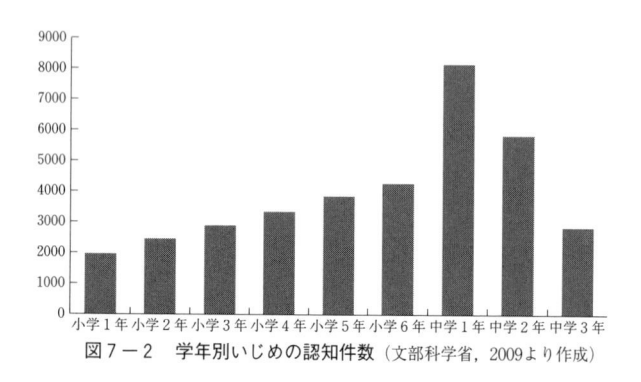

図7-2 学年別いじめの認知件数（文部科学省，2009より作成）

のかはさらなる検討が必要であろう。

学年別のいじめの認知件数を見ると（文部科学省，2009）学年が上がるとともに増加し、中学1年生、2年生で多い結果となっている。小学高学年から中学1年、2年生において、いじめの実態を特に注意して把握することが必要である（図7-2）。

（2） いじめの様態

いじめの様態はいくつかに分かれている。大きく分けると「直接的いじめ—身体的または口頭によるあからさまないじめ」と、「間接的いじめ—社会的に

表7-1 いじめの様態（文部科学省，2009より作成）〈平成20年度〉

区分	小学校 件数(件)	小学校 構成比(%)	中学校 件数(件)	中学校 構成比(%)
冷やかしやからかい、悪口や脅し文句、嫌なことを言われる	26,925	66.0	23,332	63.4
仲間はずれ、集団により無視される	9,999	24.5	7,721	21.0
軽くぶつかられたり、遊ぶふりして叩かれたり、蹴られたりする	9,388	23.0	6,520	17.7
ひどくぶつかられたり、叩かれたり、蹴られたりする	2,431	6.0	2,691	7.3
金品をたかられる	811	2.0	1,039	2.8
金品を隠されたり、盗まれたり、壊されたり、捨てられたりする	3,168	7.8	3,280	8.9
嫌なことや恥ずかしいこと、危険なことをされたり、させられたりする	2,721	6.7	2,479	6.7
パソコンや携帯電話等で、誹謗中傷や嫌なことをされる	457	1.1	2,765	7.5
その他	1,541	3.8	1,142	3.1

孤立させ、自信を失わせるなどの遠回しのいじめ」に分類される（Olweus, 1993）。さらに直接的いじめは、身体的いじめと言語的いじめに分けられる（Smith & Sharp, 1994）。文部科学省(2009)の報告を見ると、いじめの様態として小学校、中学校とも「冷やかしやからかい、悪口や脅し文句、嫌なことを言われる」といった直接的な言語的いじめが最も多い（表7-1）。言語的ないじめは、「いじめ」という一線が引きにくく、よって周囲からはいじめが見えにくいという現状を表している。

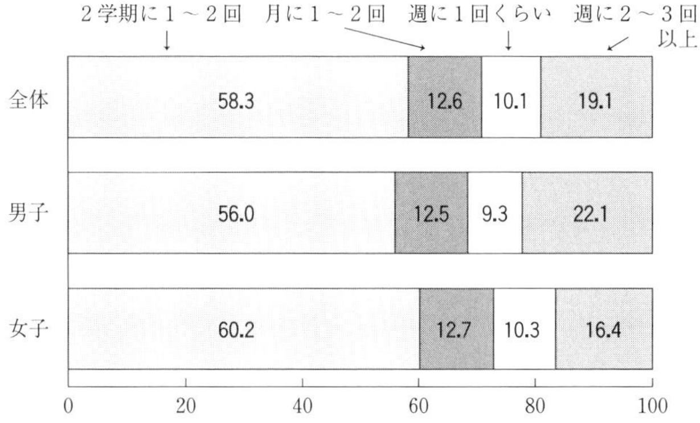

図7-3　いじめの被害頻度（森田ら, 1999）

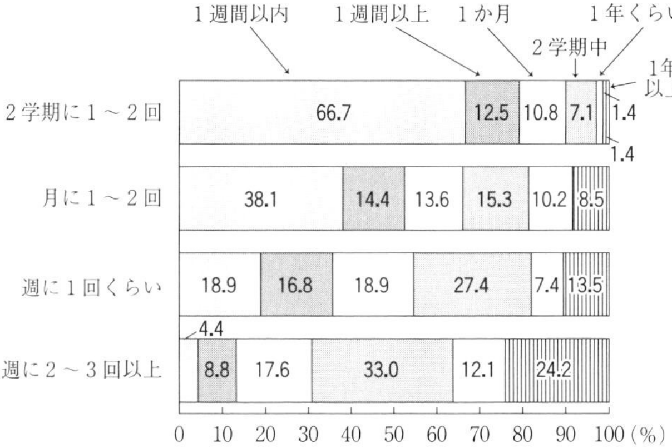

図7-4　いじめの頻度と期間の関連（森田ら, 1999）

　また、いじめの被害頻度としては「2学期に1～2回」という反復性の低いものが6割である一方、「週に1回以上」と答えた児童生徒は3割前後もいる（森田ら,1999：図7-3）。またこういったいじめがどのくらいの期間継続しているかというと、週に何度もいじめられる子どもは長期にわたっていじめられている可能性が高いという結果が出ている（森田ら, 1999：図7-4）。

第7章　いじめにまつわる理論と指導の実際　　93

(3) いじめの発見

いじめの発見のきっかけとしては、小学校では「アンケート調査など学校の取組により発見」が最も多く、中学校では「（いじめられた）本人からの訴え」が多い（文部科学省，2009：表7-2）。このことを考えると学校側が積極的にいじめの実態を捉えようとすること、さらに児童生徒一人ずつと話す機会を設けることが、いじめ発見への近道と考えられる。一方、学校の中での被害場所を

表7-2　いじめ発見のきっかけ（文部科学省，2009より作成）　　　〈平成20年度〉

区分	小学校 件数(件)	小学校 構成比(%)	中学校 件数(件)	中学校 構成比(%)
学校の教職員等が発見	22,427	55.0	16,919	46.0
学級担任が発見	8,724	21.4	7,092	19.3
学級担任以外の教職員が発見（養護教諭、スクールカウンセラー等の相談員を除く）	885	2.2	2,561	7.0
養護教諭が発見	225	0.6	479	1.3
スクールカウンセラー等の外部の相談員が発見	93	0.2	196	0.5
アンケート調査など学校の取組により発見	12,500	30.6	6,591	17.9
学校の教職員以外からの情報により発見	18,380	45.0	19,876	54.0
本人からの訴え	8,114	19.9	10,467	28.4
当該児童生徒（本人）の保護者からの訴え	6,916	16.9	6,042	16.4
児童生徒（本人を除く）からの情報	1,809	4.4	2,030	5.5
保護者（本人の保護者を除く）からの情報	1,363	3.3	1,076	2.9
地域の住民からの情報	73	0.2	96	0.3
学校以外の関係機関（相談機関等を含む）からの情報	74	0.2	89	0.2
その他	31	0.1	76	0.2
計	40,807	100	36,795	100.0

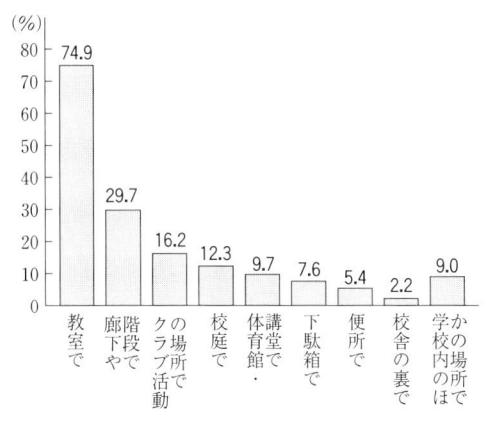

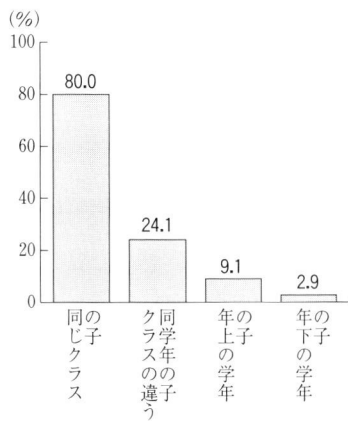

図7−5　学校の中での被害場所 (森田ら, 1999)

図7−6　いじめた子 (森田ら, 1999)

見てみると、「教室」が圧倒的に多く、全体の3/4を占めている（森田ら, 1999：図7−6）。しかもいじめた子はその8割が「同じクラスの子」である（森田ら, 1999：図7−7）。しかし、いじめ発見のきっかけとして、周囲で見ているはずの「他の児童生徒からの訴え」が10％に満たない。これはいじめをなくそうと心がけている児童生徒が少ないこと、つまり先のいじめの4層構造の「観衆」、「傍観者」が多いことを意味している。

第2節　いじめの指導の実際

　いじめの指導は学校全体で取り組んでいく姿勢をもつことが大切である。そして、"いじめはどんな理由があっても許さない"という強い意識を児童生徒のみならず教師ももって指導していくことが重要である。ここでは学校内でできるいじめの対応策、指導方法を見ていきたい。

A．学校でできること

（1）システム作り

　学校でできることとして、いじめに対応する学校内のシステムを整えることが先決である。それには「いじめ」の対応を話し合う生徒指導部会などを定期的

第7章　いじめにまつわる理論と指導の実際

に開くことが必要となる。いじめの問題を担任が一人で抱えず、学校全体で取り組めるような体制をまずは確立させたい。いじめ問題が起きた場合、学校としてどのように対処していくのか、さらにいじめの予防策として学校がどのように取り組んでいくのかについて具体的に計画を立てることが望ましい。またいじめ問題が起きた時に、保護者や児童生徒が相談できる窓口をはっきりさせておくことも学校全体の取り組みとして重要なことである。もちろんその内容を学年会などで取り上げ、学年間で相違がないように共通理解を図りたい。

（2）アンケート調査の実施

アンケート調査の実施は、学校や学年のいじめの実態を知ること、および"いじめをしてはいけない"という認識を児童生徒に促すためにも有効である。アンケートの目的は、各学校や学年のいじめの認知件数やその様態、頻度、発生場所を知るために行われることもあるし、また各学級のいじめの状態によってはもっと微視的に、誰が誰にいじめを受けているのかという被害の実際状況を捉えるために行われることもある。前者の目的でアンケートを行う場合、アンケート結果の集計後、学級での討論の材料として使用することもできる（福田，2001）。またアンケートの記名、無記名については慎重に検討したい。

（3）保護者との連携

家庭と学校との風通しを良くするため、ふだんから保護者に授業を公開している学校がある（朝日新聞，1996.7.17）。あらかじめ保護者代表が保護者全員を約10人ずつのグループに分けて、それぞれの訪問日を決め、児童生徒の生活ぶりを見て回る。そして気づいた点は校長との雑談で指摘することになっているという。保護者は学校での子どもの様子と家庭での様子とを比べることで、教師には気がつかない子どもの異変に気づくかもしれないし、保護者が見て回ることで、"いじめは許されない"という意識を教師にも児童生徒にも促すことができるのではないだろうか。

（4）いじめられた生徒の居場所作り

いじめられて登校できなくなった児童生徒に対して、駆け込み寺的存在の「心の教育相談室」を設けている学校がある（朝日新聞, 1996.7.17）。そこでは授業を受けることが可能で、出席扱いになるという。実際にいじめられた児童生徒の中で、教室には行きたくないが、学校には行きたい、勉強はしたい、という子どもは結構多い。いじめられたことで、その児童生徒が教育を受ける権利まで奪われないように対応することは、必要でかつ重要である。また、いじめを受け、突発的に教室を出てしまう児童生徒もいる。そういう児童生徒のために居場所を作り、そしてその居場所が周知されれば、いじめられた児童生徒が気持ちを整理する機会をもつことが可能で、かつ早期発見にもつながるであろう。

B．学級でできること

（1）いじめについてのルール作り

学級では何よりも"いじめはいけないという認識"、"いじめを許さない雰囲気"を根づかせることを目標にしたい。まずは、どのような行為がいじめなのかについて児童生徒に徹底し、共通理解をもつことが重要である。そしてその上でいじめをなくすためのルールを作ることが、学級の雰囲気を作り上げるための助けとなる。「いじめ予防プログラム」をノルウェーで実践したオルヴェウス（Olweus, 1993）はいじめのルールとして以下の3点を出発点としている。(1)私たちは他の人をいじめません、(2)私たちはいじめられている人を助けます、(3)私たちは一人ぼっちになっている人を仲間に入れるようにします、の3つである。教師はルール作りに対して児童生徒が真剣に取り組むように働きかけをし、その取り組みがルールを守ることへの強い責任感となるようにしていきたい。またこれらのルールの下で「傍観者」が「仲介者」へと変化することが容易になることも狙いである。

（2）「いじめ体験記」や「いじめの新聞記事」を用いた授業

「いじめ体験記」や「いじめの新聞記事」を用いて児童生徒の共感性に働き

かける試みも行われている（福田, 2001；坂本, 1996）。学級でいじめに関する文章を読み、いじめとはどのようなことをさすのか、またいじめられた被害者がどのような気持ちで学校生活を送っているのかについて理解を深め、さらに学級での話し合いや感想文を書くことを通して、いじめの防止を目指している。

（3）いじめ予防としての心理教育の実施

いじめへの直接的な指導ではないが、いじめの予防として、児童生徒の自己理解や他者理解、問題解決能力、ストレスの対処方法など社会的なスキルの向上が望まれる。これらの獲得を目指し、教室でできる働きかけとしては心理教育がある。心理教育とは、心理学的な知識を教授することを通して児童生徒の心理的発達を促し、必要な能力を習得させることである。主なものとしては人間関係作りと自己の発見を目指した「構成的エンカウンターグループ」（國分, 1992）、自分や相手の表現について考える「アサーショントレーニング」（園田・中釜, 2000）、自分のストレスを知り、対処方法を考える「ストレスマネジメント教育」（ストレスマネジメント教育実践研究会, 2002）などがある。ここではそのそれぞれの詳細は記載しないが、学級で教師が実施できるように工夫された本も多く出版されている。いじめの指導では、予防的な策を積極的に取ることも必要である。

C．被害者、加害者に向けてできること

まずは両者の話をゆっくり、丁寧に聞くことが大事である。被害者に対しては、被害者の気持ちを大事にしながら、いつ、誰に、どのようないじめを受けたのかについて確認することが必要となる。教師は、"自分の学級にはいじめはない"という思いや"いじめられる側にも問題がある"といった気持ちをもたずに、いじめがあった事実を真摯に受けとめることが重要である。また教師が加害者に対してどのように指導するのかについても、被害者との話し合いの下で丁寧に進めていきたい。

加害者に対してはまず、加害者が行った行為がいじめであることを理解する

ように促し、"いじめは許さない"という強い姿勢を教師側が出すことが必要である。いじめの加害者はその後も反社会的な方向へと進む傾向が強いため（Olweus, 1993）、加害者のためにもいじめをやめるように働きかけることが重要である。またいじめが起きた学級については、昼休みに教師を配置して監督するなど、いじめ撲滅に向けて断固とした態度で臨むことも必要となる。

引用文献

國分康孝　1992　『構成的エンカウンターグループ』誠信書房.
深谷和子　1996　『「いじめ世界」の子どもたち　―教室の深淵―』金子書房.
福田博行　2001　いじめ問題に取り組む教師の実践的展開, 現代のエスプリ, 407,63-72.
文部科学省　2007　「児童生徒の問題行動等生徒指導上の諸問題に関する調査」の見直しについて（http://www.mext.go.jp/b_menu/houdou/19/11/07110710/002.htm）
文部科学省　2009　平成20年度児童生徒の問題行動等生徒指導上の諸問題に関する調査（http://www.mext.go.jp/b_menu/houdou/21/11/__icsFiles/afieldfile/2009/11/30/1287227_1_1.pdf）
森田洋司　1994　いじめ，いじめられ　教室では，いま　森田洋司・清水省二『新装版いじめ　教室の病』金子書房.
森田洋司　1999　「いじめ」予防と対応の新しい視点　―豊かな人間関係づくりへの発想の転換―, 児童心理, 6月号臨時増刊, 2-11.
森田洋司・滝充・秦政春・星野周弘・岩井彌一　1999　『日本のいじめ　予防・対応に生かすデータ集』金子書房.
岡村達也・加藤美智子・八巻甲一　1995　『思春期の心理臨床　学校現場に学ぶ「居場所」づくり』日本評論社.
Olweus,D.　1998　スウェーデン，森田洋司（総監修・監訳）『世界のいじめ』金子書房.
Olweus,D.　1993　松井賚夫・角山剛・都築幸恵（訳）1995『いじめ　こうすれば防げる』川島書店.
坂本昇一　1996　『「いじめ」指導のテキスト教材の開発』明治図書.
Smith,P.K., & Sharp,P.　1994　守屋慶子・高橋通子（監訳）1996　『いじめととりくんだ学校』ミネルヴァ書房.
園田雅代・中釜洋子　2000　『子どものためのアサーショングループワーク―自分も相手も大切にする学級づくり―』金子書房.
菅野盾樹　1997　『いじめ　学級の人間学』新曜社.
ストレスマネジメント教育実践研究会　2002　『ストレスマネジメントテキスト』東山書房.

参考文献

児童心理　1999　『「いじめ」対策ハンドブック』6月号臨時増刊.
坂本昇一　1996　『「いじめ」指導のテキスト教材の開発』明治図書.

第8章 ひきこもりにまつわる理論と指導の実際

第1節　ひきこもりにまつわる理論と実態

A．ひきこもりの定義

「ひきこもり」とは「その程度や質的な差はあるが、何らかの要因によって長期間にわたり他者との交流を避け、学校や仕事などの社会的活動にも参加せず、自室や自宅などの狭い空間に閉じこもり、生活の大半をそこで過ごす状態」と定義される。これはあくまで状態像を表す言葉であり、病名や診断名ではないが、背後にパーソナリティの障害や何らかの精神障害が存在する場合もある。

近年、社会的に注目されているひきこもりは、精神障害が見られないひきこもりであり、「社会的ひきこもり」と呼ばれ、1980年代後半から1990年代にかけて急増してきたものである。その意味では、人間関係が希薄になってしまったといわれる現代の日本における社会現象の極端な形なのかもしれない。

B．ひきこもりの一般的特徴

岡本（2003）は、ひきこもる青少年の行動特徴として、以下のようなものをあげている。①外傷体験・挫折体験がある、②ほとんど外出しない、③対人恐怖がある、④不登校から始まり、長期化している、⑤子ども返りのような行動がある、⑥親を召し使いのように使う、⑦親の対応を責めたり、親との接触を極力避ける、⑧昼夜逆転の生活、⑨家庭内暴力がある。

性別では全体的に男性が多いが、女性にも少なくはない。年代的には思春期に始まるものが多いが、長期化して20～30代以降もひきこもり状態にある者も

見られる。また、大学生や社会人になってからひきこもりが始まることもあるが、こうした事例でも幼少期から人づきあいが苦手であったり、いじめに遭うなど、対人関係上のストレスや傷つきを経験していることが多い。

ひきこもる青少年のパーソナリティ特徴としては、自分に自信がなく、自己嫌悪感も強かったり、他者の視線や評価を気にしやすく（特に同年代の仲間の反応に過敏）、人見知りや対人恐怖心性の強さがある。また、知的水準は高いが、物事を判断する際の視野が狭く、「こうでなければいけない」という強迫性から融通が利かなかったり、自分の思いを言葉でうまく表せない者もいれば、妙に理屈っぽく語る者もおり、パーソナリティの未熟さや偏りが感じられる。

ひきこもる青少年の生活状況はさまざまであるが、生活リズムは不規則で、昼夜が逆転した状態で一日の大半を自室でテレビやビデオを見たり、ゲームやインターネットに耽っていることが多い。家族の声かけにも反応が乏しく、食事は一人でとり、入浴もしないで、自室が散乱していることもある。そして、対人接触を求められると不安や緊張が強まり、腹痛や発熱などの身体症状が表れたり、拒絶的で口数が少なく、できるだけ他者との関わりを避けようとする。

しかし、最近ではひきこもっていることをあまり悩まず、家では元気に過ごし、気に入った友人とは遊びもするが、周囲が自分中心に動いてくれないとストレスを感じたり、思い通りにならない状況を避けようとする青少年や他者に心を閉ざし、自分から対人関係を作る力や意欲が乏しい青少年も増えている（鍋田，1999）。後者では「人との関わり方が分からない」といった訴えもよく聞かれる。そうした意味で社会的ひきこもりは、パーソナリティや社会性の発達の未熟さを背景とした「対人関係の障害」（斎藤，1998）と見ることもできる。

なお、凶悪な犯罪がひきこもっていた青少年によってなされたことがマスメディアで強調されることもあるが、「ひきこもり＝犯罪」ではない。全国で120万人ともいわれるひきこもり事例の中で、犯罪に結びつくものはまれである。

C．ひきこもりのきっかけと背景にある諸要因

ひきこもりの「きっかけ」には、学業やスポーツにおける挫折感、身体的劣

等感(体型や容貌)、病気や事故、いじめや教師の叱責、親のつらい仕打ち、大事にしてくれた家族の死など、さまざまなものがあげられる。いずれも本人にとって心の傷となるような体験であり、傷はその後も癒されず、そうした体験が繰り返されることを恐れて、ひきこもりが発生することが多い。

　しかし、こうした体験をしても適応を維持できる青少年は少なくない。心の傷を乗り越えて成長していくこともある。それでは、傷つきによってひきこもる青少年は何が問題なのであろうか。そこには心の傷に対する独特の「自我の脆弱性」がうかがわれ、行動上の問題は「社会的交流の回避」であるが、本質的には幼少期からのパーソナリティの発達における問題があると考えられる。

　また、ひきこもる青少年のパーソナリティの問題の背景に、その家族が抱える問題も見えてくる。筆者が関わるひきこもり事例でも、家族が何らかの機能不全を有していることが多い。親のパーソナリティの問題や家族間の不和(母親の過保護や過干渉、父親の不在や子育てへの無関心、離婚や嫁姑の確執、児童虐待やドメスティック・バイオレンスなど)によって、直接的・間接的に青少年のパーソナリティの発達が阻害されている事例が数多く見られる。ここでは家族の中に互いの気持ちを理解し合おうとする関係性が欠如しているために、慢性的なストレスが存在し、家族本来が有する問題解決能力が機能せず、ひきこもりをめぐって家族関係がより悪化していくといった事態も生じやすい。

　さらに、時代や社会の変化にともなう生活環境の変化(単身赴任、核家族化、地域社会における人間関係の希薄化など)が家庭生活の安定に与える影響もあり、ひきこもりは多様な原因が複合して生じるといった認識が必要となる。

D．ひきこもりの長期化と悪循環

　ひきこもりは不登校から始まることが多く、学校復帰を見ないまま卒業し、進学や就職もできずに社会との接触が断たれることから、「社会的ひきこもり」と呼ばれるようになっていく。そして、長期間にわたって社会的接触を失うことで焦りや孤立感が生じたり、将来に対する絶望感から抑うつ状態や無気力状態になることも多い。その一方で、こうした不安や焦りは否認され、無為なひ

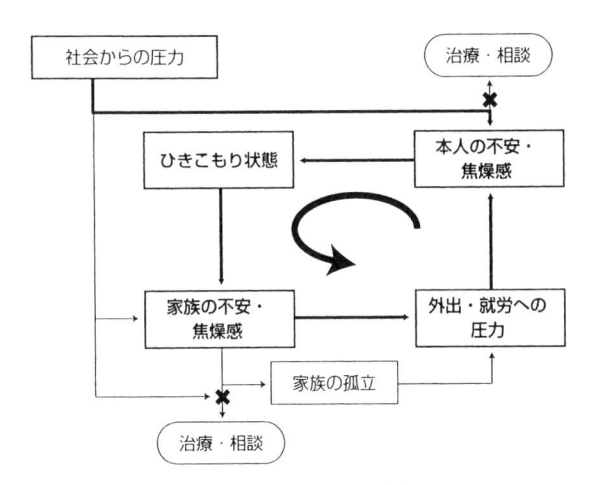

図8−1　社会的ひきこもりの悪循環の模式図（斎藤，1998）

きこもり生活を続け、社会復帰のための努力がまったく見られない青少年もいる。

　しかし、いずれの場合も社会参加を迫られると、ひきこもっていることの後ろめたさや恥ずかしさ、あるいは対人不安から人目に触れることを避けようとするために改善の糸口が得られにくい。また、社会復帰の意欲が生じても、長期間のひきこもりのために年齢相応の社会性が育っておらず、他者との関わり方に困惑したり、すでに失われた友人関係の再構築や学業の遅れを取り戻すことに多大なエネルギーと時間を要することから、後悔や無力感の中で復帰の意欲を失い、再びひきこもり状態に戻ってしまうといった悪循環も生じやすい。

　さらに、ひきこもる青少年を抱える家族は、世間体を気にしてひきこもりの事実を隠そうとしたり、内々で解決しようとして外部に援助を求めることを拒むために社会から孤立してしまい（斎藤，1998）、ひきこもりの長期化を助長するといった事態も生じやすい。図8−1に社会的ひきこもりの悪循環を示した。

　一方、急速な普及を遂げたインターネットによって、自室にいても世界中から欲しい情報や商品を入手できたり、見知らぬ相手との対話などが可能となり、そういった社会システムが、ひきこもりの長期化を助長している可能性もある。情報量こそは学校よりも豊富で興味深く、外界との直接的な関わりによって傷

つけられる心配もない状態で、容易に社会とのつながりを感じられるために、社会的接触の喪失感は薄れ、代替的な満足感や安堵感が得られてしまうものと思われる。

E．ひきこもる子どもの実態

ひきこもりの実態は多様であるが、その中核には共通する特徴も見られる。岡本（2003）は、これを「思春期心性に深く根ざした問題」と捉えている。パーソナリティの発達過程で、幼児期における万能感や自己中心性から十分に脱していない子どもが、自己意識の強まった思春期に他者や社会との関わりで何らかの強い心の傷を経験し、ひきこもり状態に陥ると、発達課題である「依存と自立」の葛藤も解決できず、心の成長が妨げられたままになるのである。

以下に、ひきこもる青少年に見られやすいパーソナリティの障害をあげ、ひきこもりの実態と「ひきこもり心性」の中核的問題について検討したい。

（1）肥大した自己愛と傷つくことの回避

自己愛とは「自分自身を大切にし、自分自身を価値ある存在と感じることを望む心のはたらき」（小松，1999）と定義される。誰もが自分は有能で価値ある存在でありたいと望んでいる。しかし、社会の中でこの願望を常に満たすことはできず、失敗や不完全さによる恥や挫折感を経験し、「完璧」ではない自分を受容しながら生きていかなければならない。

しかし、自己愛が肥大した状態では、こうした心の傷つきは耐えがたく、傷つきを恐れて対人交流や社会参加を避けがちになる。こうした問題を抱えるパーソナリティの障害として「自己愛性人格障害」（『精神疾患の分類と診断の手引き第4版』：以下、DSM-Ⅳ）がある。背景には、幼少期からの親の慢性的な共感不全のために適切な自尊心が育っておらず、その反動として誇大感に満ちた自己イメージが発展していたり、逆に親が過保護であり、「よい子志向」で育てられることで、幼児的な万能感を放棄できないといった生育上の問題が考えられる。特に今日の少子化時代では、親が子どもに対して過保護になりやすく、

思春期以降も周囲に自己の誇大感を支持されることを期待するが、これが満たされないことによる自己愛の傷つきから、ひきこもりがちになっていくのである。

筆者の経験では、自己愛型のひきこもりは、必ずしも他者との関わりを避けているわけではなく、対人交流を渇望していたり、自己愛が満たされる状況には積極的に参加していく場合もある。しかし、特別な存在として認められようとしたり、評価を気にして周囲に気を遣いすぎるために、対人関係上のトラブルや精神的負担が生じやすい。また、理想とはかけ離れてしまった自分を社会にさらけ出すことを恥に感じ、社会復帰が困難になるという悪循環も生じやすい。

さらに、ひきこもりによる焦りや無力感にうちひしがれて、「こんな自分になってしまったのは親のせいだ！」とばかりに親を責め、暴力的になる青少年や幼児的で自己中心的な要求を親にぶつけて、執拗なまでに依存性を満たそうとする青少年も見られる。衣笠（2000）は、こうした自己愛型ひきこもりの一次的要因として「両親に対する病理的で悪性の寄生的依存」を考えている。

（2）劣等感の強さと不安状況の回避

心の安定が脅かされない環境では他者とも交流できるが、劣等感が強く、自分に自信がないために、人前で恥をかいたり、非難や拒絶を受けそうな状況を恐れてひきこもってしまうタイプもある。これに関連したパーソナリティの障害として、「回避性人格障害」（DSM-Ⅳ）がある。「他者に対する漠然とした不安や緊張感と自信欠乏感、陰性の自己像が混合」（衣笠，2000）してひきこもりの要因を成しており、対人恐怖心性を有している者もいる。

このタイプのパーソナリティ障害では、社会的責任を問われる状況で失態を犯すことや恥をかくことに不安を感じて社会との関わりを回避しようとするために、大学進学後や就職後にひきこもりが始まることもある。町沢（1997）は、今日こうした回避型のひきこもりが増加していることを指摘している。ただし、このタイプでは社会から全面的にひきこもるのではなく、自分の好きな活動に

は参加している場合もあり、怠けとみなされやすい。これらは従来からスチューデント・アパシーや退却神経症（笠原, 1978）としても注目されてきた。

　また、筆者の経験では、このタイプの青少年には心の発達停止とでもいえる未熟さが残されており、自己決定や自立した行動が困難で、親に依存的になりやすい。ビデオやパソコンなどに没頭し、趣味のためには外出もするが、それ以外のことは親に任せきりであり、家事を手伝うことも少ない。ひきこもりが許される限りでは、抑うつ感や無力感は目立たないが、自分を受け容れてくれない状況を回避し続けるために、いつまで経っても成熟した社会性や自信が身につかず、年齢相応の発達課題も達成できないといった悪循環が生じやすい。

（3）対人交流への無関心さと孤立傾向

　他者と親しく関わりたい欲求そのものが乏しく、孤立した行動を選ぶ傾向が強いために友人は少なく、ひきこもりやすいタイプも見られる。これに関連したパーソナリティ障害に「分裂病質人格障害（スキゾイド人格）」（DSM－Ⅳ）があり、「社会的関係からの遊離」や「対人関係状況での感情表現の範囲の限定」を特徴としている。衣笠（2000）は、ひきこもりの大部分にこのパーソナリティ障害があると考え、一次的要因として「無気力」や「空虚感」をあげている。

　スキゾイド人格のすべてがひきこもるわけではないが、概して非社交的で、対人関係が希薄であることが多い。家族との接触さえも避けがちであり、感情表出が乏しく、他者との関わりの中で喜びや満足感を経験することが少ない。

　また、無気力感の強いひきこもりの場合は、寡黙でよそよそしかったり、会話があっても妙に知的あるいは厭世的であるために関わりの糸口が見出しにくく、「こころを閉ざして」（鍋田, 1999）いるといった印象を与える。

　また、スキゾイド人格の青少年は、親しい関係が発展しかけると、その愛する対象を自らの憎しみで破壊してしまいそうな恐れを抱くと同時に、愛されることによって他者から飲み込まれ、自分がなくなってしまうような恐れも生じやすい（磯部, 2003）。そのために不信感や猜疑心が強く、他者の接近が侵襲的に感じられ、特にストレスの強い対人状況では、心の安全を守るためにひきこ

もりやすい。したがって、援助者と好ましい関係を形成することも難しく、支援が得られないままひきこもりが長期化してしまうといった問題がある。

（4）精神障害や発達障害、身体疾患を背景としたひきこもり

パーソナリティの障害以外にも、統合失調症や気分障害、不安障害、摂食障害、強迫性障害などの精神障害や高機能自閉症、ADHD（注意欠陥多動性障害）といった発達障害が、ひきこもりの一次的な要因となっていることも少なくない。図8-2にひきこもりの「生物・生理的（病理・治療的）レベル」を示した。

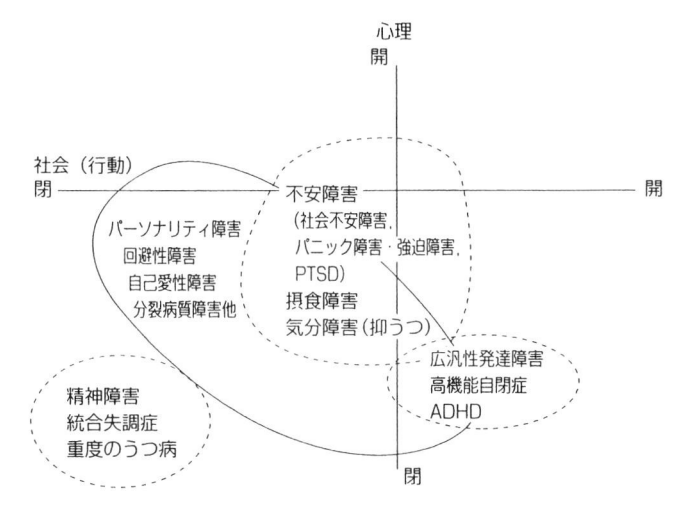

図8-2　ひきこもりのレベル―生物・生理的（病理・治療的）レベル（山田, 2003）

また、当初は統合失調症によるひきこもりが疑われたが、実際には脳腫瘍が原因となっていた事例を筆者は経験したことがある。他にも甲状腺機能の障害による精神活動の低下が、ひきこもりを生じさせる場合もあり、身体疾患による影響も見落としてはならない。さらに、ひきこもりにしばしば見られる不眠や昼夜逆転、あるいは社会と関わる際に生じる強い不安反応なども、大脳生理学レベルでの障害が関与している可能性が高い。こうした場合は、早期に精神医学的治療（薬物療法）を受け、まずは身体的異常の改善を図りたい。

第2節　ひきこもりの指導の実際

　本節では、ひきこもる青少年に家族や教師、相談関係者が対応していく際の留意点について、筆者が関与した事例から得た知見なども含めて述べてみたい。

A．本人への対応

　どのような不適応問題であっても効果的な支援を行うためには、その問題の個別性を尊重し、多角的に情報収集を行い、これを統合することで適切な理解と援助方針を立てることが必要となる。ひきこもりのきっかけや経過、現時点の状態、心身の疾患の有無、生育史や家族関係、および社会的援助資源などの幅広い情報を統合していくことになる。また、相談機関では本人の来談が難しいために、家族や教師から情報を得ていくことになる。その上で、ひきこもり状態に何らかの改善が見られた事例では、以下のような対応が見られる。

（1）侵入的にならない
　どのようなタイプのひきこもりであれ、社会との接触を断つことで安全感を得ているために、援助者の接近も安全感を脅かすものに感じられやすい。特にひきこもりの初期には、無理に外へ連れ出されることを恐れて自室に鍵をかけ、家族との接触さえ避けようとすることもある。これに対して家族は不安や焦りを感じ、教師や親類に助けを求めて接触をもとうとすることもあるが、これは逆に強い侵入感をもって体験されるために、ひきこもりを悪化させやすい。しばらくは食事や入浴の声かけ程度のことしかできなくても、刺激を控えめにすることで安全感を保証し、本人の心が落ち着きを取り戻すことを支援したい。

（2）見守ること
　ひきこもりを「見守る」といえば聞こえはよいが、家族はそう落ち着いてもいられないのが現実である。長期化すれば友人関係を失い、学業の遅れが生じ

るために将来への不安が高まる。しかし、弘中（2003）は、ひきこもりに「自分を見つめ、立て直す機会」としての意味を見出している。また、山中（1978）もひきこもり状態を「蛹の時期」と見立て、ひきこもることで外界の脅威から自我を守りつつ、自らのアイデンティティを醸成すると考えている。

　もちろん、ひきこもる青少年のすべてが自己の立て直しに取り組んでいるわけではないが、「意味あるひきこもり」にするためには、周囲がひとまずひきこもりを受容し、本人が自分に向き合い、少しずつ自分のペースを立て直すことのできる環境を提供したいところである。逆にひきこもりを「悪」と決めつけ（これは祖父母に多い）、叱責や説得によって無理に外へ引き出そうとしたり、時期尚早に学校・社会復帰を迫るような態度は、ひきこもることしかできない青少年にとって「ありのままの自分」を否定されるみじめな体験となったり、自分を守る術を奪われるような恐れが生じるために、ますます心を閉ざすことになりかねない。まずはひきこもった状態でも本人が少しだけ「心の窓」を開けて、安心を感じることのできる対象として見てもらえることが大切である。

　ただし、誤解のないようにいえば、「見守る」ことは「放っておく」（父親にありがちな態度）ことではない。少し距離をとりながらも、本人の心の成長を促すために「今できそうなはたらきかけ」を見出そうとする態度のことである。

（3）援助者の焦りや無力感

　しかし、実際のひきこもりへの対応は非常に難しく、家族や教師、相談関係者の焦りや不安も大きくなる。特にひきこもりが長期化すると、学業の遅れや就労の困難さなどの二次的問題が発生し、将来への焦りから「何ともいえない苛立ち」や「手応えのないもどかしさ」が援助者の心の中に生じてくる。

　また、接触を拒み続ける姿を見ると、援助者の中に追いつめているような罪悪感や「もう諦めた方がよいのか？」といった無力感も生じてくる。しかし、これは本人が抱える罪悪感や無力感であることを理解し、見捨てたり、燃え尽きることなく関わり続けていく姿勢が試される。ひきこもる青少年にとって家族や教師、相談関係者が安心と信頼を与えてくれる「基地」のように感じられ

るためには、援助者自身の心の安定も必要となり、そのためには援助者を支える環境（同僚やスーパーヴァイザーなど）も重要となってくる。

（4）つながりを回復させていく

　ひきこもっている青少年を社会参加させようとしても、本人の中にその動機がなければ、今の状態を尊重し、可能な範囲での関わりを続けるしかない。しかし、本人もひきこもり状態をよしとしているわけではない。当面はひきこもる以外に術がないから身動きできないだけであって、程度の差はあるが「現状を脱したい思い」や「自分に合った社会参加の場を求める気持ち」を抱いている。したがって、援助者はこうした思いを根気強く育てていくことになる。

　一方、ひきこもりの経過にも段階があり、見守る環境の中で接触機会が増えてくれば、無理のないペースで「つながり」の強化を試みていく。最初は家族と食事をしたり、テレビを見るなどの変化が生じることが多い。親しかった友人と電話や電子メールでの交流が再開したり、家庭訪問に来た教師に顔を見せることもある。まずはこうした機会を大切にしたい。ここで焦ったり、嬉しくなって社会参加を促すことは好ましくない。短時間でも本人がリラックスした気分で会話や関わりそのものを楽しむことができるような支援を心がけたい。

　また、しばらくすると児童相談所の事業である「メンタルフレンド」（学生ボランティアが家庭を訪問し、兄姉のように関わることで本人の社会的な関心が高まる）に興味を示し、ここでの出会いが大きな展開を引き起こすこともある。いずれにしても「つながり」を回復させていくためには、「人と人との関係性の原点」（田中，2003）である「対話」の機会を増やしていくことが重要となる。もちろん、口数の少ない青少年もいるが、安心のできる状況で他者と会い続けることが、社会復帰に向けての勇気や自信につながっていくことが多い。

（5）パーソナリティの成長を目指して

　ようやく社会参加に向かい始めた青少年を支援する際にも、自己愛の傷つきやすさや対人不安傾向に対する配慮を忘れてはならない。ひきこもりによって

適切な対人関係能力を身につけていない青少年が、さまざまな社会的役割を期待される状況に出るとなると、強い不安や恐れから再びひきこもってしまうこともある。不安症状などの緩和には薬物療法が役立つこともあるが、ひきこもっていた自分を受容し、社会参加を再開することの負担に耐えられる自我を育てていくためには、かなりの時間と忍耐が必要となる。特にパーソナリティの問題を抱える青少年の場合、社会復帰の意欲が高まり、服薬によって不安が軽減されても、「心の成長」が見られない限り、ひきこもりからの脱出は難しい。

　たとえば、不登校が長期化し、ひきこもり状態にあった青年Aは、服薬によって不安や抑うつ感は軽減し、趣味に関しては外出も可能となってきた。周囲は社会参加に向けての取り組みを期待したが、本人は一向にその動きを見せないために苛立ちを感じ始めた。しかし、Aは自己愛傾向が強く、社会的に遅れをとった自分を世間にさらすことを恥に感じたり、社会の中で「完璧な自己イメージ」を常には満たしてもらえないことの傷つきを恐れて、小さな一歩を踏み出すことができず、親に依存した生活に甘んじていることが理解された。

　理想とはかけ離れてしまった現実の自己を受容し、自己愛の傷つきに耐えながら社会的交流を維持していくためには、援助者による共感的理解に支えられながら可能な範囲での社会的行動を起こし、他者との関係の中で「ほどよい摩擦（適度な対人ストレス）」を体験しながら自己理解を深め、少しずつパーソナリティの成長を促していく努力が必要となる。

　なお、社会的技能やストレス対処能力を具体的に身につけていくためには、認知行動療法が有効である。また、本人が自己のあり方に目を向け、パーソナリティの成長を促していくためには、精神分析的心理療法が役立つものと思われる。ただし、他者との関係形成そのものに問題を抱える青少年に対して、最初から関係性の発展を中心に据えた関わり方は、逆に負担を強めやすい。したがって、どのような心理療法においても「向かい合う関係」ではなく、「横並びの関係」（鍋田，1999）から入っていくことが好ましい。ひきこもっている青少年の現時点の状態やニーズを適切に把握し、「心的空間を保証しつつ、彼らの内発的な興味を刺激しながら、その活動のそばに安心できる他者がいて必要

に応じて反応してくれるような治療環境」(鍋田, 1999) が望まれる。

B．家族の支援

　逆説的ではあるが、ひきこもる青少年を支援する上で必要とされる家族の対応は「安心して引きこもれる環境づくり」(斎藤, 2002) である。そのためには、過去から現在にわたる父親や母親の本人への接し方や家族全体のあり方を振り返り、その改善に努めなければならないこともある。

　相談に訪れるのは主に母親であるが、将来への不安や子どもへの罪悪感、非協力的な父親への不満、子どもや周囲から向けられる非難による苦痛など、さまざまな思いに共感できなければ、好ましい相談関係は成立せず、母親が自身や家族の問題に目を向けることも難しい。しばしば子育てについて自責的になる母親もいるが、安易に慰めるよりも、そうした思いをしっかり受けとめたい。

　一方、家庭における「父性」が乏しかったり、いびつである場合は、父親の関与も求め、父親が自身のあり方を振り返り、「抱え込みもせず、切り捨てもしない姿勢」(弘中, 2003) を示し始めることで子どものひきこもり状態やパーソナリティの問題が少しずつ改善に向かうこともある。しかし、変化の兆しが見られても社会復帰を急ぐのではなく、社会生活に必要な技能や生活習慣をまずは家庭の中で育むことを考えたい。簡単な家事であっても本人の役割として任せ、遂行できればこれをほどよく評価していきたいところである。

　以上のように、ひきこもりを本人だけの問題として捉えるのではなく、家庭全体の調整を視野に入れた支援を行うためには、専門機関による支援が必要となる。相談関係者は家族の思いに共感しながら、家族が子ども自身や家族関係の問題について理解を深め、ひきこもり状態にあっても子どもの中で成長していく部分に注目し、時間をかけてこれを育んでいくことを支援する。

　ただし、家族への暴力がある場合は、身の安全を守る手段も考えなければならない。子どもへの罪悪感から暴力に対して毅然とした態度をとることができない親もいるが、暴力をエスカレートさせることは、かえって子どもを追いつめることになる。わが子を犯罪者であるかのように扱うことは耐えがたいこと

ではあるが、危機的状況では警察による緊急の介入もためらってはならない。

C．教師による支援

　不登校への教師の対応には個人差があるが、よかれと思ってなした行為が裏目に出ることもあれば、不登校のことをよく知らずに不適切な対応をとっている教師も見かける。以下に、不登校に対応する際の基本的視点をあげたい。

　(1) 常識だけで判断しない：「不登校＝怠け」「不登校＝指導力不足」といった認識に縛られると問題の本質が理解できず、適切な関わりももてない。また、親の問題が見えても「甘やかしている」などといった指摘が効果的であることは少なく、逆に親の自責感や反発心を強めてしまい、親との連携が困難となる。

　(2) 無理のない関わり方：不登校の段階や訪問時間をよく考えずに、熱心に家庭訪問を続ける教師もいるが、これが逆に本人の負担になっていることもある。家庭訪問は登校への葛藤や不安が高まる朝ではなく、放課後に曜日や時間を定めて訪問した方が（週1～2回程度）、子どもは心の準備ができ、安心して会えることが多い。また、最初は手紙や電話を用いた間接的で短めの関わりから始め、安全感を脅かさない対象として見てもらえることを目指したい。

　(3) 居場所の提供：家庭と教室の中間地点としての保健室や「こころの教室」などがあれば、少しは安心して登校できる子どももいる。教室に戻れなくなることを恐れて、別室登校を認めない教師もいるが、これはひとつのチャンスなのであり、子どもの可能性を生かすためにも柔軟な態度をもってほしい。また、「適応指導教室」は登下校時間や日課がゆるやかであり、ここで自分のペースで友人関係や学習に取り組み、成長していく子どもも少なくない。しかし、こうした施設の特長をよく知らない教師も多く、十分に活用できていないのは残念である。

　(4) 専門機関との連携：教師だけで抱え込まず、スクールカウンセラーや専門機関などと連携することで、支援のための教師の役割が明確になることが多い。ただし、紹介先の実情をよく知らなければ、タイミングよく適切な紹介が

できないかもしれない。日頃から専門機関との連携を深めておくことが望ましい。

D. 社会的援助資源の利用

　ひきこもりからの脱出を試みようとする青少年とその家族を支援する体制を、地域社会の中で提供していくことも重要な課題である。支援の場としては、精神保健福祉センターや児童相談所、教育委員会の教育相談センター、大学の心理相談室などがある。ここでは個別の心理教育相談だけではなく、当事者が相互に支援し合う自助グループやサポートグループが企画されていることもある（親の会など）。衣笠（2000）は、親がグループ相談に参加する際には、母親だけでなく、父親の参加も有効であると述べているが、同感である。

　他にも町沢（1997）の事例のように精神科に入院し、医療関係者や他患と交流する中で社会的技能を学習することも可能である。また、義務教育終了後に定時制高校や通信制高校を利用し、自分のペースで社会との関わりを広げていく青少年も見られる。ひきこもりからの脱出は、本人がその気になった時に活用できる社会的サービスが、どの程度準備されているかにも左右される。

　さらに、先述のように大学で臨床心理学を専攻する学生が、指導を受けながらひきこもっている青少年の家庭を訪問し（メンタルフレンド、ライフサポーターなど）、学校復帰や社会参加を第1の目的としないで関わることが、社会との「かけ橋」となり、本人の関心が次第に外の世界に向かうことも少なくない。

　また、パソコンに親和性の高い青少年に対して、電子通信メディアを活用して間接的に社会とのつながりを回復させようとする試みもある（仲田・小林，1999）。文字だけのコミュニケーションでは、声の調子や表情などの非言語的情報を欠き、受けとめ方に誤解や歪みが生じる恐れもあるが、こうした点に注意すれば、ひきこもる青少年が安心できる環境で「対話」できる可能性もある。

E. まとめ

　ひきこもりに対する理解と対応について述べてきたが、ひきこもりという

「生き方」は認められないのだろうか。社会的交流がないというが、現代人の多くが煩わしい人間関係を避け、希薄な近所づきあいに気安さを感じながら生きている。また、食料は近くのコンビニで、娯楽はインターネットで手に入れられる時代であり、親が子どもの将来のための十分な経済的援助を行うことができれば、とりあえず「ひきこもりながら生きていく」ことも可能ではないか。

社会参加していることが「善」であり、そこからはずれる生き方は「悪」であるとする価値観に縛られているのであれば、ひきこもり問題は永遠に解決できない。電子通信メディアを活用し、直接的な関わりが苦手な青少年が自室にひきこもっていても、その才能や興味を活かした仕事ができるシステムを今後の日本の社会に期待できないものか。文部科学省は、2005年からひきこもる青少年の自立のために、インターネット上での人材育成支援に乗り出す予定である（読売新聞，2004.8.13）。ひきこもっている青少年が外の世界に出て行くことばかりを促すのでなく、「当面はひきこもった状態でも生きていくことのできる道」を提供していく試みがもっとあってもよいのではないだろうか。

引用文献

岡本祐子　2003　「ひきこもり」の定義，岡本祐子・宮下一博（編著）『ひきこもる青少年の心』北大路書房.

弘中正美　2003　「ひきこもり」の意味，岡本祐子・宮下一博（編著）『ひきこもる青少年の心』北大路書房.

磯部典子　2003　パーソナリティ障害，岡本祐子・宮下一博（編著）『ひきこもる青少年の心』北大路書房.

笠原嘉　1978　『退却神経症－無気力・無関心・無快楽の克服』講談社.

衣笠隆幸　2000　自己愛とひきこもり－精神保健福祉センターの相談状況－，精神療法，26 (6)，586-594.

小松貴弘　2000　自己愛，鑪幹八郎・一丸藤太郎・鈴木康之（編）『教育相談重要用語300の基礎知識』明治図書.

町沢静夫　1997　『あなたの隣りの"狂気"　正常と異常のあいだ』大和書房.

鍋田恭孝　1999　学校不適応とひきこもり－変わりゆく子どもたちの悩みとその周辺－，宮本忠雄・山下格・風祭元（監修），こころの科学，87，20-26.

仲田洋子・小林正幸　1999　電子通信メディアを媒介とするカウンセリング活動に関する展望，カウンセリング研究，32，320-330.

斎藤環　1998　『社会的ひきこもり－終わらない思春期－』PHP研究所.

斎藤環　2002　『ひきこもり「救出マニュアル」』PHP研究所.

田中千穂子　2003　自立性・社会性を育てる家族・学校・社会－社会への訴えとしてのひきこもり－，岡本祐子・宮下一博（編著）『ひきこもる青少年の心』北大路書房.

山田敏久　2003　「ひきこもり」のレベル，岡本祐子・宮下一博（編著）『ひきこもる青少年の心』北大路書房.

山中康裕　1978　思春期内閉　Juvenile Seclusion－治療実践よりみた内閉神経症（いわゆる学校恐怖症）の精神病理－，中井久夫・山中康裕（編）『思春期の精神病理と治療』岩崎学術出版社.

第9章 非行にまつわる理論と指導の実際

　昨今、青少年による事件が数多く報道されている。文部科学省は、2004年8月、公立小中高等学校を対象とした2003年度問題行動調査の結果を公表した。そこでは、いじめと暴力行為の増加が報告され、教師の注意に逆上するなど感情を抑制できない子どもが目立つことが示された。また、特に小学生による暴力行為は、現在の調査方法が開始された1997年度以降で最も多くなっており、子どもの荒れの低年齢化も指摘されることとなった。数年前から徐々に顕著になってきたこのような現状に対処するため、政府は、2001年の少年法の改正をはじめ、加害者となった少年の更生や、事件で精神的ダメージを受けた子どもの心理的ケアなどの支援態勢の強化に取り組む方針を打ち出した。

　現在、子どもの心の荒れや非行の問題は、大きなトピックスのひとつとなっている。少年非行は凶悪化・深刻化したといわれ、一見「普通の家庭」に育った「普通の子ども」が、ある日突然重大犯罪に至るという「いきなり型非行」の出現に、社会全体が戸惑い、その対処法に苦慮しているのが現状であろう。

第1節　非行にまつわる理論と実態

A．非行とは？

（1）非行の定義

　非行は、反社会的行動の代表的なものとして位置づけられる。反社会的行動（Anti-Social Behavior）とは、「法律や社会習慣など、社会規範に違反する行為であり、その動機には、社会集団に対する意識的・無意識的な反発的心情が見られる」（文部省, 1985）と定義される。具体的には、攻撃的・破壊的行為、弱い

表9-1　非行少年の種類

①犯罪少年：14歳以上20歳未満で、罪を犯した少年
②触法少年：14歳未満で、刑罰法令に触れる行為をした児童
③ぐ犯少年：20歳未満で、一定の不良行為があり、かつ性格または環境に照らして、将来罪を犯し、または刑罰法令に触れる行為をなす恐れのある者

者いじめ、脅迫、虚言など、社会的に他の人びとに迷惑を与える行為をさす。そして、非行少年とは、少年法の規定によれば、犯罪少年・触法少年・ぐ犯少年のことをいう（表9-1）。菊池（2000）は、少年法の範疇にぐ犯を含むことが、少年の発達と教育を正しい方向に向けることを目的とする少年法の考え方を端的に表すものであると説明している。

（2）非行と捉えるか行為障害と捉えるか

非行は、そもそも社会がその行動を秩序を乱すものと判断して初めて成り立つ社会的概念である。何をもって非行と呼ぶかは、その時代の価値観や社会情勢、その行動を見る個人の評価基準などに大きく左右される。

非行と非常に近い概念として、行為障害（Conduct Disorder）がある。行為障害とは、『精神疾患の分類と診断の手引第4版』（以下、DSM-Ⅳ）によると、「他人の基本的人権、または社会的規範を侵害することが反復し、持続する行動様式」と定義される。人や動物に対する攻撃性の激しさの程度や、社会的規範の逸脱度などを指標に診断される疾病概念であり、医療の対象となる（表9-2）。

疾病概念として成り立つためには、どのような環境下であろうとも、共通する問題をもつ個人が、ある一定程度の割合で存在することが前提である。しかし、現行のDSM-Ⅳの診断基準や診断方法では、鑑別所や少年院などの矯正施設に入所中の少年の約8〜9割が、行為障害を発症していることになるとの報告がある。つまり、社会的概念である非行と、疾病概念である行為障害との違いが不明確であるがゆえに、診断そのものがまったく意味をなさない場面ができてしまっているのである。これに関連して、滝川（2003）は、非行・犯罪を行う者を、行為障害もしくは反社会的人格障害（Antisocial Personality Disorder）と

表9－2　DSM－Ⅳによる行為障害の診断基準

A．他者の基本的人権または年齢相応の主要な社会的規範または規則を侵害することが反復し持続する行動様式で、以下の基準の3つ（またはそれ以上）が過去12ヵ月の間に存在し、基準の少なくとも1つは過去6ヵ月の間に存在したことによって明らかとなる。

人や動物に対する攻撃性
(1) しばしば他人をいじめ、脅迫し、威嚇する。
(2) しばしば取っ組み合いの喧嘩をはじめる。
(3) 他人に重大な身体的危害を与えるような武器を使用したことがある（例えばバット、煉瓦、割れた瓶、小刀、銃）。
(4) 人に対して身体的に残酷であったことがある。
(5) 動物に対して身体的に残酷であったことがある。
(6) 被害者に面と向かって行なう盗みをしたことがある（例えば背後から襲う強盗、ひったくり、強奪、武器を使っての強盗）。
(7) 性行為を強いたことがある。

所有物の破壊
(8) 重大な損害を与えるために故意に放火したことがある。
(9) 故意に他人の所有物を破壊したことがある（放火による以外で）。

嘘をつくことや窃盗
(10) 他人の住居、建造物または車に侵入したことがある。
(11) 物や好意を得たり、または義務を逃れるためしばしば嘘をつく（すなわち、他人を"だます"）。
(12) 被害者と面と向かうことがなく、多少価値のあるものを盗んだことがある（例：万引き、ただし破壊や侵入のないもの、偽造）

重大な規則違反
(13) 13歳未満ではじまり、親の禁止にもかかわらず、しばしば夜遅く外出する。
(14) 親または親代わりの人の家に住み、一晩中、家を空けたことが少なくとも2回あった（または長期にわたって家に帰らないことが1回）。
(15) 13歳未満からはじまり、しばしば学校を怠ける。
（B・Cは省略）

して医療の対象にすることが、反対に、彼らが自らの罪と直面する機会を奪い、ひいては更生する意志を弱めることになるのではないかとの問題提起を行っている。

　DSM－Ⅳの行動重視の診断姿勢は、善悪の価値判断をもち込まないという利点がある反面、妥当性という点で、今後に多くの課題が残されている。また、

このような議論が生まれてくるところに、非行という問題の複雑さが現れているともいえるだろう。昨今、重大な少年事件が起こると、新聞などで、行為障害という言葉が散見されるようになったが、実際のところは、まだまだ検討の余地が大いにある概念であることを付け加えておきたい。

B．最近の非行の実態

非行は、これまで3つのピークを示したといわれる（図9－1）。戦後の混乱期と復興期に当たる昭和26年を頂点とする第1のピーク、高度経済成長へと進んだ昭和39年を頂点とする第2のピーク、第一次オイルショック以降の経済の低成長期に当たる昭和58年を頂点とする第3のピークである。また、平成15年頃は、第4のピークの到来を危惧する声が聞かれた。刑法犯少年の検挙人数の人口比は上昇傾向にあり、非行の質的変化として、「いきなり型」非行、「遊ぶ金ほしさ」の非行、模倣犯の増加も指摘され（葉梨，1999）たからだが、今のところその心配はなさそうである。

統計上の数値は、捜査機関の姿勢や政府の方針などによって変動する可能性

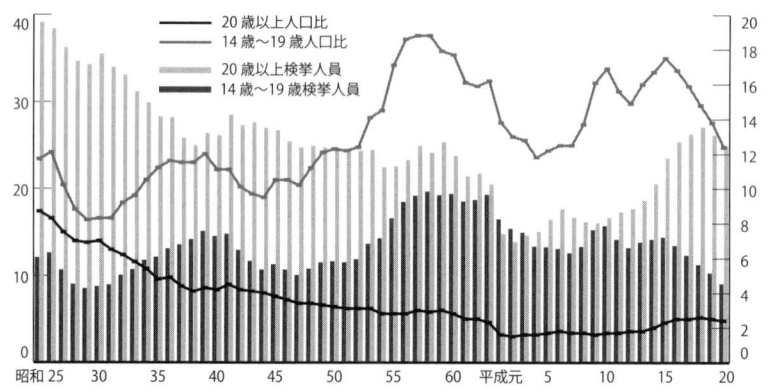

(注) 1　検挙人員とは、交通業過を除く刑法犯（ただし、昭和40年以前は盗品等に関する罪、住居侵入等も除く。）で検挙した者をいう。
2　人口比とは、14歳から19歳までの少年人口、20歳以上人口それぞれ1,000人当たりの検挙人員をいう。
3　検挙人員には、未遂・予備を含む。
資料：警察庁調べ

図9－1　刑法犯少年検挙人数・人口比の推移（平成21年度版青少年白書より作成）

(人) 160,000

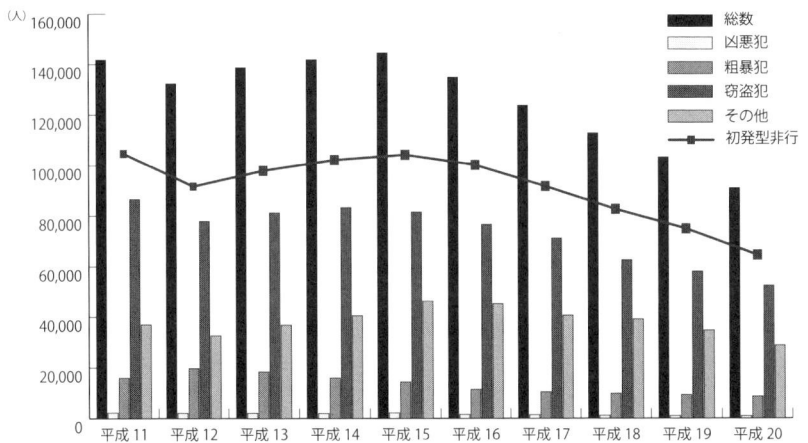

凡例：総数／凶悪犯／粗暴犯／窃盗犯／その他／初発型非行

140,000

120,000

100,000

80,000

60,000

40,000

20,000

0
平成11 平成12 平成13 平成14 平成15 平成16 平成17 平成18 平成19 平成20

(注) 初発型非行とは、万引き、自転車盗、オートバイ盗及び占有離脱物横領の4罪種をいう。
資料：警視庁調べ

図9－2 刑法犯少年の包括罪種別検挙人員の推移（平成21年度版青少年白書より作成）

があるため、慎重に解釈する必要があるが、今日的テーマとして目を引くのは、強盗や覚せい剤事犯の問題であろう。特に強盗は、平成15年頃をピークにここ数年減少している（図9－2）。この理由のひとつにその当時、少年たちがグループを組んで、面識のない通行人を暴力などで脅し、金銭を盗む「オヤジ狩り」や、オートバイなどによるひったくりが増加したことがあげられる。瀬川(2001)は、少年事件を概観し、「殺人罪の増加を根拠として、(少年非行の)凶悪化のテーゼを肯定することは困難であるが、強盗や覚せい剤事犯の増加について注意深く検討することで、現代型非行の特徴を見出すことができるのではないか」と述べている。

強盗は、暴力や脅迫を用いるものであり、歯止めがきかない暴力は、被害者を死に至らしめる。一方で、昨今、「キレ」の問題が広くいわれ、現代の子どもたちを語る上で重要なキーワードとなったかに見える。殺人にもつながりかねないこの種の暴力犯罪の増加は、「キレ」に代表される、青少年全般の、自己統制能力や欲求不満耐性の低下、自己愛的な傷つきやすさ、対人関係上のスキルの欠如、生きている実感のもちにくさなどに関連すると捉えることもできるだろう。

現段階で、第4のピークを見極めることは難しい。しかし、非行は、標準からの逸脱であるがゆえに、何らかの社会変動の影響を鋭敏に反映するものでもある。子どもの変化は、社会全体の変化を意味する。それならば、私たちが決して忘れてはならないのは、少年たちの表面に現れた非行行動そのものに惑わされることなく、その意味をできるだけ汲み取ろうと試みることではないだろうか。その姿勢を保とうとするところから、彼らを理解する道程は始まると思われる。

C. 非行のメカニズム

非行行動を理解するために、その原因を探ることは重要である。しかし、前述したように、定義そのものがあいまいになりやすい非行は、多くの要因が複雑に関係し合って起こってくるものであり、特定の原因を定めることはきわめて難しい。以下に、生理的観点、認知・学習の観点、心理・社会的観点の3つの側面からの非行理解を概観するが、実際には、これらを総合して、多面的に彼らを見る視点こそが、最も重要である。

(1) 生理的観点

非行は、体型や遺伝、染色体異常、脳科学、精神病、精神遅滞など、さまざまな生理的要因との関連で検討されてきた。石川 (1966) は、男子非行少年と非行歴のない少年のデータを比較する中で、犯罪と体型との関連性を指摘している。また一方では、一卵性双生児の犯罪一致率は約65％であり、犯罪の種類や初犯時の年齢、犯罪の特徴など、共通する部分が多く、非行・犯罪行動の出現に遺伝が関与する可能性が議論されてもいる。吉益 (1941) は、非行・犯罪の発生において、素質と環境は錯綜した関係性にあるものの、特に幼少期から長期にわたって非行を繰り返す場合は、素質の問題を考慮する必要があると述べている。他方、昨今の脳科学の著しい発展にともなって、非行と脳の伝達物質との関連性が指摘されたり、重大・凶悪な殺人者の中には、早期脳障害を推定させる者が有意に多いとする見解 (福島, 2003) が出されたりもしている。

こういった方面からのアプローチは、実にさまざまな知見をもたらした。しかしながら、同じような生理的特徴をもちながらも、非行・犯罪に至らない人びとがいるという事実を説明するまでには至っていない。このため、現在では、こういった特徴が、直接、非行・犯罪に結びつくという単純な因果関係は想定しないのが一般的である。

（2）認知・学習の観点

　社会的学習理論の立場では、非行少年たちは、自分の存在確認などのために、自由意志によって反社会的な行動を意図的に選択しており、自己の中にある悪の解放を抑える統制力の不足が、非行のもとになっていると解釈する。そして、個人の中に統制力と道徳性、良心の育成をすべきであり、そのためには、自己効力感や自己達成感を育てる工夫が必要であるという。自己効力感とは、バンデューラ（Bandura, 1977）が社会的学習理論の中で提唱した概念であり、「自分がある課題を効果的に成し遂げることができる自信」を意味している（祐宗ら，1985）。そして、個人の自己効力に関する判断（効力期待）と、自らの行動の成果を周囲がどのように受けとめ、認めてくれるかということに関する個人の期待的な判断（結果期待）とが相互に作用し合って、人間の行動や感情体験が規定されていくとする。生活場面で問題行動を引き起こすことの多い非行少年たちは、周囲から良い評価を得る機会が少なく、効力期待や結果期待を得る機会は、一般の少年に比べて減少する。そして、自分の力でコントロールできる状況がほとんどないことを学習し続けた結果、数少ない成功体験である非行という手段を用いることが多くなる。自己効力感の低さは、学習性無力感となって生活全般に波及し、非行行動以外には無力感を感じているため、努力しなくなったり、無気力な状態に陥ったりするとされる。

　一方、モデリング理論では、非行少年は、遵法的な社会に結びつくための内的な非行抑制要因が欠如していると仮定する。たいていの少年たちは、非行が悪いことであるのは承知しているが、規範を中和し、非行を合理化できるために非行に踏み切る。反対に、遵守的な集団に同一化している少年は、その集団

のメンバーでい続けることを望むために、非難されたり排斥されたりするような行動は慎む。つまり、内的な非行抑制要因は、家庭における子どもへの親の働きかけ、学校における子どもの適応状況など、集団との関係の持ち方によって、学習されたりされなかったりすると考えるのである。

その他、ラベリング理論では、社会が、少年たちに、非行というラベルをつけることによって、よりよい人びととの関わりや職を得る機会を減少させ、それが少年たちの自己イメージを歪め、さらに非行化を進めると説明する。また緊張低減理論では、少年たちは、自己意識のレベルを下げることで、緊張や不安を低減させて、一時的な内的安定感を得るとする。その手段として、非行集団・文化への傾倒や飲酒による酩酊状態などを利用するため、彼らは非行を繰り返すこととなるという。

非行については、多くの研究者が、それぞれの立場からの理解を提言している。しかし、どれも説明に不十分な点があり、統一した見解は見出せていないのが現状であろう。

(3) 心理・社会的観点

非行は、その行動傾向が思春期・青年期に顕在化することが非常に多いことから、発達状況上の問題と切り離して考えることはできない。青年期は、体力の急速な増進や性衝動の高まりといった身体的変化のみならず、内的にも、自己のアイデンティティを確立し、社会の中での自分の位置づけを模索する時期といわれている。この時期は、いろいろな事柄を体験し、挫折を繰り返すが、そこには不安がつきまとう。大井 (1992) は、不安に耐えきれない者が、暴力・自傷行為・不登校・抑うつ・強迫などの不適応状態を生じると説明している。不安が個人の中で適切に処理されず葛藤となり、そこに意識的・無意識的な家庭内の葛藤や、漠然とした自己の満たされなさ、否定的アイデンティティなどが加わって、非行という行動が形成されるとも考えられよう。ある種の少年たちにとって、非行そのものが、歪んだ形ではあるものの、青年期的な課題を乗り越えるための手段となっているのである。

また、重要なもうひとつの観点として、家族関係・親子関係の問題があげられる。安川（1997）は、非行行動が極めて顕著であった中学生55名を、家族形態や親の養育態度・経済状態・少年の中学時代の成績・卒業後の職業など、多方面から検討し、問題を起こしやすい子どもの親は、父親が放任・母親が過保護である傾向が強いこと、家庭内不和などの問題を抱えているほど、非行は早期に発生することを指摘している。また、ゴットフレッドソンとハーシー（Gottfredson & Hirschi, 1990）は、個人の自己統制能力の高低が、犯罪の実行に大きな影響を及ぼすとし、自己統制能力の低い非行・犯罪者は、6歳から8歳までの家庭教育が適切に行われなかった可能性が高いとしている。河野・岡本（2001）は、男性受刑者を対象に検討し、しつけにおける父親の重要性と、父親への同一視不全が、犯罪行動の形成に及ぼす影響の大きさを指摘している。

　子どもは、家族の中で育つものであり、そこから多大な影響を受ける。しかし、実際の非行行動が現れるまでには、現在の家族関係・親子関係以外の複数の要因がさまざまに関係する。村松（1998）は、少年自身のことだけでなく、その両親がどのような家族に育ったのかをも、彼らとともに探求していくことが、世代を超えて持ち越された未解決の問題を浮かび上がらせ、現在における家族の機能の理解を可能にするという。養育環境の悪さや両親の欠損・不和などの存在だけを問題視するのではなく、それらが家族や少年たちの心にどのような質的な変化をもたらしたのかをも十分検討することが、個々の非行という問題を、より実態に近い形で理解し、援助することへと結びつくと考えられる。

D. 非行を考える際に

　非行少年たちと関わる時、私たちの心はさまざまに揺り動かされることが多い。これはなぜだろうか？

　彼らは、周囲の大人が、何度叱っても、約束をしても、同じことを繰り返すことがしばしばある。善悪の判断はきちんとできるが、意識水準では悪いとわかっている行動を現実には抑制できないことが多く（坪内ら，1992）、一部の少年は強い対人希求性があるので、徒党を組み、自らトラブルを呼び込むような

ところもある。この何ともいえない思いの伝わらなさが、関わる者に徒労感や無力感、不信感などを抱かせる。石川（1991）は、非行少年たちとの面接では、面接者が実にさまざまな不快感を味わわされたり、いいようのない無力感に襲われたりし、面接場面の維持そのものが困難を極めると述べているが、これと同じことが、両親や家族、教師などとの間でも繰り返されるのである。

　この根底には、少年自身が抱える自信のなさ、自己イメージの悪さ、卑小感、孤立感などが潜む。少年自らが、こういった感情を受け止め、考え、自分の中で悩むことができれば行動化しなくてすむのだが、彼らは「抑うつに耐える力」（河野，2003）が不十分であるため、本来自分が体験すべき感情を、自分に関わってくれる他者に、代わりに体験させるという独特の無意識的反応を起こす。いい換えれば、彼らと関わる時に感じるさまざまな思いは、彼ら自身の思いであり、その両親が感じているであろう思いでもあり、さらには、彼らが両親との間で感じている思いでもある。少年と向き合う者の心の中では、少年自身も含めたさまざまな人びとの思いが、幾重にも重なり合って体験されるのである。そして、これに耐えられなくなって関わるのをやめれば、少年たちは見捨てられ感を抱き、人に対する不信感をさらに募らせるという悪循環が生まれる。こういった抜きさしならない関係にいやおうなく巻き込まれてしまうのが非行の特徴であり、関わる者に厄介な印象を与える部分でもある。

第2節　非行の指導の実際

　教育現場で指導の対象となる最も多いものは、初発型非行であろう。ここではその具体例をあげ、その理解と対応について考察する。事例は、筆者が体験したいくつかの事例を組み合わせて創作した架空のものである。

A．事例の紹介——万引きをするR雄

　R雄は中学1年生。小学4年生の頃、初めてスーパーで消しゴムを万引きし、それ以来、何度叱られてもやめられないでいる。最近は、だんだん高額なもの

を盗ってくるようになり、両親はそんなＲ雄をもてあまし、放任気味である。Ｒ雄は、周囲に認められたい気持ちは強いが、自己中心的で、努力や我慢を避ける傾向があった。気持ちを相手に伝えることが苦手な上に、自分に関心をもってほしい気持ちは強いが、相手に配慮したり思いやったりすることはできないため、親密な友人も少なく、休み時間は保健室で過ごすこともしばしばであった。成績は中の下くらいである。

　最初のうち、担任は、Ｒ雄の万引きをやめさせようと、きつく叱ったり諭したりしていたが、効果がなく悩んでいた。そこで、スクールカウンセラー（以下、SC）に相談し、校長、教頭、学年主任、生徒指導主任、SC、養護教諭らと、Ｒ雄について検討するための会議を開いた。そこでは、Ｒ雄に関するさまざまな情報が集約され、SCを中心に、Ｒ雄がどのような心理状態の時に万引きをしてしまうのかについて、理解を深めるための意見交換がなされた。そして、Ｒ雄の両親にも協力してもらい、Ｒ雄の認めてもらいたい気持ちを適切に満たせる機会を作ること、少しずつ努力や我慢ができるように導くこと、悪いことをしたら叱ることを継続的に実施する方針を固めた。また、両親には、SCから、思いを整理し、Ｒ雄の万引きの意味を考え、問題に向き合うために、信用できる専門機関のカウンセリングを勧めることにした。幸いなことに、両親はこれらの申し出に理解を示してくれた。Ｒ雄にも個別の面接を勧めたが、彼は「その必要はない」と拒否したため、来談は両親のみとなった。学校では、その後も定期的に、情報交換とＲ雄の心理状態の理解を深める会議が開かれた。

　徐々に、Ｒ雄は、担任に打ち解け、友だちと仲良くしたいが方法がわからなかったこと、万引きをする自分を両親は見放したに違いないと思って悲しく、もうどうでもいいと投げやりな気分になっていたことなどを打ち明けるようになった。それと並行するように、万引きは影を潜めていった。

Ｂ．非行を指導する際にもっておきたい視点

　特に、思春期・青年期の非行の事例は、本人が問題意識をもっていないこともあって、専門機関へ行きたがらないことが多い。そういう場合は、両親もし

くはどちらかの親だけでも、個別の心理面接の場に行くよう働きかけたい。両親も、自分の子どもがわからなくて途方にくれている場合が多いし、親子関係も人間関係であることからすれば、片方（この場合は親）の意識が変わることによって、もう片方（子ども）の意識も変化していき、それはいずれ、問題を解決に導く。そのきっかけとしての親面接は意義深いと思われる。とはいえ、いかなる場合であっても、その道のりがそれほど平坦なものではないことはいうまでもない。

以下に、ごく限られた筆者の経験からではあるが、非行問題の指導に当たる際に大切だと思われる事柄をあげることとする。これは、実は非行のみでなく、広く一般に子どもを理解する時にも当てはまるものである。

（1）できるだけたくさんの仮説をもつこと

まずは、できるだけたくさんの仮説をもって子どもの行動を見ようと心がけることであろう。これまで、幾度となく述べてきたが、子どもの問題行動の原因はさまざまである。非行は、たくさんの要因が複雑に絡み合って発生するし、「非行＝悪い子」という図式には何の意味もない。学業不振からやる気をなくしている可能性はないか、家庭環境の問題はないか、器質的問題はないかなど考えるべきことは数多い。学業不振があるのなら、補習を行うという対策が考えられるし、摂食障害の症状がひどくなって万引きを繰り返している例などは、専門機関との連携が必要になる。具体的な対処法を考えるためにも、非行行動の背後に何があるのか、さまざまな可能性を念頭において慎重に検討を進める必要がある。その際は、事例のところであげたような、話し合いの場が設けられるとよい。複数の目で、一人の子どもを見ると、今まで気づかなかった視点が得られるものである。

（2）他機関との連携

次にあげられるのは、他機関との連携をスムーズにすることであろう。昨今は、SCも配置されるようになり、学校内に心の専門家が存在するようになっ

た。SCの扱いは、各自治体や学校によってまちまちなようだが、筆者は、学校と専門機関、職員室と保健室、教員間などの橋渡し役として機能できることが理想だと考えている。もちろん、そのためには、周囲の協力が不可欠である。R雄の事例は、それが比較的うまく実践できた例といえるだろう。

学校は、さまざまな子どもの問題を察知できる最前線である。特に非行は、他者を脅かすだけではなく、学級や学校、地域社会など、集団を乱す行動である。小川（1979）が、学級経営の立場に立つ教師は、その職業意識のゆえに反社会的行動を重視しやすいと述べているように、家庭外で、少年たちのアピールに最初に気づくのは、おそらく教師であろう。SCと保健室を交えた学校が中心となって、専門機関や地域、できれば家庭も一緒に連携を図りつつ、少年たちがもつ辛さを何とかして汲み取り、関わりの糸口をなくさないようにし続けることが、すべての出発点になる（石川, 1991）。

（3）一貫したルールを作ること

少年と接する時の大切なことの3番目として、一貫したルールを作り、本人にも納得させ、関わる大人全員がそれを守ることがあげられる。家庭の協力がない場合は、両親の理解を得るための努力を継続しつつ、まずは学校の中だけで始めてもよい。自己効力感が低く、学習性無力感でいっぱいになっている少年は、どうすれば褒められ、何をしたら認めてもらえるのかがわからなくなっている場合も多い。彼らの居場所を学校という適応的な場所に作るためにも、具体的で簡単なところから、彼らに合った目標や約束事を明確に定め、一貫したルールの下で、きちんと褒めたり叱ったりする体制作りが重要であろう。

（4）自分について考える場を設けること

そして、さらに大切なことは、自分の中で何が起きているのか、どうすればそれが収まるのか、困った時の逃げ場を見つけることも含めて、少年と一緒にゆっくり考える場を設けることである。橋本（2000）は、キレる少年の特徴について、「自己のなかに渦巻く怒りや攻撃といった感情を十分に把握できず、

時には自分でもわからないほどの感情表出となったり、破壊的な言動につながったりしやすい」と述べている。いつ統制不可能になるかもしれない"何か"が自分の中にあるという状況は、誰であっても不安や恐ろしさを覚えるのではないか。この「わからなさ」を、一部分でもわかるものに意味づけていく作業が、少年たちの心の安定感や安心感をもたらし、非行行動ではない方法で自己表現し、いずれは非行から遠ざかっていく足場を作るのである。

C. まとめ

非行は、少年たちの示す複雑さと、短期間に処遇を決定せざるをえない社会的要請の間で揺れ動き、なかなか一定の理解の枠組みを提供することができないできた。この状況は、現在においてもなお変わらない。ただ、非行について考えることは、結果的に、その範疇に含まれないごく一般的な少年についての理解をも深めることにつながるのではないだろうか。非行少年といわれる人びとを、「訳のわからない怖いもの」とのみ捉え、意識から排除しようとするのではなく、行動の裏にあって簡単には見えなくなっている彼らなりの大変さや訴えを、周囲が少しでも理解しようと試みることが、彼らを社会適応に導く第一歩になると思われる。

引用文献

American Psychiatric Association　1994　*Diagnostic and statistical manual of mental disorders, fourth edition.* Washington, D. C.: American Psychiatric Association. 高橋三郎・大野裕・染矢敏幸（訳）　1995　『DSM-Ⅳ精神疾患の分類と診断の手引き』医学書院.

Bandura, A.　1977　Self-efficacy: Toward a unifying theory of behavioral change. *Psychological Review,* 84, 191-215.

福島章　2003　『殺人という病－人格障害・脳・鑑定－』金剛出版.

Gottfredson, M. R., & Hirschi, T.　1990　*A general theory of crime.* Stanford University Press. ゴットフレッドソン, M. R. & ハーシー, T. 松本忠久（訳）　1996　『犯罪の基礎理論』文憲堂.

葉梨康弘　1999　『少年非行について考える－その今日的問題と少年警察の課題－』立花書房.

橋本和明　2000　"キレる"少年の理解について－その言葉を手がかりにした対象関係論的アプローチ－, 田畑治（監修）『人間援助の諸領域』　ナカニシヤ出版, pp.177-186.

石川義博　1966　思春期非行少年の犯罪精神医学的研究, 精神神経学雑誌, 68, 717-745.

石川義博　1991　『非行の臨床』金剛出版.

菊池武剋　2000　少年非行の動向，久世敏雄・齋藤耕二（監修）『青年心理学事典』福村出版，p.342.

河野荘子・岡本英生　2001　犯罪者の自己統制，犯罪進度及び家庭環境の関連についての検討，犯罪心理学研究，39（1），1-13.

河野荘子　2003　『非行の語りと心理療法』ナカニシヤ出版.

河野荘子　2004　非行の心理臨床，成田善弘（編著）『心理療法の実践』　北樹出版，pp.137-149.

文部省（現文部科学省）　1985　児童の反社会的行動をめぐる指導上の諸問題－窃盗（万引き）に関する指導を中心として－，大蔵省印刷局.

村松励　1998　非行臨床の課題，生島浩・村松励（編）『非行臨床の実践』金剛出版，pp.15-27.

内閣府（編）　2004　『平成16年版　青少年白書』　国立印刷局.

小川一夫　1979　教師の指導性，小川和夫（編著）『学級経営の心理学』北大路書房，pp.67-84.

大井正己　1992　青年期の不安，臨床精神医学，21, 555-560.

瀬川晃　2001　少年犯罪の「第4の波」と改正少年法，犯罪と非行，127, 5-32.

祐宗省三・原野広太郎・柏木恵子・春木豊（編）　1985　『社会的学習理論の新展開』金子書房.

滝川一廣　2003　「反社会性人格障害」は医療の対象か，精神看護，6（1），16-24.

坪内宏介・小室博・遊間義一・永代光一　1992　非行少年の学校適応に関する研究（第1報告），法務総合研究所研究部紀要,35,135-175.

安川禎亮　1997　非行の要因について－中学校教育現場からの再考察－，犯罪心理学研究，35, 41-51.

吉益脩夫　1941　精神病質の遺伝生物学的考察－双生児研究より見たる犯罪者の遺伝素質と環境の意義－，精神神経学雑誌，45（9），1-77.

第10章 基本的生活習慣にまつわる理論と指導の実際

　近年、深刻な問題となっている子どもの学習意欲や気力・体力の低下要因の一つとして、基本的生活習慣の乱れが指摘されており、基本的生活習慣育成の重要性が改めて見直されている。文部科学省は、子どもの望ましい基本的生活習慣育成と生活リズムの向上を目指して、平成18年度から民間主導で始まった「早寝早起き朝ごはん」国民運動プロジェクトを推進しており、現在、各地域でも様々な取り組みがなされている。

第1節　基本的生活習慣に関する理論と実態

A．基本的生活習慣の概念と現状の課題

　基本的生活習慣は、もともとは「乳幼児期に形成されるべき生活習慣」という概念からきており、「人間として最も基礎的かつ日常的な行動の在り方を、自然的、自動的に行為すること」（文部省, 1985）と定義されている。一般的には、食事、睡眠、排泄、清潔、身辺の整理整頓といった人間として生きるために必要なことを意味するが、小・中学校の生徒指導では、礼儀作法、規則の尊重など、社会生活に必要な内容を含めてやや広い定義で捉えている。基本的生活習慣は、人間の態度・行動の基礎になるものであり、その形成は、個人にとっても社会にとってもきわめて重要な課題である。また、生活習慣の乱れは、やる気のなさや身体的な不調につながるため、生活習慣は「健康のバロメーター」ともいえよう（桜井, 2004）。

　基本的生活習慣を形成するということは、人が集団内での望ましい行動様式を体得し、それを自律的に日常生活のさまざまな行動に移していけるようにな

表10−1　小・中学校で指導する基本的生活習慣の内容　　(文部省, 1985)

小学校	中学校
(1)生命尊重、健康安全に関すること 　ア　身体や衣服の清潔 　イ　洗面、歯みがき 　ウ　交通及びその他の安全 (2)規則正しく、きまりよい生活に関すること 　ア　物・金銭の活用及び自他の物の区別 　イ　時間の尊重 　ウ　身の回りの整理整頓 　エ　規則を守る (3)礼儀作法に関すること 　ア　あいさつ 　イ　言葉遣い 　ウ　食事の作法 　エ　身だしなみ	(1)生命尊重、健康・安全に関すること 　ア　生命の尊重 　イ　健康・安全に関するもの (2)規則正しく、きまりよい生活に関すること 　ア　物・金銭の活用及び自他の物の区別 　イ　時間に関するもの 　ウ　学習に関するもの (3)礼儀作法、社会生活に関すること 　ア　あいさつと言葉遣い 　イ　身だしなみ・身の回りに関するもの 　ウ　自己及び他者を人間として大切にする心情や態度 　エ　規則を守ること 　オ　公衆道徳に関するもの

ることである。それには、子どもの思考力と判断力（道徳性）をどう育成するかが重要な焦点となる。また、その判断基準となる生活習慣の「望ましさ」は、時代や文化、社会によって異なるため、子どもを取り巻く環境を理解することも大切である。わが国の公立学校で指導される基本的生活習慣の内容は、『小学校における基本的生活習慣の指導：望ましいしつけの工夫』及び『中学校における基本的生活習慣の指導：しつけの定義を図る』(文部省, 1985) に記載されている（表10−1参照）。

　子どもが基本的生活習慣を身につけるのは、大人の模倣から始まる（平野, 1988）。バンデューラ（Bandura, 1977）の社会的学習理論でも、モデルの観察（モデリング）によって道徳的な行動が獲得されるといわれている。つまり、昨今の子どもの問題の背景には、子どものモデルとなる大人の生活スタイルの著しい変化が存在する。現代は、経済の発展、機器の進化、情報の氾濫、価値観の多様化など時代の変化が激しく、しつけの指針を定めづらい、いわゆる「しつけが難しくなった時代」といえる（石川, 2004）。今では大人の生活スタイルに子どもを合わせている家庭も増えており、日本の子どもの遅寝傾向と睡眠時間の減少は世界的にも懸念される事態となっている。その一方で、人間関係

の希薄化や情報化の進展と身体発達の加速化に伴い、幼児期・児童期は短縮され、子どもにとって好ましい生活習慣を学ぶ機会や時間が不足している（尾木, 2003）。放課後の子どもたちの遊び場や居場所がなくなり、代わって塾や習い事などのスケジュールに追われる「忙しい子ども」が増加しており（明石, 2007）、「今、ここ」での体験をじっくり味わい心身に刻み込むように学ぶことが難しくなっている。そのような生活や環境の変化に伴い、子どもたちの生活習慣上にはさまざまな問題が生じている。

教育庁は、平成16年2月に行われた第25回東京都学校保健審議会において、「児童・生徒の生活習慣の現状と課題」を下記のようにまとめている。

○ 夜型の生活スタイル：社会全体の夜型化や夜遅くまでのテレビゲームや塾通いなどのため、子どもたちの生活も夜型化し、睡眠不足や夜食、朝食の欠食などが増加している。
○ 外遊び・運動の減少：子どもたちの外遊びや運動の時間が減少しており、国や都道府県の体力テスト調査でも子どもたちの体力が年々低下の傾向にある。
○ 食生活：夜型の生活スタイルに伴い朝食の欠食や夜食が増えるとともに、ファーストフードなどの間食が増加している。
○ テレビゲームなど：テレビゲームなどによるバーチャルリアリティーと呼ばれる仮想現実に過度に浸ることは、集団への適応障害、ひきこもりなどを引き起こす可能性がある。
○ 飲酒・喫煙：未成年者の飲酒や喫煙が増加傾向にある。幼少期から飲酒や喫煙の害について正確な知識をもたせ、初めから習慣化させないことが必要である。

これらは、大人の生活においても指摘される問題であり、まずは大人が自らの生活習慣を見直し、手本となる実践を心がける必要があるといえよう。

B．基本的生活習慣の形成に関連する理論

基本的生活習慣の指導は、しつけによる望ましい行動様式の習慣化に始まる。そして、次第に内面的にその重要性を認識させ、自律的な態度を育成するよう転換を図っていくことが大切である（大阪市教育センター教育研究室, 1987）。それ

には、子どもの発達段階に応じた教育や指導が必要不可欠である。ここでは、子どもの発達理解に役立ついくつかの理論を紹介する。

(1) エリクソン (Erikson, 1963) のライフサイクル理論

エリクソンは、人間の発達は生涯を通して続くと述べ、その過程を8つの段階に区分した（表10-2参照）。各発達段階には達成されるべき特有の発達課題（心理社会的危機）があり、前段階の危機が克服されていないと、次段階の課題獲得も困難になる。基本的生活習慣の形成には、信頼の獲得はもちろんのこと、その後の自律性、自発性、勤勉性、アイデンティティの獲得が重要である。

児童期には、子どもの生活基盤が家庭から学校へと少しずつ移り、学校生活を通して、社会に適応していくための基礎的な知識や行動を身につけていくこ

表10-2　エリクソンの発達段階（石田，2000による）

	A 心理社会的危機	B 重要な対人関係の範囲	C 関係の深い社会秩序要素	D 心理社会的様式	E 心理性的段階
I	信頼　対　不信	母親的人物	宇宙的秩序	得る、お返しに与える	口唇―呼吸感覚―運動段階（合体的様式）
II	自律性　対　恥、疑惑	親的な人物（複数）	法律と秩序	保持する、手放す	肛門―尿道段階筋肉（貯蓄―排泄様式）
III	自発性　対　罪悪感	基本的家庭	理想的な標準型	思い通りにする（＝追いかける）、まねをする（＝遊ぶ）	幼児―性格、歩行段階（侵入―包括的様式）
IV	勤勉性　対　劣等感	近隣　学校	テクノロジー的要素	ものをつくる（＝完成する）、ものを一緒につくる	潜伏期
V	アイデンティティ　対　アイデンティティの拡散	仲間集団と外集団指導性のモデル	イデオロギー的な展望	自分自身である（または、自分自身でないこと）、自分自身であることの共有	思春期
VI	親密性　対　孤立	友情、異性、競争、協力の相手	共同と競争のパターン	他者のなかで自分を失う、見いだす	性器期
VII	世代性　対　停滞性	分業と共同の家庭	教育と伝統の流れ	世話をする	
VIII	統合性　対　絶望	人類　私らしさ	知恵・英知	実存する、存在しなくなることに直面する	

とが課題となる。この時期の子どもは、両親とは価値観や接し方の違う大人（教師など）や同年輩の仲間と出会うことで、幼児期までの家庭の歪みや価値の偏りを修正する最初の機会を得る（Sullivan, 1953）。それは、これまでの生活習慣を見直し、より望ましいものへと導いていく機会ともいえよう。

　思春期になると、子どもは急激な身体の変化に戸惑い、自分が他者にどう見られているのかについて敏感になったり、自分の中の変化を理解できず不安定になったりする。自分自身について考える中で、それまで無条件に受け入れてきた両親や大人の「きまり」に疑問をもち始めるのもこの時期である。せっかく身につけた基本的生活習慣を崩したり、きまりから逸脱したりすることもあり、それが人間関係や社会生活上好ましくない生活態度に結びつく危険性もある。青年期に自分自身のパーソナリティを再構築していくためにも、この時期の葛藤を子どもが乗り越えていけるよう支援していくことが必要と思われる。

（2）トゥリエル（Turiel, 1978）の社会慣習的発達

　トゥリエルは、慣習を「社会的相互作用を円滑にし、社会的秩序を維持するもの」とし、慣習の処理を子どもの発達の重要な側面と捉え、慣習の理解がどのように進むのかを7段階のモデルで示した（表10-3参照）。これによると、レベル3から4あたりの時期に、内面育成的、自律促進的な指導への転換が必要と思われる。また、受容と否定を繰り返しながら慣習を身につけていくことから、いわゆる「反抗期」の重要性がうかがえる。

（3）ピアジェとコールバーグの道徳性発達理論

　ピアジェ（Piaget, 1930）は、大人との権威－服従関係から他律的道徳観が芽生え、その後、仲間との平等で相互的な関係から自律的道徳観が育まれるとし、大人による権威的一方的な働きかけは他律を強化するという見方を示した。コールバーグ（Kohlberg, 1971）は、ピアジェの認知的発達理論の影響を受け、それを社会的領域へ拡張する形で、6つの発達段階を設定した（表10-4参照）。彼は、道徳判断に際して使われるより深い認知的構造に焦点を当て、普遍的な

表10-3　社会慣習的発達　(二宮, 1991；Turiel, 1978による)

レベル	おおよその年齢	慣習の尊重	概念
レベル1	6～7歳	受容	慣習は、皆が同じような行動をするように決められたものと考えられている。社会的意義を理解していない。
レベル2	8～9歳	否定	慣習は、恣意的なものであり、皆がするからといって、必ずしもそうしなければならないとは考えない。社会的意義を理解するまでには至らない。
レベル3	10～11歳	受容	慣習にそって行動することは、具体的な規制や権威ある人の期待にそうものであると考えられている。社会的秩序を維持するために、ルールに服従することが必要であるとみなされる。
レベル4	12～13歳	否定	慣習は、恣意的で変更できるもの、個人の選択に委ねられるものとして考えられている。慣習に従わないことは、社会的秩序にとって重要な冒瀆とはみなされない。
レベル5	14～16歳	受容	慣習は、社会の統一性を保つための規範的な規制であり、必要であると考えるようになる。社会的システムにとって不可欠なものとみなされる。
レベル6	17～18歳	否定	慣習は、社会からの期待以外の何ものでもないとみなしている。社会的秩序は尊重されるが、慣習は社会的秩序の重要な要素とはみなされない。
レベル7	19～25歳	肯定	慣習は恣意的なものであるが、社会的相互作用を円滑にし、社会的システムのはたらきを促進するという点において評価される。

表10-4　コールバーグによる道徳性の発達段階（荒木, 1988による）

```
Ⅰ　前慣習的水準
　段階0：自己欲求希求志向
　段階1：罰と従順志向（他律的な道徳）
　段階2：道具的相対主義（素朴な自己本位）志向
Ⅱ　慣習的水準
　段階3：他者への同調、あるいは「よい子」志向
　段階4：法と秩序志向
Ⅲ　慣習以降の自律的、原則的水準
　段階5：社会的契約、法律尊重、および個人の権利志向
　段階6：普遍的な倫理的原則（良心または原理への）志向
```

道徳性の発達段階の存在を主張した。この発達段階は、前段階ではなされなかった分化ができるようになる過程を示しており、自己中心化した属性による判

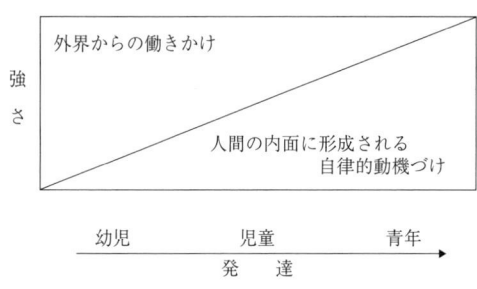

```
          ┌──────────────────────────┐
          │外界からの働きかけ          │
       強  │                          │
       さ  │          人間の内面に形成される│
          │          自律的動機づけ   │
          └──────────────────────────┘
              幼児    児童      青年
                  発　達         →
```

図10−1　発達的にみた外界の働きかけの強さと形成される
自律的動機づけの強さとの関係（速水，1998による）

断から、脱中心化・均衡化を通して、本質的な属性による判断へと変化していく過程を示している。コールバーグによると、発達をもたらす直接的要因は、主体がもつ均衡化への志向であり、権威的な正しさの押しつけは、子どもが本来もっている自発性を萎縮させ、均衡化への志向を歪めるという（山岸，1995）。また、彼は、自発性を育てる道徳教育の手法として、ディスカッションが有効であると述べている。

（4）速水（1998）の自律的動機づけ

　速水（1998）は、自律的動機づけを「自ら何らかのことをやろうと決め、実際に実行に移していくこと」と定義し、個人が外からの働きかけを少しずつ吸収していくことにより内面化が進み、個人の中に自律的動機づけが形成されていくと説明した。速水は、「個人の中に何ら自律的動機づけが形成されていないような段階では、多くの働きかけが必要になるが、個人内にそれが形成されてくると働きかけは徐々に弱められていくのがよい」と述べ、図10−1のようなモデルを示した。内面化が進んだ段階における外部からの強い働きかけは、自律性の崩壊を招く可能性があると警鐘を鳴らしている。

C．子どもの基本的生活習慣の形成に関する研究

　千葉市教育センターは、平成9年度、小1から中3（内面に関する項目は小5から中3）の児童生徒を対象に、生活習慣の定着の仕方について調べた。その調

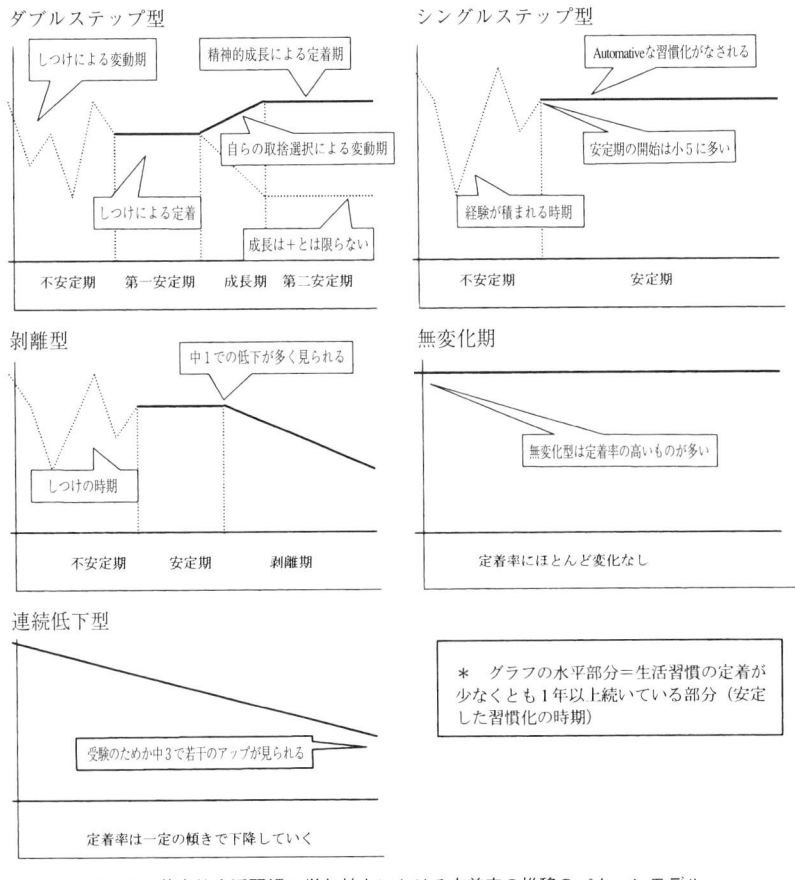

図10-2 基本的生活習慣の学年軸上における定着率の推移のパターンモデル
(千葉市教育センター, 1998による)

査において、生活習慣は、「時間の経過とともに向上していくとは限らず、低下していくものもある」とわかり、安定した生活習慣の時期(グラフの水平部分)をもとに、5つの定着パターンに分類された(図10-2参照)。それによると、しつけによる定着期と精神的成長による定着期の2段階がある「ダブルステップ型」は、服装、挨拶、学校のきまり、身の回りの整頓、安全、話し方など「身の回りの習慣」に関するものが多く、小6から中1にかけて転換期を迎える。「シングルステップ型」は、思いやりなど、生活の慣れが主な要因となっ

第10章 基本的生活習慣にまつわる理論と指導の実際　139

て形成される生活習慣に見られ、安定期の開始は小5に多い。一度定着した生活習慣が、ある時期からその定着率が下がっていく特徴をもつ「剥離型」は、朝の挨拶、就寝起床時間、家の手伝いなど、家庭での習慣に多く見られ、剥離開始は、中1頃である。主な理由として、学校中心の生活に入ることから家庭場面における習慣が低下しやすいこと、中学になり親のしつけの態度が見守る期間に入ることなどが考えられる。定着率が一定で変化しない「無変化型」の生活習慣は、主に集団への所属に関する事項と自己認識に関する事項（小5～中3のみ対象）に見られる。これらは、不安定期がないので、子どもの生活上の必要性から身についていく習慣と考えられる。定着の度合いが学年の経過とともに低下していく「連続低下型」は、学習に関する習慣に見られ、中2で最も低下率が大きく、小3～5、中1、中3がほぼ同じ減少率で続く。学習習慣の連続低下の原因として、学習内容が難しくなること、学習の目的意識の薄れ、厳しいしつけや指導の減少などがあげられており、学習に対する意欲や自信を育てることと、家庭での学習習慣のしつけのあり方が課題とされている。

　さらにこの調査では、子どもがどのようにしてしつけを受け入れるのかについて、家庭と学校のしつけ分担意識に焦点を当てて調べている。それによると、小学校時代の子どもは家庭でのしつけを受け入れやすくなっているが、中学生になると、その受け入れが低下している。一方、挨拶、集団のルール、勤労、集団におけるマナーに関する生活習慣は、中学校場面で向上していくという。つまり、中学生では「よそいきの自分」が確立され、生活習慣の取捨選択に反映されるため、学校と家庭での生活スタイルの様相が異なると考えられる。結果、小学校では家庭場面、中学校では学校場面において、大人からのしつけを受け入れやすいと報告されている。

　以上から、基本的生活習慣の形成には、幼少期のしつけによる習慣化と、子どもの認知的発達により他律から自律への転換が図られる小学校高学年以降の自律促進的な関わり方が重要と思われる。自他の分化が進む時期には、自分についても他者についてもより客観的な視点をもち始めるため、今までは疑問に思わなかった大人の矛盾に気づき反発心を抱いたり、自分に自信をもちにくく

なったりする傾向が見られる。特に、情報の氾濫や価値観の多様化により絶対的信念がもちにくい現代において、その傾向は強まっているように思われる。そのような状況におかれた子どもたちの生きる力を育てるためにも、子どもの自律性を育てていくような指導方法を模索することが必要である。

第2節　基本的生活習慣の指導の実際

一言で「基本的生活習慣の指導」といっても、その内容はさまざまであり、また、その指導方法は子どもの発達段階などにより多種多様である。ここでは、小学校・中学校でよく見られると思われる事例をそれぞれ紹介する。なお、事例は『実践教育相談シリーズ　生活習慣についての相談』(岩野・木村，1993)によるが、書面の都合上、要点をまとめた形で紹介させていただく。

A．遅刻をはじめ生活習慣の乱れが見られる子 (小3女児A子の事例)

[概要]　小3女児 (A子)、父 (会社員)、母 (パート)、弟3歳 (保育所) の4人家族。A子は3年生になって遅刻が目立ち、時には無断欠席も見られた。また、忘れ物も多くなり、宿題も忘れることがあり、その日の時間割とは異なった教科書やノートをもってくることもある。学習面でも集中力に欠け、ノート書字も乱雑で、精神的な安定感を失っているようである。母親のパート勤務も、弟の保育所入所も、A子が3年に進んでからのようで、A子にとって、家庭生活の環境変化が何らかの影を落としているようである。

[見立て]　小3くらいでほぼ定着するはずの生活習慣が崩れるのは、何か好ましくない状況が発生していると考えられる。A子の場合は、養育状況の変化といえよう。これまで過保護か過干渉的であった母親の養育態度が、A子の進級と同時に放任的となってしまったため、A子は母親に依存できず急に自分で何でもやらねばならなくなった。そのため、戸惑いと不安、指示を受けないと行動できない自律性の弱さから、生活習慣の乱れが生じたものと見られる。

[援助経過]

（1） 教師の援助計画：Ａ子の学級集団への適応、学校・家庭など校内外での学習や遊び、生活行動全般にわたる行動観察や保護者からの聴取による総合的な実態把握をまず行い、それをもとに援助計画を立てる。また、仲間・集団意識の高まり、仲間と活動する意欲のある3年としての年齢特性を生かした、集団の中での援助活動を進める。

① 本児への個人的援助
・日常のリズムを整えさせる（生活時間表を利用して行動を計画する）
・日常生活動作の約束と身辺の整理整頓をさせる（生活行動・動作に関する約束事をして自ら処理していくよう援助する）

② 学級集団での援助
・朝のHRなどを活用して登校始業前に学級全員がそろうような活動（ゲームや学習など）を用意する
・学級活動での役割分担と活動の機会を用意する

（2） 家庭への指導：保護者には、3年という年齢特性の理解と、これまでの養育と今の変化の狭間におかれたＡ子について十分に理解してもらい、家庭生活での習慣とリズムの確立に努力してもらうよう援助する。合わせて子どもの生活と家庭教育の問題については、担任教師が相談相手となって家庭への援助を提言していくようにする。

① 生活リズムを整えるよう母親も努める
② 家庭の一員としての役割分担をつけてもらう
③ 生活自律のために身辺の整理整頓を実行させてもらう

本事例は、Ａ子の発達段階に不相応な生活習慣の崩れから、本児を取り巻く生活環境の変化にその要因を見出し、担任と家庭が協力して対処したものである。玉瀬（2004）によれば、ノートの書き方が乱雑になったり、宿題がいつものペースでできなくなったりなどの日常の微妙な変化を、子どもが問題を抱えている兆候として読み取ることが大切であるという。この事例においても、担

任がその兆候に気づき、その問題行動を「だらしない」とか「なまけ」ととるのではなく、「本児が何かに困っているのではないか」という視点に立って考えている様子がうかがえる。そして、多角的に問題把握に努めたことで、解決の方向へ向かったといえよう。

B．きまりを守る習慣のない生徒（中１男子生徒Ｂ夫の事例）──

[概要]　中１の男子（Ｂ夫）、父（会社員）、母（パート）の３人家族。Ｂ夫は小学校入学時から落ち着きがなく、周囲の児童へのいたずらがひどかった。ルールやきまりを守らないことが多く、教師に叱責されるとふてくされて、級友に八つ当たりした。学年が上がるにつれ、注意した教師には反抗するため、教師は腫れものに触るようにＢ夫に接している。一方で、担任や気の合う先生には妙にベタベタすることがある。小学校時代は、いじめられた子の保護者や学級担任からの再三の注意により、両親は被害者意識をもったようで、「両親とも学校に対して批判的で、保護者会にも出席せず、学級担任が指導に困って家庭に電話をしても父親からはけんかごしの返事がくる」とあった。こうしたかたくなな態度のため家族全体が地域から浮き上がったようになっている。

両親は、時に暴力を使ってＢ夫を厳しくしつけてきた。そのためかＢ夫は家では親のいいつけをよく聞き、手伝いもよくするよい子であり、家での基本的な生活習慣はできている。父親は気に入らないことがあると、母親やＢ夫に厳しく当たるため、２人とも父親に対して恐怖感をもっている。母親は父親の機嫌を損なわないよう気をつかい、Ｂ夫に厳しく当たることが多かった。

[見立て]　知能は高くないが成績は中の上。家庭での学習習慣が効果を上げているものと考えられる。部活動のテニスは熱心にやっている。父親の仕事は残業が多く、子どもとゆっくりした時間をもつことができない。地域とのつきあいもなく、家計は苦しい。Ｂ夫はこうした家庭の中で、父親から暴力で相手を制することを学習する一方、学校では家庭で満たされない愛情欲求を屈折した形で表しているように思われた。Ｂ夫のとる行動は父親に類似し、Ｂ夫の学級内での孤立と地域内での家族の孤立が類似している点から考え、本人の指導

だけでなく、家族全体を地域が温かく受け入れることが必要と思われた。

[援助経過]

(1) コントロールタワーとしての専門機関

本事例のように、家庭がかたくなな態度をとり学校との連携を拒否した時、第三者的機関として専門機関が介入し、コントロールタワーとして機能することが大切になる。ここでは、学校と家庭、地域PTAと家庭、学校と地域PTAの連携に専門機関が助言する形で行われた。

(2) 家庭と学校との連携

① 家庭と学校とが相互の誤解を解く（家庭訪問による丁寧な事情説明、支援の申し出と協力の要請）

② 両親に本人の実態を知ってもらう（保護者に来校してもらい、本生徒の学校での行動を観察してもらう）

③ 具体的な方法の検討

・暴力を使わない（叱る時は理由を説明し、本人が納得するようにする。叱る時には父親と母親の役割分担をする）

・本人のよい点を評価してやる

・本人のやりたいことを認める（禁止していたゲームやお笑い番組などの制約をゆるめ、適度な範囲で本人のやりたいことをやらせる）

(3) 家庭・学校・地域の連携

① 地区PTAの行事に家族で参加する

② 母親が週1回テニス教室に参加する

(4) 専門機関の関わり

① 両親のカウンセリング

② 学級担任のカウンセリング

本事例は、専門機関の介入により、学校、家庭、地域社会の連携が成立し、事態が好転したケースである。文部省（1985）は、基本的生活習慣の形成には、児童生徒が毎日生活している学校、家庭、地域社会が一貫した考え方で指導に

当たることが必要と述べている。しかしながら、本事例のように学校と家庭の間に何らかの形で溝が生じた場合は、連携を図ろうとしても、誤解や相互批判により事態の悪化を招く可能性がある。状況を客観的に判断し、学校と家庭が相互理解を深め協力し合うために、第三者的機関へ相談することは有効と思われる。と同時に、専門機関に相談するということをためらう向きがいまだ強いということには、留意しなければならない。特に、学校が親に相談機関や医療機関を紹介する際には、親が感じるであろう不安を慮り、その機関を紹介する理由やいきさつ、その機関の様子を丁寧に説明し納得してもらうなど、細心の注意を払う必要がある（岩野，1993）。現在はスクールカウンセラー制度が定着してきているので、このような事例に対しては、スクールカウンセラーと連携しながら対応することが有効であろう。

家族機能の変化にともない、今までは家庭で行われていた生活習慣作りについて、家庭外でその役割を担わなければならなくなってきている現状がある。冨田（2004）は、子育てグループやファミリーサポート事業など、地域で行われている事業を紹介し、地域が家庭を支えていく必要があるとした。今後、この問題に関し、学校－家庭－地域の連携は、より一層その重要さを増すと思われる。

引用文献

明石要一　2007　子どもたちの生活習慣はどうなっているか（特集イマドキの基本的生活習慣），月刊生徒指導，37(7)，学事出版，6-9.

荒木紀幸　1988　『道徳教育はこうすればおもしろい－コールバーグ理論とその実践』北大路書房.

Bandura, A.　1977　*Social learning theory*. Engelwood Cliffs, N. J.: Prentice-Hall.　原野広太郎（監訳）　1979　『社会的学習理論－人間理解と教育の基礎』金子書房.

千葉市教育センター　1998　子どもの基本的生活習慣の形成に関する研究：生活習慣の定着タイプと大人のしつけ意識の比較から．

Erikson, E. H.　1963　*Childhood and society*, second edition, New York: Norton.　仁科弥生（訳）1977，1980　『幼児期と社会1・2』みすず書房.

速水敏彦　1998　『自己形成の心理－自律的動機づけ』金子書房.

平野寛　1988　人格形成と基本的生活習慣のしつけとのかかわり，坂本昇一（編）『基本的生活習慣のしつけ』明治図書，pp.20-30.

石川悦子　2004　子どもの生活習慣が変わるとき－他律から自律へ，児童心理，8月号臨時増刊，金子書房，12-18.

石田弓　2000　自我発達－精神分析的発達理論の視点から，堀野緑・濱口佳和・宮下一博（編著）『子どものパーソナリティと社会性の発達』北大路書房，pp.58-71.

岩野宣哉　1993　学校・家庭・地域・専門機関の相互連携，間藤侑（編）『実践教育相談シリーズ　生活習慣についての相談』ぎょうせい，pp.231-242.

木村賢一　1993　事例2　遅刻をはじめ生活習慣の乱れが見られる子，間藤侑（編）『実践教育相談シリーズ　生活習慣についての相談』ぎょうせい，pp.141-145.

Kohlberg, L.　1971　Form is to ought. In T. Mischel (Ed.), *Cognitive development and epistemology.* New York: Academic Press.

文部省　1985　小学校における基本的生活習慣の指導：望ましいしつけの工夫．

文部省　1985　中学校における基本的生活習慣の指導：しつけの定着を図る．

二宮克美　1991　規範意識の発達および非行・問題行動と道徳性との関係，大西文行（編）『新・児童心理学講座　第9巻　道徳性と規範意識の発達』金子書房，pp.203-242.

尾木和英　2003　基本的生活習慣―その意義と指導（特集基本的生活習慣の確立をめざす生徒指導），月刊生徒指導，33(5)，学事出版，14-17.

大阪市教育センター教育研究室（編）　1987　『小・中学校における基本的生活習慣（態度）および望ましい集団育成に関する研究．第3年次』　大阪市教育センター．

Piaget, J.　1930　*Le jugement moral chez l'enfant.* 大伴茂（訳）　1954　児童道徳判断の発達，『臨床児童心理学III』同文書院．

桜井茂男　2004　子どもにとって生活習慣とは何か，児童心理，8月号臨時増刊，金子書房，2-11.

Sullivan, H. S.　1953　*The interpersonal theory of psychiatry.* New York: Norton.

玉瀬耕治　2004　問題となる行動を示す子に見られる生活習慣の特徴，児童心理，8月号臨時増刊，金子書房，27-33.

冨田ひさえ　2004　地域で協力して行う子どもの生活習慣づくり，児童心理，8月号臨時増刊，金子書房，7-82.

Turiel, E.　1978　Social regulations and domains of social concepts. In W. Damon (Ed.), *New directions for child development No.1: Social cognition.* San Francisco: Jossey-Bass, 45-74.

山岸明子　1995　『道徳性の発達に関する実証的・理論的研究』風間書房．

参考文献

宮下一博・濱口佳和（編著）　1998　『シリーズ　子どもの心を知る　第2巻　教育現場に根ざした生徒指導』北樹出版．

十束文男ほか（共編）　1986　『基本的生活習慣の育成』文教書院．

第11章 学習不適応にまつわる理論と指導の実際

第1節 学習不適応にまつわる理論と実態

A．学習不適応とは

　学習活動についての不適応には、さまざまな状態像がある。三浦（1999）によると、学習不適応は学習課題が達成できていない、達成できないという側面と、それにともなう学習活動への否定的あるいは混乱した認知という側面に分けて考えることができ、前者は学業不振と呼ばれ、勉強ができない、勉強についていけないという形で、後者は勉強嫌い、やる気がないという形で現れるとしている。学校教育現場においては、これらの両者への支援が求められているのである。

　ここではより実践的な視点から、学校教育現場で、学習意欲や学習方法などの学習活動の諸側面、および、その成果について"気になる"子ども、すなわち何らかの特別な配慮なしでは学習活動を円滑に進めることが難しかったり、これからの学習に支障をきたすことが予想されたりする子どもなども含めて、「学習不適応」児として捉え、その態様や関わりのあり方について考える。

　はじめに、これまでの研究や教育実践で取り上げられてきた不適応の状態を整理していく。

① アンダーアチーバー（Underachiever）

　かつて、多くの教師や研究者たちが関心をもったのは、アンダーアチーバーと呼ばれる子どもたちである。アンダーアチーバーとは、正常な範囲の知的能力をもち、特別な原因（たとえば、長期の入院によって学習ができなかった）が認め

られないにもかかわらず、学業成績がそれにともなわない状態の子どもである。

アンダーアチーバーを判断する基準として、成就値あるいは成就指数という値が用いられる。知能検査から算出される知能偏差値または精神年齢、標準学力検査から算出される学力偏差値または教育年齢を用い、次の公式によって算出する。

成就指数＝教育年齢／精神年齢×100

成就値＝学力偏差値－知能偏差値

教育年齢と精神年齢が一致している場合、成就指数は100となり、教育年齢が精神年齢より高いと100以上の値、反対に教育年齢が精神年齢より低いと100以下の値となる（成就値の場合は0を基準に、学力偏差値＞知能偏差値はマイナス、学力偏差値＜知能偏差値はプラスの値となる）。一般的なアンダーアチーバーの判断基準は、成就指数の場合は80以下、成就値の場合は－10以下であるが、研究や実践の目的に合わせて基準が選定される。

アンダーアチーバーの研究は、知的な能力に応じた成果をあげることを妨げている要因を明らかにし、本来もっている能力を十分に発揮できるようにしようとするものである。確かにそのような子どもたちは存在し、研究や実践の効果はあがった。しかし学力水準が低くても、知的水準が低いとアンダーアチーバーにならないといった現象が生じ、この概念だけでは援助を必要とする子どもたちをカバーしきれないといった問題がある。

② **理解や記憶するのに時間がかかる子ども**

同じ教え方をしても、他の子どもに比べ、理解したり記憶したりするのに時間のかかる子どもがいる。このような子どもたちは十分に時間をかけたり繰り返したりすれば、きちんと理解できるが、一定の早さで進んでいく学校の授業などでは、十分な学習ができない場合がある。学習がきちんと達成されるためには、補習授業や家庭学習を行う必要があるが、それができないと学習の未達成部分が増加し、新たな学習を阻害する要因となる。

また、このような子どもの中で、知的能力が平均より劣っており境界領域にある子どもたちを特に学習遅滞児（Slow Learner）と呼ぶことがある。

③ 十分な基礎学力を身につけていない子ども

　ある学習が成り立つためには、その前提となる知識や技術が不可欠である。たとえば、算数の文章題について考えると、まず文章を読んで、何が問われているのかがわからなければならない。これは文章を読んで理解する力である。さらに、どのような流れで考えていけば（どのような操作をすれば）、答えにたどり着くかを考える必要がある。さらにそのやり方を実践する時に、式を使って考えたり、計算をしたりする必要も出てくる。文章の読解力、回答への見通し、式や計算の能力、いずれができなくても文章題は解けない。すなわち新たな学習内容の前提となる知識や技術が欠如している場合は、新たな学習を達成することが難しくなる。学校の授業、特に一斉授業の形態では、現在の学習内容に先行する知識や技術が身についているという前提で進められる。よって、十分な基礎を身につけていない子どもたちは、新しい学習内容も身につけることができず、ますます他の子どもたちとの差が広がっていくことになる。

④ **学習障害**（LD：Learning Disorder）

　学習障害（LD）とは、学習と関連するある特定の領域（読む、聞く、計算するなど）の能力が著しく劣っていて、それによって学習活動や学習成果が阻害される障害のことをいう。たとえば、書かれた文章ならば読んで理解することができるが、同じ内容を話して伝えると理解することが難しい子どもが当てはまる。文部科学省（当時は文部省）は、以下のように定義している。

　「学習障害とは、基本的には、全般的な知能の遅れはないが、聞く、話す、読む、書く、計算する、推論するなどの特定の能力の習得と使用に著しい困難を示す、様々な障害を示すものである。学習障害は、その背景として、中枢神経系に何らかの機能障害があると推定されているが、その障害に起因する学習上の特異的な困難は、主として学齢期に顕在化するが、学齢期を過ぎるまで明らかにならないこともある。学習障害は、視覚障害、聴覚障害、精神薄弱、情緒障害などの状態や家庭、学校、地域社会などの環境的な要因が直接の原因となるものではないが、そうした状態や要因とともに生じる可能性はある。また、行動の自己調整、対人関係における問題が学習障害にともなう形で現れること

もある」(文部省初等中等教育局特殊教育課, 1995)。

　学習障害は、知的能力や認知能力の一部分だけが著しく劣っているので、気づかれにくい場合がある。また、他にできることがたくさんあるので、劣っている部分もできるはずだと考えて、「頑張りなさい」、「しっかりしなさい」といった指導をしてしまうこともあるが、本人の努力だけでは改善は難しい。

⑤ 学習に集中できない子ども

　学習には集中力と持続力が求められる。しかし集中力や持続力は、心理的な要因（たとえば、仲のよい友だちとケンカをして悩んでいる）や身体的要因（カゼをひいて頭痛がする）、環境的要因（授業中、教室がザワザワしている）などにより、たやすく崩されてしまう。また、これらの集中できなさや落ち着きのなさが、中枢神経系の問題から派生している場合もある。先に述べた学習障害や注意欠陥他動性障害と呼ばれる状態像をもつ児童生徒は、行動の調整や統制に困難をもつ場合があり、ちょっとした刺激で集中力が途切れてしまうことがある。

⑥ 学習活動に否定的あるいは混乱した認知をもつ子ども

　勉強が嫌いな子ども、やる気のない子ども、勉強をする意義を見出せない子ども、自信のない子どもなどがこの分類に入る。学習についての能力的な問題よりも、「勉強はめんどうくさいだけ」「勉強する必要性を感じない」、「勉強しても将来の役に立たない」、「どうせ自分は勉強ができない」といった学校での勉強や自分の能力に対する否定的な意味づけや混乱した認知により、学習意欲がもてなかったり、学習を意識的に回避したりする場合がある。

　また、勉強をよい学校に入るための手段と考え、学習の結果（成績や点数）だけに関心のある子ども、同じ年齢の子どもたちと比較すれば平均以上の学力を有しているのに、進学校にいるために、その中ではいつも成績が下位で、自分の学力の低さに悩んでいる子どもなどもいる。このような学習に関連する認識に対して、何らかの支援が必要な可能性が示唆されている(三浦, 1996)。

B．学習不適応に影響を及ぼす要因

　学習不適応の子どもに対しては、学習活動を妨害している要因を取り除いた

り、通常とは異なる学習方法や教授方法による学習活動の援助をしたりすることが必要となる。では、学習不適応の状態を生じさせる「学習活動を妨げる要因」とはどのようなものだろうか。松原（1992）、三浦（1999）を参考に、主要な要因について概観する。

（１）個人的要因

① 能力的要因

この要因には、知的能力ばかりでなく、認知能力、判断力、理解力、計算能力なども含む。先に述べた学習遅滞児や学習障害児は、この要因による影響が大きいといえるだろう。

② 身体的要因

視覚障害や難聴などの身体的な問題があり、それらが適切に補償されていないと学習が阻害される可能性がある。病弱で学校を欠席しがちな場合なども同様である。身体の器用さや協応運動の能力なども身体的要因として考えられる。

③ 性格・情緒的要因

落ち着かなさ、集中力や持続性の欠如、学習に対する劣等感、無力感などが学習活動に大きな影響を及ぼす。性格のような永続的なものばかりでなく、友だちとのトラブルといった一時的な情緒的混乱なども学習活動に影響を及ぼすことがある。

④ 興味関心、動機づけ、学習活動に関する認知

子ども自身が、勉強することや学習内容に興味関心をもっている場合と、そうでない場合とでは結果は異なったものになる。また、学習の意味づけ（動機づけ）も、学習への取り組みや集中力に影響を与えるだろう。上に述べたような学習活動に関する否定的な認知（たとえば、勉強しても将来の役に立たない、勉強をやらされている）や混乱した認知（たとえば、成績がよいことが何より大切、自分は勉強してもできないだろう）をもつことも学習活動に大きな影響を及ぼす。

⑤ 学習知識の欠如、誤った学習方法

学習知識とは、学習内容についての基礎知識や勉強の仕方などの知識（たと

えば、辞書のひき方、ノートの取り方)である。これらの知識がないために、新しい学習内容が理解できなかったり、学習に時間がかかったりすることがある。

(2) 家庭要因
① 親の教育的態度
親が、子どもの学習や成績にまったく無関心では、子どもは勉強をする必要性を見出せなかったり、学習意欲を失ったりする。逆に、過大な関心や期待は、子どもに過剰なプレッシャーや失敗することに対する強い不安を与えたり、失敗した場合に強度の劣等感や無力感を与えたりする。

② 家庭の不安定
夫婦げんかや親子げんかが絶えなかったり、家族が互いに無関心で家庭が自分の居場所であるように感じられなかったりして、家庭内が不安定な状態にあると、子どもは落ち着いて学習に集中することが難しくなる。また家族の病気、別離、新しい家族の増加などによって家族関係が不安定になり、それが学習に影響を及ぼすこともある。

③ 経済的要因
家庭の経済的要因から、勉強する空間、勉強机などの設備が整っていなかったり、必要な学用品や参考書などが買えなかったりすると、思うように学習することが難しくなる場合がある。また仕事をしている両親のために家事を手伝い、十分な家庭学習の時間が確保できないといったこともある。近年は、父親の失業等により就学自体が難しい生徒も増えているようである。

(3) 学校環境要因
① 教育目標・方針
学校自体の教育目的や方針が、子どもの心身の発達やレディネスを考慮してバランスよく決められていることは重要である。たとえば、よい成績をとることだけが目標だとしたら、目標を達成できない子どもたちは、劣等感を強くし、ますます勉強への意欲を失ってしまうといったことも起こりうる。

② 学校環境

学校の施設、教室の大きさ、光彩、騒音などの物理的な環境ばかりでなく、学校全体の規模、1学級の生徒数、教員の数といった制度的な環境も、学習活動に影響を与える要因と考えられる。

③ 教育方法

教材の提示の仕方、発問、板書、フィードバックなど、教師の直接的な働きかけ全体が児童生徒の学習活動に影響を及ぼす。また一斉指導、個別指導、グループ学習などの学習形態の工夫なども教育方法に含まれる。

④ 学校への適応（学校生活、教師・友人との関係）

学校への適応状況も学習を促進したり、阻害したりする大きな要因となる。不登校傾向にある子どもは、学習意欲を失っていることが多い。また、教師や友だちとの関係がうまくいっていなかったり、クラス全体の雰囲気がよくなかったりすると、子どもが安心して学習に取り組むことは難しいだろう。

これまで学習活動を阻害するさまざまな要因について概観してきたが、これらの要因は単一で存在することは少なく、いくつかの要因が重なり合っていたり、因果関係をもっていたりする。子どもの学習に対する動機づけが乏しいのは、それまでの学習が十分に身についていないため、「どうせわからない」と思ってしまっているためかもしれない。学習不適応に影響を及ぼす要因を考える際には、多面的に考察する必要がある。

第2節　学習不適応児の指導の実際

この節では学習不適応状態の子どもへの関わりの実践を紹介する。

A．授業中、ボーッとしている子どもへの支援

清水（1999）は、形式的には授業に参加しているが内容がともなっておらず、いわゆる「おきゃくさま」状態にあった児童に、積極的に学習参加を促し、意味を理解しながら学習することを目指した関わりを紹介している。

① 対象となる児童

　小学4年生のF子はおとなしく、友だちと遊ぶ姿もあまり見られない子どもである。知的能力に比べ、学力が劣り、当該学年の学習内容にはほとんどついていけない状態であった。1年生程度の漢字の読み書きはできるが、文章表現は単文の列記のレベル。九九は半分ぐらい唱えられる。教師の指示には素直に反応し、ひとつひとつ指示すれば時間はかかるが取り組むことができる。F子は両親、兄、姉の5人家族。両親はF子の勉強に対してあきらめ気味である。

② 生活面での支援

【方針1】始業前に担任と一緒に係活動（花壇係）を行う。

　遅れがちだったF子は、担任が待っているため早く登校するようになった。担任の声かけに次第に笑ったり、返事をしたりするようになり、教室でも担任の言葉かけを待っているような様子も見られた。

　だんだんと自分からも昨日の出来事や家庭のことを話すようになり、担任と過ごす時間をF子が楽しみにしていることが見てとれた。

【方針2】多くの教師と関わりをもたせ、人間関係に自信をつけさせる。

　事務室や職員室へお使いにいってもらった。他の教員や養護教諭らと連携をとり、F子が来た時には丁寧に話を聞き、ちょっとしたことを見つけてほめてもらうよう依頼した。はじめのうちは、伝言メモを渡すだけのことも多かったが、慣れるに従って、お使い先の先生とのやり取りが笑顔でできるようになった。1学期の終わりには、友だちと言葉をかわすようになり、休み時間には一緒に遊ぶようになる。2学期にはお使いの時に伝言メモが必要なくなった。

③ 学習面での支援

【方針1】個別の小テストを繰り返し、意欲の習慣化を図る。

　F子の学力に合わせた国語と算数の小テストを毎日作成し、宿題として持ち帰らせた。母親の協力を得て、毎日欠かさず自力で取り組むよう支援してもらった。翌日、同じプリントをやらせ、8割正解で合格とした。この小テストにより、4年生の終わりには、2年生の漢字と九九を修得することができた。

【方針2】朗読の際には、必ず皆の前で読むことに挑戦させ、自信をもたせた。

教科書の読めない漢字のすべてに、母親にふりがなをつけてもらい、声を出して読むことを家庭での課題とした。授業中の朗読の時には必ず指名して皆の前で読ませた。Ｆ子にとっては、大変な負担だったが、担任や友だちに支えられ、徐々に読めるようになっていった。

【方針3】学習道具の準備、板書のノートへの視写を通して、学習活動への参加意識をもたせる。

　学習道具が毎日の日課に合わせて準備されているかどうか、担任と確かめながら引き出しを整理するようにした。家庭でも、学習用具をそろえたか声をかけてもらい、Ｆ子の意識化を促してもらった。しばらくすると、自分で引き出しを整理し、「先生、できた」といってくるようになった。いってこない時は、何かを忘れた時だったが、注意せず確認にとどめた。

　また、やるべき課題をはっきりさせることで学習活動への参加意欲を高めようと、板書を視写させることにした。国語と算数の2教科に限って、またすべての板書を視写するのは無理なので、Ｆ子用にマークを決め、そのマークのついたところを視写させた。それまでは授業に関連ある内容がほとんど書かれていなかったＦ子のノートに、板書の内容が少しずつ増えていった。

　④　1年間の変容とその後

　担任がＦ子の実態に応じて根気よく支援した結果、それまでは受け身で自分から活動する姿がほとんど見られなかったＦ子が、生活、学習の両面において、部分的で形式的ではあるが、活動の場を見つけられるようになっていった。

　学習活動への参加の場と内容が、今後も増え続けていくかという点では、Ｆ子の諸能力から考えて難しいかもしれない。しかし、子どもらしい笑顔が増え、友だちとの交流も見られるようになったことは、Ｆ子の学校生活への適応が高められた現れと考えられる。

Ｂ．心理的問題が学習活動を阻害していた子どもへの支援

　この事例は筆者が教育相談機関に勤務していた時に関わった事例である。別の場所でも紹介しているが（笠井，1999）、ここで概略を紹介する。

① 対象となる児童

小学校4年生のB男は、両親と祖父母、2人の姉の7人家族である。この家族に初めての男の子であり、両親、祖父母ともに生まれた時には大喜びだった。姉たちも弟をかわいがった。

幼稚園の頃から、他の子どもに比べて、できないこと、劣っていることが目につき始め、小学校に入学してからは学習面でもついていくことが難しかった。計算問題や漢字練習はやるが、間違いも多い。考える問題などはほとんどできない。母親が教えても、飲み込みが悪く、なかなか理解できない。最後には涙ぐんでしまい、母親もあきらめてしまう。

他にも、友だちができない、いじめられるという心配事もあった。

② 相談室での関わり

＜B男の様子…初回面接から＞

B男とは、おもちゃがたくさんおいてある部屋（プレイルーム）で会った。おもちゃを眺めていたが、おもちゃでは遊ばず、自分がもってきた本（テレビのキャラクターがたくさん載っている、幼稚園から小学校低学年向きの雑誌）を読み始めた。B男は当時テレビで放送していた合体ロボットがお気に入りのようだった。ごろんと寝転んで、まるで番組の主人公のようにロボットに命令したり、闘いの効果音を真似したりしている。筆者は、幼稚園児か小学校低学年の子どもと一緒にいるように感じた。

もうひとつ気になったことは、何かを尋ねた時に「わかんない」という答えが多いことだった。家庭や学校のこと、好きなテレビや遊びなど、B男の答えやすそうな話題を探して質問しても、即座に「わかんない」という返事が返ってきた。考えて「わかんない」ではなく、聞かれると反射的に「わかんない」と答えているような印象であった。

＜B男の理解と関わりの方針＞

「勉強ができない」ということが問題となる場合、相談機関では、勉強させたり、勉強の仕方を教えたりするよりも、なぜ勉強ができないのか、どのような援助をすれば自分で勉強ができるようになるかを検討し、家庭や学校と協力

してそれらを実践することが多い。

　筆者はむしろ、Ｂ男の幼い子どものような印象が気にかかった。このような幼さが日常生活にもあるならば、勉強だけでなく小学校4年生の学校生活全般についていくのが厳しいのではないかと思われた。そのことは、友だちができない、いじめられるという問題とも関連していると推測された。

　Ｂ男の幼さはどこから来るのだろう、尋ねたことに即座に「わかんない」と答えるのはどうしてだろう、などの点を心に留めながら、しばらくはＢ男に質問したり、無理に話させたりすることをせず、Ｂ男に主導権を預け、彼の遊びについていくことにした。

＜遊びの経過…プレイセラピーにおける関わり＞

　Ｂ男は継続して相談室に来るようになった。少しずつ、まわりのおもちゃにも触れるようになったが、ちょっとやってみて、遊び方がわからなかったり、うまくできなかったりするとすぐにやめてしまう。Ｂ男はあまり器用ではないので、ゲームはほとんど続かない。ちょっとおもちゃに触れて、またテレビ番組の雑誌を見るという時間の使い方が続いた。

　しばらくしてＢ男はおもちゃの棚から自分の好きな合体ロボットと同じようなロボットを見つけ出し、ロボット同士を闘わせ始めた。Ｂ男の空想の世界が、おもちゃを使って表現されているようである。筆者も敵のロボットを動かすようにいわれ、闘いに加わった。

　ロボット同士の闘いの遊びから、いくつか興味深いことに気がついた。ひとつは、筆者（＝敵のロボット）がＢ男の指示通りに動いている時は、余裕をもって闘って（遊んで）いるのだが、筆者がＢ男の予想しない動きをした時には、まったく余裕がなくなり、ムキになって攻撃してきたり、時にはやる気をなくして闘い遊びをやめてしまうということである。Ｂ男にとって、自分の予想外のことや自分の統制が及ばない事柄に直面することは、非常に混乱させられ、どのように対応してよいかわからなくなるようだ。

　2つには、いつも闘いの終わりがはっきりしないことである。闘っている場面を客観的に見ると、おそらく筆者がコテンパンにやっつけられているのだが、

いつもはっきりした決着はつかない。とどめをさしてくれないというか、決着をつけることを避けているようにも思えた。かといって、弱い者をいたぶって決着をつけないような感じでもない。一緒に遊んでいる筆者は、負けとして脱力したり、悔しがったりしていいのか、「まだまだこれから！」と次の闘いへと闘志を燃やすべきなのか、よくわからず困惑してしまった。

　そんなある日、闘いの最中に、筆者がＢ男の予想外の動きをしたためか、Ｂ男がムキになって筆者のロボットをバラバラにしてしまった。完全に勝負あったという状況である。多くの子どもたちは、敵を倒して、満足したような得意げな表情をするのだが、この時のＢ男は表情がなく、ちょっと青ざめているようにも見えた。

　その後、ロボットの闘いはしなくなり、部屋にあるおもちゃやゲームで遊ぶことが中心となった。この頃はゲームに失敗しても、何度も繰り返し挑戦するようになった。また筆者と対戦する形のゲームもするようになった。ロボットの闘いでは勝ち負けをはっきりとつけなかったＢ男が、勝敗のはっきりするゲームに対してどのような反応をするのか気になったが、勝った時は嬉しそうに自分の作戦を説明したり、負けると悔しがって、もう１回やろうと誘ってきたりして、とても自然にふるまっていた。すっかり４年生の男の子という感じである。

　また以前のように、質問をすると即座に「わかんない」と答えることは少なくなり、訊かれたことを考えて答えたり、自分から学校や家であったことを話してくれるようになった。

　しばらくゲーム遊びが続いた後、スポンジでできたバットで遊ぶようになった。はじめはバットでボールを打ったり、サンドバッグを叩いたりしていたが、ある時、Ｂ男が筆者の隙をついて背中を叩いてきた。筆者はびっくりして逃げたのだが、それが面白かったのか、Ｂ男は隙を見つけては攻撃してくるようになった。筆者は逃げたり防御したり、時には反撃したりもした。勝ち負けがあるわけではなく、ただお互いに、叩いたり、よけたり、逃げたりするのが楽しそうだった。筆者自身もそのような勝ち負けにこだわらない、じゃれあうよ

うな関係を心地よく感じていた。

③ B男についての理解

　B男の場合、勉強ができない、いじめられるという状態の背景に、「自信のなさ」があったように思われる。それはB男の育った環境と深く関係しているようだ。B男が生まれた時、一番下の姉がすでに小学生であった。B男はとてもかわいがられていたのだが、まだ「赤ちゃんだから」と、ついついまわりが手を出してしまうことが多かったようである。それが幼稚園に入って他の子どもと比較されると、急に「できない子」になってしまった。B男にしてみれば、それまで何でもしてもらえていたのに、急に他の子と同じようにしなさいといわれても無理なのだが、家族の評価は「できない子」になり、B男自身も自信を失ってしまったのではないだろうか。筆者の質問に対して、即座に「わかんない」と答えることや、勉強に取り組む姿勢の欠如、遊びの中で自分の思い通りでなくなると混乱してしまうことも、B男の自信のなさからくるものと考えられる。

　B男の遊びは、ロボットの闘い→ゲーム→バットでの叩き合いと変化していった。これは自分の力強さを空想の中での表現から、現実の世界で表現し、確認する過程と考えられる。ロボットの闘いでの、あえて結果を出さないようなふるまいは、自分自身の力強さを確認したいという気持ちと、それを表現してしまうことの怖さが入り交じった結果だったのではないだろうか。B男は筆者との遊びを通して、少しずつ自信をつけていったようだ。

　この頃には、遊び（筆者との関係）ばかりでなく、現実生活でも変化が見られるようになった。母親の話によると、学校で友だちとの関係がうまくいくようになり、遊ぶ約束をして帰ってきたり、電話で遊びに誘われたりするようになった。勉強でも少しずつではあるが変化が現れた。計算や漢字ばかりでなく、自分で考える問題などにも少しずつ挑戦し始めたようである。また、授業中に手をあげて発言するなど、学習態度も積極的になってきたそうだ。

　この事例は、B男の「自信のなさ」が、学習だけでなく、生活全般にマイナスの影響を及ぼしており、それが改善することによって、学習への取り組みに

も変化が現れたといえる。

C. まとめ

　当たりまえのことなのだが、勉強をするためには多大なエネルギーを必要とする。計算問題や英単語の暗記などは、同じようなことを何度も繰り返すのでめんどうくさいし、わからない問題を考えなくてはいけないのは苦痛でもある。また自分の物覚えの悪さに自己嫌悪に陥ったり、他の人の成績と比べてがっかりしたりもする。

　しかし、多くの子どもにとって「わかる」ことは楽しいことだし、自分自身に対する効力感や有能感にもつながっていく。知識や技術を獲得することで、自分の世界が広がっていく感じや、皆と一緒に学習する楽しみを得ることもできる。さらに勉強を介して他者からの評価を得ることもできる。

　子どもたちにとっては、勉強ができるできないということ以上に、「わかる」ことの喜びを経験したり、自分に対する自信をもてたりすることが重要なのではないだろうか。このような学習に対する満足感や充実感も、学習不適応を考える際のひとつの視点になると思われる。

引用文献
笠井孝久　1999　教育相談員から見た学習不適応，三浦香苗（編）『勉強嫌いの理解と教育』新曜社.
松原達哉　1992　学習不振児，氏原寛・小川捷之・東山紘久・村瀬孝雄・山中康裕（共編）『心理臨床大事典』培風館.
三浦香苗　1996　『勉強ができない子』岩波書店.
三浦香苗　1999　なぜ学習不適応がおこるか，三浦香苗（編）『勉強嫌いの理解と教育』新曜社.
文部省初等中等教育局特殊教育課　1995　学習障害およびこれに類似する学習上の困難を有する児童生徒の指導方法に関する調査研究協力者会議『学習障害児等に対する指導について（中間報告）』文部省.
清水敬　1999　学習不適応児への学校の対応，三浦香苗（編）『勉強嫌いの理解と教育』新曜社.

第12章 発達障害にまつわる理論と指導の実際

　ある生徒指導部会の研修で、50代半ばの力量のある教師から、次のような発言があった。「小学校の担任をしている時、とにかくいうことをきかない子がいた。悩みながらも厳しく叱るとどうにかその場はおさまるので、そのような指導を続けていた。ところがある時、その子は警察の世話になるような大きな事件を起こしてしまった。今思えば、その子は高機能自閉症と呼ばれるタイプの子どもだった。その子をそこまで追い込んでしまったかと悲しかったし、大変反省もした。あの時、高機能自閉症のことを知っていれば、もっと別の指導の仕方があったと思う。」近年、通常学級に在籍する発達が気になる子（本章では、発達障害児と呼ぶ）の理解や支援が注目されている。

　本章では、発達障害の子どもの生徒指導と関わって、知っておくべき基本的事柄、注意すべきことについて特別支援教育（障害児教育）の立場から述べていく。

第1節　発達障害にまつわる理論と実態

　通常学級に在籍することの多い発達障害児に対して、教師はどのような態度で接したらよいのか？　そのような障害を疑うことは、子どもを色眼鏡で見ることにならないのか？　これらはよく耳にする疑問であり、発達障害の基本的な捉え方と密接に関わる問題でもある。本節では、特別支援教育の動向との関連で述べていく。

A．発達障害児に関連する学校教育の動向

　発達障害は、視覚障害や聴覚障害といった刺激の受け入れに関する感覚障害

や実際の行動として動きを作る運動障害（いずれも、末梢）を含まず、脳機能（中枢）に何らかの障害がある（あるいはそれが推測される）発達期に比較的明瞭に現れる障害の総称である。たとえば、てんかん、知的障害、脳性まひ、などがあげられる。従来、これらの子どもを含む障害児に対しては、障害の「種類」と「程度」に応じて、通常の学級・学校とは別の「場所」でより専門的な教育が整備されてきた。具体的には、盲聾養護学校や特殊学級での教育である（近年、「通級指導教室」が整備され、一部の子どもは、通常学級に籍をおきながら一定の時間、特別な教育を受けられる。たとえば「ことばの教室」）。

これが、従来の「特殊教育」の枠組みであった。ここでは、通常の教育と障害児教育とが分離されており、通常学級の教師がこれらの子どもの指導に直接関わることは、ほとんどなかった。

ところが、近年、上記の発達障害のように明確ではないけれども、軽度に発達障害がある一連の子どもたちへの支援が注目されている。文科省は平成15年

トピック：LD児の社会性指導

LDそのものの一次的障害は、主として学習上の困難だが、二次的に見られる困難として仲間関係などの社会性の問題がよく取り上げられる。そして、ソーシャルスキル・トレーニング（SST）と呼んで、人との関わり方が指導される。学校生活では、社会性面での不適応や友達関係でのトラブルなどは、緊急に対処する必要のある問題である。

LDはADHDをあわせもつ場合がある。その場合、ADHD特有の社会性面での困難が見られる子どもはいる。しかし、それを除けば、学習面の劣りに由来するクラスメイトからのいじめや自信喪失などによって、二次的に生じている困難がほとんどである。二次的に生じる困難は、一次的障害とは別の問題として予防することができる。また、社会性の問題というと、あたかもそのLD児自身の問題であるかのように思われがちである。しかし、あくまで相手との社会的関係の中で生じる問題であり、この点ではクラスメイトの問題でもある。LD児の社会性の指導は、クラス全体の学級経営の問題として取り組むことも大切である。通常学級では、LD児は、自己効力感を得ることが難しく、自己評価を低下させがちである。このことが対等な仲間関係を作ることを難しくする要因となることが多く、社会性面について手立てを講じることは必要不可欠である。

3月に「今後の特別支援教育の在り方について」を、平成16年1月に「小・中学校における学習障害（LD）、注意欠陥多動性障害（ADHD）、高機能自閉症の児童生徒への教育支援体制の整備のためのガイドライン（試案）」を公表した。各学校では、「特別支援教育コーディネーター」を指名し、「校内委員会」を設けて「個別の教育支援計画」を作成し、外部の専門機関との連携のもと学校全体で組織的に責任のある支援を行う「校内体制作り」が求められている。

　このような動きの中、これまで、教育相談や生徒指導で対応してきた、いじめ、不登校、非行などに加えて、発達障害児への支援も求められるようになった。もっとも、発達障害児はこれまでも通常学校に在籍しており、学校生活で上記を含むさまざまな問題や不適応が生じるため、従来から教育相談や生徒指導で対応されてきた経緯がある。この意味では、従来の指導に発達障害という視点を取り入れて問題を整理し、支援を講じていくことが求められているといえる。

B．発達障害の捉え方 ── ①発達の連続性の中で捉える

　「障害のある子」という表現に代表されるように、障害をあたかも「有無（正常と異常）」で二分できるように捉えがちだが、これは実際にそぐわない。知識や経験の有無にかかわらず、障害として捉えてよいのか判断に迷うケースは必ずある。そこで、知的障害を例にしながら、発達の連続性の中で障害を捉える見方について述べる。

　知的障害の2分類のひとつに、生理型と病理型がある（小池・北島, 2001）。知的障害の診断基準のひとつに知能指数（IQ）がある。IQは統計学的に100を中心とした正規分布をなす。正常な父親と母親のもとで生まれる子どもに、何も異常が起こらなくても生じるIQの自然な確率分布である。ここでIQ70以下の低い値のものを知的障害（精神遅滞）と呼ぶ。生理とは健康を意味し、生理型は病理がなくても自然な個体差として生じる知的な遅れをさす。医学的な検査によっても病理は見当たらず、軽い遅れを示す場合が多い。他方、病理型は、医学的な病理（たとえば、染色体異常、脳萎縮）があり、重度の遅れを示すことが

多い。IQはこれらの2つの型が重なった分布をなすため、下側が上積みされた形となり、知的障害の生起率は正規分布から推測される統計学的な理論値よりもやや高い約3％といわれる。病理型は別として、生理型を見れば連続分布であることは明らかであり、知的障害の有無を便宜上の基準で決めていることがわかる。

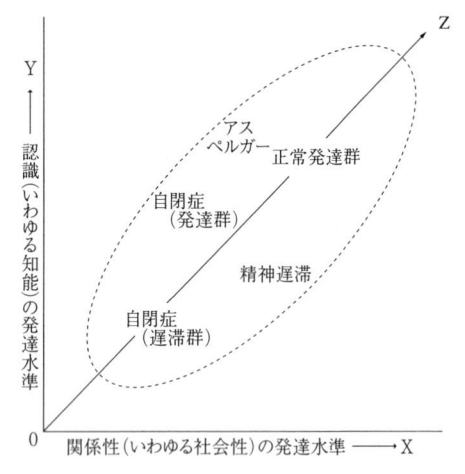

図12－1　精神発達の連続性における発達障害（滝川，2002より）

当然、境界線児（グレーゾーン）と呼ばれる子どももいる。

　以上、知的障害を例に障害の連続性を見てきたが、これは自閉症を代表とする発達障害にも当てはまるとする考え方がある。近年、自閉症を代表とする障害を、自閉症スペクトラムと呼ぶことがある。スペクトラムとは連続体を意味し、ここでは軽度から重度まで、症状は異なるが共通の特徴をもつ連続性が強調される。この点を含めて、滝川（2002）は発達障害の捉え方のモデルを提案している（図12－1）。自閉症は、幅広く発達に歪みがあるといわれ、知的障害の量的な遅れに対して「質的な差異」が強調される。そして、障害の生物学的原因（病理）に関心が向きがちであった。滝川は、正常発達も知的障害も自閉症も、2軸で表される同一の精神発達の中で起こる出来事と述べる。モデル図では、認識（知能）の発達（図中Y軸）と関係性（社会性）の発達（図中X軸）の2軸の合成ベクトル（図中Z軸）で精神発達を捉えている。そして、主として認識の発達が遅れるのが精神遅滞であり、関係の発達が遅れるのが自閉症と考えられている。高機能自閉症などの発達障害が注目される現在、意義深いモデルである。この図にLDやADHDは示されていないが、正常発達と精神遅滞や自閉症の区分の間に位置づくと考えることができる。

発達障害という呼び名からは、脳機能の異常が想起され、異質性が強調される。しかし、発達障害は何か特別なことではなく、むしろ発達の連続性の中で自然な個体差の必然として生じていることに目を向ける必要がある。このような捉え方を基礎とすることで、社会的選別としてではない特別な教育的支援を受けるために必要なラベルとして発達障害が認知されていくと考えられる。

C．発達障害の捉え方 ── ②多様な困難をもち合わせる

　特別支援教育の動向の中で特に注目される発達障害は、LD、ADHD、高機能自閉症（アスペルガー症候群を含む）の3タイプである。しかし、教師であれば、通常学級に在籍する発達が気になる子は、これらの典型的な一タイプばかりではないことに気づくだろう。

　過去、損傷は認められないが機能（働き）の不全が推測される障害の総称として、微細脳機能障害（MBD）という名称が用いられた。その後、この障害は、主として3つの方面で研究が進められた。まず、学習面での障害であり、LDと呼ばれた。次に、行動面での障害であり、ADHDと呼ばれた。最後に、手先の不器用さや身のこなしのぎこちなさに表れる運動面の障害であり、発達性協調運動障害と呼ばれた。それぞれが単独の障害だが、もともとは同じMBDと呼ばれる集団の研究からスタートしていることからも推測できるように、これらの3つの障害を微妙に併せもつ子どもが多い。優先診断が定められている自閉症であっても、状態像としては、やはり、いくつかの困難を併せもつ場合が多い。

　さらに、実際の教室には、少なくない数の軽度知的障害の子どもが診断を受けずに在籍している。上述のように、知的障害児の出現率は約3％といわれる。従来の特殊教育の対象児童生徒数は、すべての障害種を合わせても約2％である。この数値から、軽度知的障害児の多くが、通常学級に在籍していることがわかる。なお、知的障害は、法律用語の「発達障害」には含まれない。

　このように、通常学級には多種多様な障害を併せもつ子どもたちがいる。障害タイプに典型的な行動特徴や心理諸検査の教科書的な知識から、障害を判断

> **トピック：アスペルガー症候群**
>
> 　アスペルガー症候群は、知能が比較的高いため、高機能自閉症との関連で話題にされることが多い診断名である。アスペルガー症候群は、オーストリアの小児科医アスペルガーによって、1944年に報告された。アスペルガーの報告した子どもたちは、カナーが報告した「自閉症」の子どもと多くの点で似ていたが、言語によるコミュニケーション能力や知的能力が高いことが特徴的であった。現在、DSM－Ⅳ、では広汎性発達障害のひとつとされている。
>
> 　アスペルガー症候群は、幼児期には言葉の遅れが見られないために、乳幼児健診などでは見逃されることが多いといわれる。中には、青年期になって初めて診断される人もいる。このような人は、青年期になって生活での不適応が目立ち始め、家庭での対応が難しくなって受診する場合が多い。
>
> 　知能が正常範囲にある自閉症は高機能自閉症と呼ばれるが、アスペルガー症候群は高機能自閉症との区別が難しいといわれ、その違いについては今も専門家の間で論争がある。障害名は、それに適した支援やサービスが受けられるから有用なわけである。アスペルガー症候群については、自閉症の診断名の意味する範囲が広いか狭いかで、その有用性は変わってくる。自閉症の範囲が狭くなると、アスペルガー症候群の有用性は高まる。時折、「この子は高機能自閉症か？　それとも、アスペルガー症候群か？」が話題になる。子どもに見られる困難やそれへの支援の内容が異ならなければ、教育上は実際的には大きな問題ではない場合も少なくない。

することはそもそもできることではないし、してはならない。

D．特別な教育的ニーズをもつ子どもたちへの支援

　発達障害は、正常との連続性の中で生じ、多様な状態像を示すことを述べた。専門家でも、障害の判断が難しい面があり、また、グレーゾーンの子どももいる。実際の教育現場では、すでに専門機関で診断された子どもは別として、問題の整理から始める場合には、発達障害を疑うこと自体をよくないこととして受け取られる風潮がある。これは、発達障害児への支援に限定して、初めからより特化した支援を行おうと考えるためといえる。

　ガイドライン（試案）に示されているように、学校で最初に行うのは、子ど

もの特別な教育的ニーズ (SEN: Special Educational Needs)、つまり、どこで何に困っているかを把握することであって、障害の診断・分類ではない (眞城, 2003)。支援の手順は、大きく次の2つに分けられよう (清水, 2003)。①障害の有無にかかわらず、特別な教育的ニーズのある子どもすべてに対応を始める (初期的対応)。②問題の整理の経過で発達障害が疑われる場合には、必要に応じて外部の専門機関と連携をとりながら、障害特性に応じた手立てを講じ支援を進める (第2段階の対応)。

以上のように、障害の有無にかかわらず特別な教育的ニーズをもつ子どもに支援するのが本来の特別支援教育の考え方 (これを、特別ニーズ教育と呼ぶ場合もある) である。その中で、発達障害児に対しては、障害理解に基づく、より個に応じた支援が求められている。

第2節　発達障害の指導の実際

本節では、発達障害として取り上げられることの多い代表的な3つの障害タイプについて、定義や行動特徴と指導の実際を述べる。

A．学習障害（LD）

（1）定　義

学習障害 (LD: Learning Disabilities) は、教育上の用語である。文部省 (現文部科学省) は、1999年にLDを次のように定義した (山口, 2000)。「基本的には全般的な知的発達に遅れはないが、聞く、話す、読む、書く、計算するまたは推論する能力のうち特定のものの習得と使用に著しい困難を示す様々な状態を指すものである。学習障害は、その原因として、中枢神経系に何らかの機能障害があると推定されるが、視覚障害、知的障害、情緒障害などの障害や、環境的な要因が直接の原因となるものではない」。この定義から、LDは中枢神経系の障害を原因とする、学力やコミュニケーションの困難をさすといえる。この他に、発達性協調運動障害などを含めて広義にLDと呼ぶ場合もある。

なお、医学的な診断名には、アメリカ精神医学会の診断基準であるDSM－Ⅳに「学習障害（Learning Disorders）」が、WHO（世界保健機関）の疾病分類ICD－10に「学力（学習能力）の特異的発達障害（Specific Developmental Disorders of Scholastic Skills）」がある。これらは、いずれも教育上のLDよりも狭い範囲の、特に読み、書き、計算の学力の困難をさす。

判断の基準は、国語か算数（数学）の学力でめだった遅れがひとつ以上あることである。たいていは、2学年以上の遅れをいうが、小学校2、3年生では1学年以上の遅れ、小学校1年生では判断は慎重であるべきだといわれる。読み書き計算の学習の基礎的スキルや会話の基本的なコミュニケーションに困難があり、それが環境の影響とは考えにくい場合には、LDを考えてみる必要がある。

（2）指導の実際

LDは知的には大きな遅れはないが、認知に偏り（アンバランス）があるために、学習に関わる能力やスキルが順調に習得できない状態と考えられる。認知の偏りは個人内差と呼ばれ、心理検査によって把握でき、効果的な支援の手立てを考えることができる。たとえば、WISC－Ⅲという知能検査では、言語性LDと非言語性LDを区別できる。K－ABCという神経心理学的検査では、情報処理の仕方を同時処理（一度に複数の刺激を関係づける）と継次処理（刺激をひとつずつ順番に処理する）とに分け、どちらが得意な処理の仕方かがわかる。これらの検査結果から、言葉による言語的な指示を、順をおって丁寧にすることが効果的な手立てとなる子どもがいることがわかる。また、絵カードや図など視覚的な教材を手がかりとして、全体をふまえた教え方が効果的な子どももいる。

たとえば、LDのサブタイプのひとつに「書き障害」がある。聞く・話すの聴覚系の力は良好だが、視覚系の問題が推測される。ただし、視覚系と一言でいっても、「見てわかる」視知覚面に弱さがあるのか、「見てわかる」けれども書く時に上手く書けない知覚－運動面に弱さがあるのかを、丁寧に見る必要がある。いずれか一方に弱さがあっても、両者に弱さがあっても、書き障害とし

て表れるわけだが、手立ては異なる。このためLDのタイプに応じたひらがな・漢字指導プログラムの教材開発ソフトが提供されている（小池ら，2003）。

　このようにLDのサブタイプのひとつを見ても、問題のありかは異なり、支援の手立てにも相違が出る。同じような困難が見られても、子ども側にある問題は認知の偏りであり、どこにどの程度の弱さと強さがあるのかは一人ひとり異なることには注意を要する。

B．注意欠陥多動性障害（ADHD）

（1）定義と行動特徴

　ADHDは、医学的な診断用語である。DSM－Ⅳでは、注意欠陥多動性障害（ADHD：Attention-Deficit Hyperactivity Disorder）と呼ばれる。ADHDは、①不注意と②多動性と衝動性が、7歳以前に2つ以上の場面（たとえば、家庭と学校）で6ヶ月以上にわたり認められるものをさす。サブタイプとしては、不注意優勢型、多動性－衝動性優勢型、混合型がある。

　「多動性－衝動性優勢型」と「混合型」のADHD児の問題の根本には、衝動性がある。つまり、行動を抑制できないことである。人は、通常、行動する前に一瞬の「間」があり、その間があるから「考えて」行動できる。行動の抑制が弱いと、この「考えて」の部分がなくなってしまい、すぐに行動にうつしてしまう。その結果、順番を待てない、つい手が出てしまう、質問が終わらないうちに答えてしまうなどの衝動的な行動や、手足をそわそわと動かす、じっとしていられず席を離れてしまうなどの多動が表れる。

　これに対して、「不注意優勢型」のADHD児の問題の根本には、選択的注意や注意集中の弱さがある。人は何かをする時、周囲の多くの刺激の中から、その時に必要な刺激を選んでそれに注意を集中し、無関係な刺激には注意をそらさないでいる。「不注意優勢型」の子どもは、この力が弱いために、衝動的ではないのだが、いつもぼんやりしていて、周囲で起きていることに気づきにくいという特徴がある。その結果は、話をよく聞いていない、物をなくしてしまう、忘れ物が多いなどの行動に表れる。

以上のようにタイプが違うと行動特徴も異なるが、同じように表れる行動もある。注意を長い間集中していられない、教師の話を聞けない、指示に従えないなど行動抑制が弱くても不注意であっても、出現する行動である。
　さらに、ADHD児に共通する特徴として、「わかっているのにできない」ことがあげられる。つまり、あることをするために必要な知識はあるのだが、目標を立ててそれに向けて自分の行動を制御していく自己制御の力が十分に育っていないのである。この自己制御の力の主要な部分は、「コトを進める力（実行機能）」と呼ばれる。「コトを進める力」は、間をとって考える経験を積み重ねる中で次第に育っていくものである。ADHD児は、行動抑制の弱さから間をとって行動する経験が不足し、その結果、「コトを進める力」や「自己制御力」全般が十分に育っていないと考えられる（近藤，2002）。

（2）指導の実際

　行動抑制の弱さに対しては、衝動的に動こうとする際に間をとることが原則である。立ち上がろうとした時に、肩をポンと叩くだけで離席がおさまることもある。不注意に対しては、適宜声をかけるなどによって注意を向け続けるよう励ますことが大切である。忘れないようにスケジュール表や絵カードなどを使う、常に決まった場所においておくなども手立てになる。
　ADHD児は、述べてきた行動特徴のため、学校の集団生活では不適切な行動が目立つ。そして教師は、叱る、罰を与えるなどの否定的な対応をすることが増える。このような対応は、逆効果になり、大声でさわぐ、人や物に当たるなどの行動にエスカレートしていく。井上（1999）はこの悪循環を図示した上で、表面的な不適切な行動に対処するのではなく、行動の現れの意味や背景にある問題に対して対応する心がけが基本であると述べた。そして、不適切な行動の意味として、次の4つがあると指摘した（図12-2中陰影部）。①注目してほしい、関わってほしいという要求。②ある物がほしい、あることをしたいという要求。③嫌なことから逃れようとする。④不安から身を守る。これらに対して、適切に表現する場や方法を伝え、単に禁止するのではなく、選択肢を子ども自

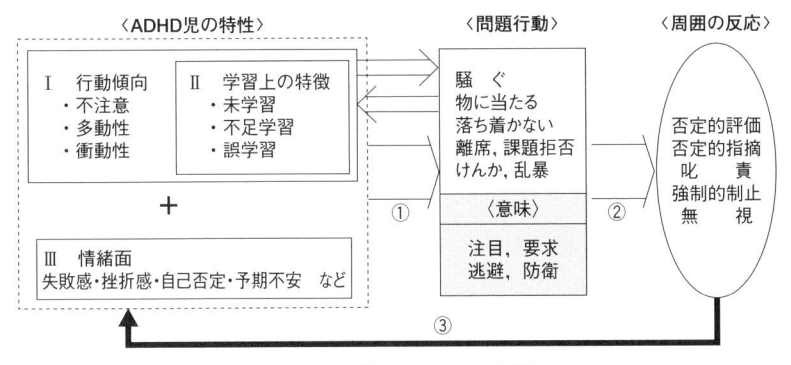

図12－2　ADHD児における「問題」行動の悪循環（井上，1999より）

身に選ばせて対処させるなどの対応がある。

C．高機能自閉症(HFA)、もしくは、高機能広汎性発達障害(HFPDD)

（1）定義と行動特徴

自閉症は医学的な診断用語で、次の3つの行動特徴が3歳くらいまでに見られると自閉症といわれる。①社会性の障害、②言葉の発達の遅れ、③興味や関心が狭く特定のものにこだわる。これら3つの行動特徴をもち、知的発達に遅れのないものを高機能自閉症と呼ぶ。

高機能自閉症児（以下、高機能児）は、基本的には、先に述べた自閉症の3つの行動特徴をもつが、高機能ゆえにその表れ方は典型的な自閉症児とは異なる（内山ら，2002）。

「①社会性の障害」は、他者とのコミュニケーションがスムーズにいかない状態をさす。相手と会話でコミュニケーションする時には、言葉が情報を伝える主な手段になる。言葉の理解や表出には、知的能力が大きく関わるが、高機能児はこの面に大きな困難があるわけではない。しかし、コミュニケーションでは、その他に、視線や表情、姿勢、身振りや手振り、相槌など、非言語的な要素も重要な役割を果たしている。高機能児は、このような非言語的な要素の理解や表現に困難がある。そして、このような困難は相手に「違和感」として感じられる。社会性の面から高機能児を見た時に、孤立型、受け身型、積極・

第12章　発達障害にまつわる理論と指導の実際　　171

奇異型の3つのサブタイプがあるといわれる。孤立型は相手に合わせられずマイペースな行動を特徴とし、相手との接触を避けているかのように見える。受け身型は、周囲に従順で、嫌といえない行動が特徴といわれる。積極・奇異型は、孤立型とは反対に非常に積極的に他者と関わろうとするが、そのやり方が通常とは異なる妙な行動になってしまうことが特徴である。これらのタイプは発達や年齢に応じて変わる場合があり、概して、孤立型から受け身型へ、そして積極・奇異型へと発達的に変化することが指摘されている。

「②言葉の発達の遅れ」は、高機能児の場合には、言葉の使い方（理解や表現の仕方）の問題となって表れる。理解の仕方の特徴は、字義通りに解釈してしまうことである。冗談が通じず、含みのある言葉の裏にある相手の意図や伝えたい内容がわからず、表面的にそのまま受け止めてしまう。表現の仕方の特徴は、場面によって使い分けることができず、誰にでも同じ調子で話してしまう（たとえば、年下の子にも丁寧語で話しかける）。

そして「③こだわり（同一性の保持）」は、興味や関心が向くものが非常に狭く偏っていて、そのことだけに熱中したり、特定の習慣や手順にこだわったりすることに表れる。ある分野については「博士」と呼ばれるほどに専門的な知識をもったりするが、興味のないことにはまったく無関心で、たとえば、年齢相応に身の回りのことができないことがある。また、突然の不規則な変更は苦手で、不機嫌になり一日中そのことにこだわってしまうこともある。

（2）指導の実際

高機能児は、知的に問題が少なく言語理解や表出があるゆえに見すごされがちだが、自閉症の行動特徴を多少なりとももち合わせているので、それに配慮した支援を行うことが基本である。情報の受け入れ方やわかり方、また、相手の心情の理解の仕方がやや異なることに留意して、手立てを考える必要がある。たとえば、視覚的な情報（図形や文字）の理解力が優れているので、それを活用して環境を構造化することもそのひとつである。また、不安を取り除くためには、丁寧な予告を行い先の見通しをもたせることも有効である。集団参加が困

難な場合、集団内部で果たす役割を明確にし、適切な大きさの集団から始めることもひとつである。集団内では大きなストレスを感じ耐えられなくなることもしばしばあるため、約束をして休息をとることも効果的である。

高機能児には、自閉症の診断基準を幼児期に満たすがその後言語が大きく伸びて知的障害をともなわなくなるグループと、もともと言語の遅れはほとんどなく学齢期に至り集団教育の開始後に問題が表面化するグループがあるといわれる。また、学童期に至り自閉症独特の堅さがとれて日常生活にほぼ支障がなくなっても、青年期での大きな変化にこだわりやファンタジーへの没頭などが再び現れることもある。中学生や高校生の高機能児への支援が大きな課題になっている。

D. まとめ

発達障害児は、これまで「わがままな子」「乱暴な子」「変な子」と誤解され、辛い学校生活を強いられることもあった。この意味では、彼らのもつ困難は、決して軽くはない。各障害タイプについて正しい知識を得、それに基づき子どもの理解を深めることが重要である。

引用文献

井上とも子 1999 注意欠陥多動性障害への教育的アプローチ－情緒障害通級指導教室での指導を中心に－, 発達障害研究, 21, 192-201.
小池敏英・北島善夫 2001 『知的障害の心理学－発達支援からの理解－』北大路書房.
小池敏英・雲井未歓・窪島務 2003 『LD児のためのひらがな・漢字支援－個別支援に生かす書字教材－』あいり出版.
近藤文里 2002 ADHD児に対する心理学的理解, 障害者問題研究, 30, 108-117.
眞城知己 2003 『特別な教育的ニーズ論－その基礎と応用－』文理閣.
清水貞夫 2003 『特別支援教育と障害児教育』クリエイツかもがわ.
滝川一廣 2002 小児自閉症, 河合洋・山登敬之（編）『子どもの精神発達』日本評論社, pp.19-38.
内山登紀夫・水野薫・吉田友子 2002 『高機能自閉症アスペルガー症候群入門－正しい理解と対応のために－』中央法規出版.
山口薫 2000 学習障害・学習困難への教育的対応－日本の学校教育改革を目指して－, 文教資料協会.

第13章 精神障害にまつわる理論と指導の実際

第1節　精神障害にまつわる理論と実態

A．生徒指導における精神障害の問題

　生徒指導の対象となる問題領域は多様である。一般には非行や校内暴力などおもてに表れやすい反社会的問題行動がイメージされることだろう。いずれも予断を許さない問題であるが、児童生徒に見られる精神障害は、そのような明らかな問題行動とは異なる、独特の難しさをもっている。

　発病すると奇矯な言動などが目立つ場合もあるのだが、発病するまでの彼らは、案外、学校の中で教師の目に付かない児童生徒であることが多いということがまずあげられよう。

　そのような児童生徒の発見方法として山中（1999）は、次のようなヒントを紹介している。「一日の学級運営や養護の仕事を終わって、いろいろあった生徒たちの名を思い出していって、思い出せる人の名を名簿から消していくのである。毎回、いつも思い出せない名として名簿に残る生徒が、実はその対象児なのだ」と。そして、発病する前、「彼らが『影のごとく、目立たない』というかたちで仮の安定操作をとっている際に、それとなく声をかけられ、彼らの存在が見えるようになってくれば、実は、彼らは発病しなくてすむようになっていくのである」（山中，1999）という。

　したがって、養護教諭や生徒指導係だけでなく、日頃、児童生徒の一番身近にいる教師全員が、精神障害について関心をもって、予防的な学級運営や生徒指導に当たることが求められる。

なお、大阪府学校保健会（1991）の1987年の調査によると、養護教諭が心の問題を抱えていると認識した児童生徒数は小学校で1校当たり平均5.1人、中学校で15.3人、高校では15.5人であり、小学校に比べて中学校、高校でメンタルヘルス上の問題がより切実であることがわかる。

B．青少年に好発する主要な精神障害

では、児童生徒にはどのような精神障害が見られるだろうか。ここでは笠原(1984)による青年期各期によく生じる病像（図13－1）にそって見てみよう。

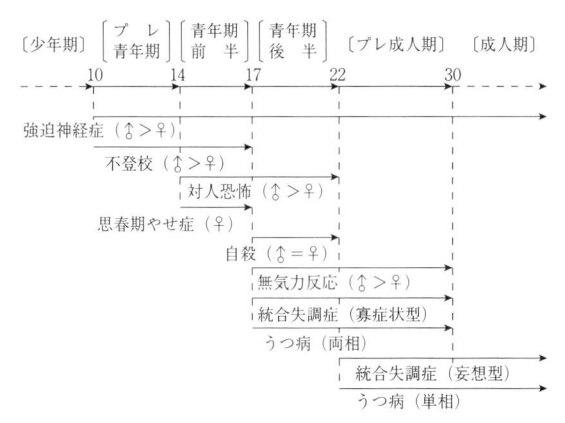

図13－1　青年期各期の好発病像（笠原，1984を一部改変）

この図では、青年期をプレ青年期、青年期前半、青年期後半、プレ成人期と4つに大別し、線分と病名がその時期に好発する病像であることを意味している。病名のあとの括弧内に示されたのは、男女どちらに多く発症するかということである。たとえば強迫神経症は青年期各期を通じて発症し、割合としては男子に多いということになる。

（1）強迫神経症

自分でも不合理だと感じながら、特定の考えが頭に浮かんで離れないという

強迫観念と、特定の行為をとらないと気がすまないといった強迫行為に分けられる。たとえば何度も手を洗わずにはいられない強迫洗浄や、戸締まり、ガス栓の確認を繰り返さないと気がすまない確認強迫などがある。なお、このような強迫症状自体は統合失調症の初期などに見られることもあるので、鑑別診断が重要である。

(2) 不登校

ここでは不登校の中核群としての神経症圏の不登校、すなわち「学校に行かなければいけないと思いつつも、行けなくて悩んでいる状態」を想定している。不登校とは単に学校に行っていないという状態をさす言葉であり、その中には怠学や精神病（統合失調症、躁うつ病）によって登校できなくなっている群も含まれるので、注意が必要である。

たとえば、教育センターでの教育相談に関わる精神科医の北村（2001）によると、1993年から2000年の間に来所相談を担当した74例の高校生・高校中退者の相談のうち、当初は不登校傾向とその他の訴えで紹介されてきたケースが58例（78.4％）もあったが、事情がわかっていくと典型的な不登校は18例（24.3％）のみで、他の56例（75.7％）は、統合失調症や躁うつ病、行為障害（他者の基本的人権を侵したり、社会のルールを破るような行為を続けることで、社会的・学業的・職業的機能に障害を引き起こすこと）、強迫神経症などであったという。

(3) 対人恐怖

日本の、特に青年に多く見られる神経症である。人と顔を合わせたり視線を合わせること、人と話すことを恐れる。人と会って話そうとすると、声が震えたり、心臓が動悸を打ったり、呼吸が苦しくなったりする。とりわけ挨拶するかどうか迷うような、「半知り」の人に対して対人恐怖は生じやすいといわれている。家の中や、逆にまったく知らない人、知らない場所では症状が出ないこともある。

（4）思春期やせ症

　太ることを恐れて食事をとらないため、体重が30kgを割ってやせていく。逆に過食したあと、下剤を大量に服用することもある。情緒不安定で、気分には波がある。がりがりにやせているのに、家族が案外そのことに鈍感なのは、本人が平然としており、極端なやせ方にもかかわらず活動的で、学業などには熱心だからである。美容のためのダイエットとは異なり、根底には大人の女性になることへの恐れ（成熟拒否）があると考えられている。

（5）自　　殺

　年代別死因順位によると、15歳から24歳では「自殺」が「不慮の事故」についで2位となっており、青少年における自殺はきわめて重要な問題である（榎本,2000）。また、某女性アイドルの飛び降り自殺に関する過熱報道によって生じた青少年の一連の自殺や、マスコミによる「いじめ自殺」報道とその後の中学生の連鎖的自殺に見られたように、マスコミ報道などの影響によって群発自殺（ある人の自殺を引き金として、連鎖的に自殺が生じること）を起こしやすいのも青少年の特徴である（高橋,1999）。なお、自殺の危険を示すサインとして、表13－1のような8つのポイントがあげられるので（高橋,1999）、教師や保護者には児童生徒を注意深く観察していてもらいたい。

表13－1　自殺の危険を示すサイン（高橋,1999）

・重要なつながりのあった人が最近自殺した	・身なりの突然の変化
・自殺をほのめかす	・アルコールや違法な薬物の乱用
・最近の喪失体験	・別れの用意をする
・日常生活における行動や性格の突然の変化	・自殺の計画がさらに具体的になる

（6）無気力反応

　大学生に生じることが多いので、スチューデント・アパシーとも呼ばれる。学生の本業である学業（授業への出席、レポート提出、試験など）にいそしむことが難しい状態である。にもかかわらず、アルバイトなどには熱心で、人当たりの

良い、やさしい感じの青年が多い。そのため、学校外で出会った人には、とても本人に悩みがあるようには見えない。

　アパシーの人は、空想的で誇大な期待と希望を自分自身に対して抱いているが、もう一方では自分にはそのような力がないのではないかという不安もどこかに有している。そのために身動きが取れず、現実に足をふみ出すことができなくなっていると考えられる。特に理由もなく留年を繰り返しているようなタイプの学生の場合、まずアパシーを疑ってみる必要があろう。

（7）統合失調症

　17歳から30歳くらいまでに発症する寡症状型の統合失調症とは、緩慢に進行して、ひきこもりや感情面の活動低下・平板化など、社会生活能力の低下を引き起こすタイプの精神病である。症状が目立たないため、病気と認識されないまま放置されることもある。

　一方、22歳くらいから好発する妄想型の統合失調症では、さまざまな妄想が中心となる。妄想とは、誤った意味づけをしたり、現実とは異なることを信じ込んでしまい、修正不可能な状態になったりすることをいう。統合失調症の場合、多くは被害妄想（自分が他人から危害を加えられているという妄想）である。

（8）うつ病

　病的な気分の落ち込みを主症状としており、物事を悲観的にしか受け取れなくなる。また、食欲不振、不眠、身体の不調などをともなう。うつ状態と躁状態を繰り返す両相型と、うつ状態のみが表れる単相型に区別される。

　うつ病で最も注意が必要なのは、自殺である。一見、逆説的に思えるのだが、治療を受けて快方に向かっている時期に自殺の危険が高まるといわれている。状態が改善したということで安心してしまい、周囲の人びとが患者から目を離しがちとなることと、患者自身も自殺を実行するエネルギーが高まってくることが原因だと考えられている。

　治療法としては、薬物療法と休養が一番であるが、うつ病には几帳面でまじ

めな性格の人が多いので、なかなかゆっくり休むことができない。そのため、周囲の人が気分転換と称して旅行に誘ったりすることも多いのだが、これは逆効果である。というのは、うつ病は「エネルギー不足の病」であるため、健康な人には気分転換になることが、患者のエネルギーを奪ってしまうからである（野村，1996）。

第2節　精神障害の指導の実際

　ここでは、精神障害を有する児童生徒を家庭、学校、さらに地域社会の中でいかに支え、抱える環境を形成していくかという問題について考える。次に、精神障害を有する児童生徒への介入上の問題点が示された事例を紹介する。

A．精神障害を有する児童生徒を抱える環境作り

　児童生徒が学校内で問題行動を生じた場合、往々にして見られる現象がある。問題の原因はどこにあるのか、誰の責任かという、いわゆる犯人さがしである。総じて保護者は、「学校で問題行動が起きているのだから、学校に原因があるのだ」と主張する。一方、教師は教師で、「児童生徒が最も長く生活している場所は家庭であり、家庭内状況や保護者の養育態度に問題があるのではないか」と主張するのが常である。

　犯人さがしや責任転嫁の背後には、どのような心理的メカニズムが働いているのだろうか。まず考えられるのは、無力感からくる怒りである。目の前の子どもの問題行動にとまどい、混乱し、わけもわからず、対応しようにもどうしようもない。それが精神障害であれば、容易に改善するものでもない。そうして保護者と教師が焦燥感や無力感にさいなまれた結果、やり場のない怒りの矛先をお互いに向け合うことになる。時にその怒りが目の前の子どもに対して向けられると、虐待という事態を招くこともある。

　このような責任のなすり合いの結果、最もおさまりが良く、かつ安易な着地点はどこか。それは、「この子ども自身に特別な問題があるのだ」と考えるこ

とである。「ほかの子どもには何の問題もないのに、この子だけが問題行動を生じているのは、ほかならぬこの子自身の特異性・病理性によるものである」と考えれば、少なくとも罪責感はやわらぐ。そのため、専門家による診断や査定の結果が、時に教師にとっての免罪符であるかのように歪んで受け取られてしまうこともあるほどである。

　だが、これでは何の解決にもならないことは、いうまでもないだろう。本来は精神障害であることが判明した後のケアが重要なのである。そこには専門機関だけでなく、当然のことながら家庭や学校が協力しながら、当該の児童生徒により密接に関わっていくことが求められる。

　さらには、学校やコミュニティにおいて、ひとつひとつの事例に学びながら精神障害への対応プログラムを組み立てて対応していくと同時に、精神障害の予防に向けた啓発・教育プログラムの策定、実施も求められるはずなのである。

　では、精神障害を有する児童生徒を抱える環境作りのためにはどのようなアプローチが適切であろうか。

B．精神障害を有する児童生徒をめぐるチームアプローチの実現に向けて——

　精神障害を有する一人の児童生徒のニーズは多様である。したがって当然、専門家といっても特定の職種のみであらゆるニーズに応えるということは不可能である。自分にできること・得意なことにベストを尽くして、自分にはできないこと・得意ではないことについては、それを専門とし、得意とする職種に任せて、多様な分野の専門家が有機的に連携・協働しながら結果的に全体として児童生徒の有するニーズに応えていけることが理想である。

　このように当事者や家族を含めて、多様な専門家がひとつのチームとして有機的に連携・協働して援助に当たるようなアプローチのことをチームアプローチと呼ぶ。そしてこのチームアプローチは、現在の医療・保健・福祉・教育におけるキーワードのひとつとなっている。

　児童生徒の精神障害にあっては、当事者である子どもの保護者、担任、養護教諭、教育相談係や生徒指導係の教師、スクールカウンセラー、校医、さらに

は学外の医療機関・相談機関の専門家などが主要なチームメンバーとして想定される。では、それぞれのチームメンバーの役割について概観してみよう。

(1) 保護者、家族

　精神病圏の問題の場合には、児童生徒自身の病識や問題意識にあまり期待できない。また、神経症圏の問題で悩んでいる子どもであっても、保護者や教師への相談に躊躇することが多い。そこで、まず保護者や家族などの周囲の大人が児童生徒の変化を敏感に感じ取れるように、ほどよく目を配り見守っていることが必要であろう。

　ただし、ほどよく見守るということほど難しいものはない。親として十全に機能できていなかったり、自身が問題を抱えている保護者ほどこの「ほどよさ」が理解できないのである。「過干渉にならず、また放置するのでもなく……」と、いくら専門家や周囲の人から説明されても、それが感覚的にわからないという保護者もいる。

　そこで、子どもの精神障害に関する知識の啓発や、子育てに関する専門家による相談の場を設けるなどして、子どもと親の双方をともに支え、育てていくような「子育て支援」の場と機会を用意することも必要になる。

(2) 担任教師

　児童生徒にどんな兆候が見られた時に、専門機関への相談を考慮すべきだろうか。堀（2001）は、①精神的身体的な状態（体調不良が続く、極端にやせたなど）、②学級を乱す行動（教室を立ち歩く、突発的暴力など）、③家族からの深刻な相談（家庭内暴力、リストカットなど）をあげている。

　さらに堀（2001）は、教師が児童生徒や保護者に医療機関を紹介する時のポイントを紹介しているので、表13-2にまとめて示した。いずれも具体的な指摘である。

　児童生徒に精神障害が見られた場合、まず保護者と学校の間の十分な協力体制作りが求められる。ところが、前述のように家庭と学校が対立関係となるこ

表13-2　医療機関への紹介の仕方のポイント（堀，2001をもとに作成）

ポイント	具体的なことば
1．子どもの姿は、先入観や感情を交えずに中立的に伝えること。	「キレやすい」、「家庭に問題はないのか」といった表現は、先入観を与えてしまうので不可。
2．その問題を、親と共に解決していきたいという姿勢。	保護者に対して、謙虚に協力を依頼すること。例；「良い方法をご存じなのではないかと思って相談させていただきました」
3．学校での最大限の努力を怠らないこと。その上での外部機関利用の勧めであること。	例；「精一杯させていただいていますが、このままのやり方で良いのか不安があります。一度、専門機関に相談に行っていただけませんか」

とも現実には少なくない。たとえば、児童生徒の問題を察知した場合、教師は保護者に専門機関への相談、受診を勧めたくなる。だが、それに対して保護者の方が反発するという現象も見られる。橋本（1995）はこれを「意欲のすれ違い」と呼び、このような場合には、「もう一歩踏み込んでどのように話したら相手にどう受け取られるだろうと考えることは重要」であると指摘している。

なお、このようなケースは、単に表層的な認識の相違や、問題解決に向けた意欲の温度差の問題ばかりとはいえない。保護者も薄々は子どもの病理性に気づきながら、自分の子どもが精神障害を有するとは認めたくない、それほど重篤であるとは思いたくないという、否認の気持ちが働いている可能性にも留意が必要である。

教師は、このようなデリケートな心情に配慮しつつ、保護者の心理的健康さや現実適応力を査定しておく必要がある。あまりに動揺が大きいとか逆に関心が薄いなど、保護者に十分な対応力がないと判断される場合には、子どもの精神障害が放置されることのないよう、メンタルヘルス専門家の手を借りて今後の方策を検討するなど、教師の積極的な介入が求められるだろう。

このように、児童生徒と保護者、両者を支援するという姿勢が教師には求められるのである。

（3）学校内のメンタルヘルス専門家

　児童生徒の精神障害については、医療やメンタルヘルスに専門性を有するスタッフの協力が不可欠である。学校内にあっては養護教諭や生徒指導係、教育相談係の教師、スクールカウンセラー、校医などが相当しよう。学校内のメンタルヘルス専門家は、保護者や担任の相談役としてコンサルテーションを行ったり、当該の児童生徒への心理学的援助を試みるなど、学校内での心のケアに携わることが援助の中心となる。

　図13－2は、児童生徒の精神障害に担任、養護教諭が気づき、養護教諭を中心に学校内連絡組織、医療機関、保護者と連携しながら対応していく過程をフローチャート化したものである（徳山, 2000）。チームアプローチの全体像を知る意味でも有用な図であるので、参考にされたい。

　精神障害の場合には、さらに重要な課題がある。それは、児童生徒と保護者が専門機関につながっていくプロセスを支援することである。まず、保護者や担任と協力しながら、学外の医療機関・相談機関利用の必要性について検討し、精神医学的診断・治療や臨床心理学的査定・援助など専門機関への相談が必要と判断されれば、学外の医療機関・相談機関へとつなぐことは、学内のメンタルヘルス専門家の重要な機能のひとつである。

（4）地域社会の中の専門機関

　精神障害においては、精神科受診が不可欠である。精神科医は精神科クリニック、精神科を有する病院、精神保健センター、児童相談所などに勤務しているが、児童生徒の精神障害が疑われる際に最も頼りになる「児童精神科」は、実はまだ正式な標榜科として認められていない。そのため、児童や思春期・青年期を専門とする精神科医とスムーズに出会うには、学校内・外のメンタルヘルス専門家からの助言や情報が有用となる。できれば「日本児童青年精神医学会認定医」の認定を受けた医師に相談できるとベストであろう。

　また、児童生徒の精神障害に対応する精神科医の側の問題として、北村(2001)は、青少年が患者として精神科を受診した時、精神科医は患者が単なる

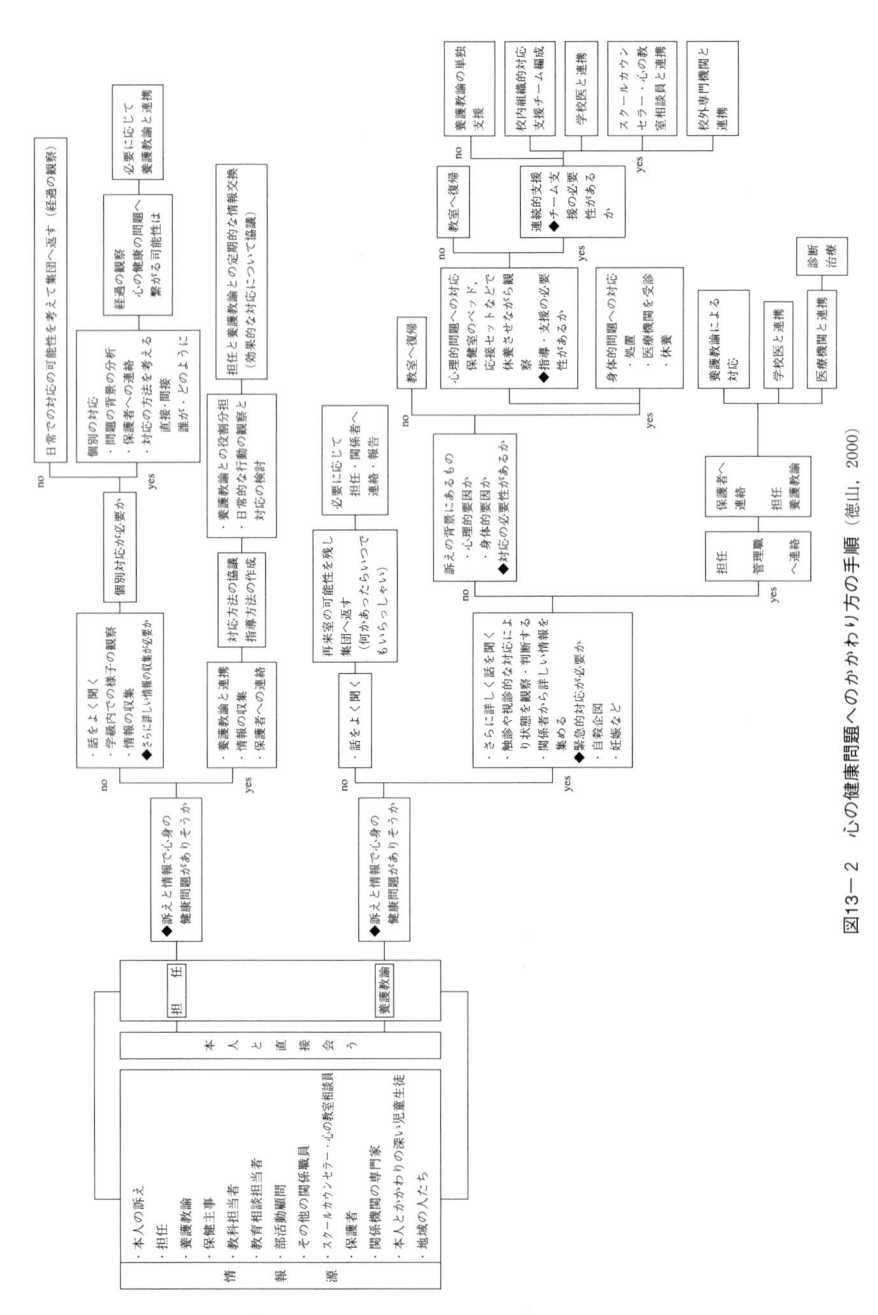

図13−2 心の健康問題へのかかわり方の手順（徳山，2000）

子どもの患者というだけでなく、同時に幼稚園、小学校、中学校、高校、大学生活を送ってきたことをよく承知しておかないと、診断をはじめとして、問題のありかを把握することが不適切になるし、治療に有効性を発揮できないと指摘している。また、学校の保健活動組織は時として医療活動を援助するものになり、患者のために有効に働くので、相談機関・医療機関の専門家も、学校保健組織について知識をもっておく必要があると述べている（北村，2001）。

C．統合失調症の青年に対して、誤った認識と対応が見られた事例（山家，1995）

他機関との連携協働やチームアプローチが強調されながらも、現実にはそれがうまくいかなかったり、困難である場合も多い。ここでは、学校と精神科医の連携に見られる問題点を浮き彫りにしている事例を紹介する。

（1）事例の概要

山家（1995）は、定時制高校に入学を希望しながら、それがかなえられなかった統合失調症の男子青年の事例を報告している。小学校高学年時より不登校が始まり、精神科医である山家のもとを外来受診した青年は、中学校もほぼ全休に近い不登校であった。中学3年時に某医療機関に入院したが、急速な幻覚妄想状態となって、無断離院を繰り返したため、山家の勤務する精神病院へ転院となった。やがて退院して、3月には全日制高校を受験したが、不合格であった。この頃は長期間の不登校と統合失調症発症直後ということから、学力や社会性に難点があることと、まだ幻聴（実際には誰もいないのに自分の悪口などが聞こえる現象）や被害妄想が消褪していなかったから、不合格もやむをえないものと思われた。

その後、病院のデイケアと外来通院を続ける中、自宅で勉強もできるようになった。幻聴は消失し、被害妄想も背景化したので、定時制高校を受験することとなった。

ところが、結果発表の3日前にその高校から山家のもとに電話が入り、青年

が定時制高校に通学できる能力をもっているかどうか、質問があったという。電話では回答できない内容なので、公的文書の交換の形で、本人の勉学への希望と努力、通学するだけの力量を備えていること、そのために医療側からサポートする旨を伝えた。

ところが、結局、青年は不合格であった。教頭から山家のもとにも連絡があったので、どうして不合格となったのか、その理由を説明してもらえないかと質問したところ、「教育的判断で」という回答しか返ってこなかったという。

（2）学校外の専門家から見た、教育の閉鎖性と連携のしにくさ

医師として患者のプライバシーに配慮して、本人とその家族に高校への回答の可否や草案を相談するなどした上で山家は回答したのであるが、結局その意見は考慮されず、学校側からの返答は、理由不明の「教育的判断」の一言であった。これでは最初から障害者を排除する論理であるといわれても仕方ないのではないか、と山家は批判する。

このような教育の閉鎖性に対して、どのような打開策があるだろうか。まず、相互の立場を重視しながら連携を追求すること、その前提として、教育側の判断の中に、他の領域からの意見の集約と、多様な可能性を追求する姿勢が求められると山家は指摘している。ついで、何を具体的に援助すればその可能性が高まるか、検討する必要がある。そして、教育が示す閉鎖性と連携のしにくさ、精神障害に対する学校側の否定的または消極的な評価や対応などの未熟性を克服するためには、学校と医療者、相互の実践的な努力が必要であると山家は結論しているのである。

D．学校と医療機関の連携において
スクールカウンセラーが有効に機能できた事例（堀，2001）

学校現場では、どのように他機関、特に医療機関と連携をとって児童生徒の精神障害に対応しているのだろうか。その実態を知るために、スクールカウンセラーが中心となって医療機関と連携を取りながら対応した事例を紹介する。

（１）事例の概要

　堀（2001）が報告している事例の主訴は、中学１年生の男子生徒が教室をふらふらと出ていってしまい、制止しようとすると暴力的になるということであった。そういう時には話ができず堅い表情になり、また現在、欠席がちでもあるという。そこで教師は親子関係に問題があると考えて、スクールカウンセラーを紹介した事例である。

　スクールカウンセラーが母親面接を行った結果、この生徒に言葉の遅れがあったことや、同様の問題が小学校でも起こっていたことが語られた。そして、てんかんの既往があり、薬物治療中であることも明らかとなった。スクールカウンセラーは言語性の学習障害を疑い、「全般的な知能に遅れはないのに、一部の知的能力にハンディがあることを学習障害といいます」と説明し、病院受診を勧めた。また生徒に対しては「こころの教室」への登校を働きかけた。

　母親は当初、子どもの障害を受容できず抵抗を示したが、心の準備が整うまで時間をかけてスクールカウンセラーが援助することによって、数ヶ月後、母子で児童精神科を受診するに至った。

　さまざまな検査の結果、表出性言語能力が著しく低いことが明らかとなり、学校では、この生徒の状態に合わせた教育を考えていくことになった。

（２）精神障害の伝え方と医療機関の紹介

　この事例では、精神科受診に至るまでに数ヶ月を要しているが、これは決して珍しいことではない。子どもの精神障害の可能性を受け入れるということは、保護者にとって容易ではないのである。そのような保護者の心中を察して支えながら、かつ児童生徒の現状について適切でわかりやすい言葉で伝えて、必要な方策を保護者とともに検討していくというプロセスには、スクールカウンセラーとしての高度の専門性が求められる。

　また、堀（2001）は主治医との連携に際して、「信頼関係を築くためには直接、出会うことが望ましく、主治医の了解が得られたら学校から医療機関に赴こう。担任個人で問題を抱え込むことのないように、学年主任や教育相談など数人で

面接に臨むのがベター」であり、連携が必要な理由を述べた上で「疾患や障害、学校で気をつけるべき点についての説明を受けて欲しい」と述べている。

なお、精神障害判明後、学校がこの生徒の問題をふまえた教育を工夫できたのは、生徒と保護者を支え、医療機関と学校の間のパイプ役を果たしたスクールカウンセラーの存在が大きかっただろう。このように人と人、組織と組織をつなぐことは、スクールカウンセラーの重要な機能のひとつである。

E. まとめ

医療の進歩にともない、心の病は決して治らない病気ではなくなっている。にもかかわらず、いまだに精神障害に対する誤解や偏見には根強いものがある。精神障害者の社会復帰を阻んでいるのは、病気そのものよりもむしろ、人びとの精神障害に対する誤解や偏見であるといえるかもしれない。

したがって、学校におけるメンタルヘルスや精神障害に関する生徒指導、教育活動には、単に児童生徒のメンタルヘルス上の問題だけではなく、広く精神障害者への誤解や偏見を取り除き、精神障害者の生きやすい社会を構築するための第一歩を担うという意味もある。

医師や心理臨床家などのメンタルヘルス専門家は、時に現在の学校のありように対して苦言を呈することもある。だが、それはこのような学校の有する潜在的可能性に対しての期待の裏返しでもあるのだということを、学校関係者には理解してもらいたいと願う。

そこで、教師はまず、最も身近なメンタルヘルス専門家である、養護教諭やスクールカウンセラーの声に耳を傾けてみてはどうだろうか。それが学校でのチームアプローチを促進し、さらには他機関との連携を深めて、学校の閉鎖性を改善していく礎となろう。

引用文献

榎本博明 2000 青年の自殺,教育と医学,48 (5), 408-415.
橋本治 1995 自殺予防―学校の現場から―, こころの科学, 63, 53-58.
堀恵子 2001 教師と医療機関の連携, 菅佐和子・木之下隆夫 (編)『学校現場に役立つ臨床心理学』日本評論社, pp.188-193.

笠原嘉　1984　『アパシー・シンドローム―高学歴社会の青年心理―』岩波書店.
北村陽英　2001　学校精神保健，精神科治療学，16，増刊，112-120.
野村総一郎　1996　『もう「うつ」にはなりたくない』星和書店.
大阪府学校保健会　1991　心の健康実態調査まとめ報告書（北村陽英　2001　学校精神保健，精神科治療学，16，増刊，112-120による）.
高橋祥友　1999　『青少年のための自殺予防マニュアル』金剛出版.
徳山美智子　2000　心の健康問題へのかかわりの手順　教師のための心の健康問題の理解と対応　財団法人日本学校保健会，pp.8-9（北村陽英　2001　学校精神保健，精神科治療学，16，増刊，112-120による）.
山家均　1995　子どもの精神分裂病，こころの科学，62，50-54.
山中康裕　1999　精神医学的問題行動への対応－概説，小川捷之・村山正治（編）『学校の心理臨床』金子書房，pp.143-148.

第14章 進路指導にまつわる理論と指導の実際

　進路とは何か。それは、単に教育進路をさすのではなく、人生全体の展望や設計をさす。具体的には、自分はどのように生きていくのか、それを見定めることである。自分自身は一体どのような人間であるかを的確に把握し、社会の中のいくつもの選択肢の中から現実的な基準で選び出すことである。そのためには、中学・高校・大学卒業の直前になって慌てて進路を探すのではなく、小中学校の段階から進路決定の芽を育てていかなくてはならない。本章では、進路選択という自分探し、進路指導にまつわる理論、進路指導の実際という3つに分けて考えてみる。

第1節　進路選択という自分探し

A．進路選択と学歴社会の揺らぎ

　高校進学率は90％を、大学・短期大学への進学率は50％を超えて久しい。だが一方では、高校中退がここ20年ほどのあいだ、毎年10万人前後（2～2.5％）を推移し、大学中退などの問題も大きな社会問題となっている。では、今日の日本社会において学歴はどれほどの価値のあるものとして位置づけられているのだろうか。

　文部科学省（2004）の『データからみる日本の教育』によると、平成15年度時点において、相変わらず高校進学率は97.4％であり、大学・短期大学への進学率も49.0％となっている。このうち、男女の比率はほぼ半々となった。出生率の低下にともない、18歳人口が減り、大学入学の垣根は非常に低くなっている。諸外国と比較してみても、アメリカと並んで高い数値である。ところが、

大学卒業後の職業に対して、大学教育において身についているはずの専門性が十分に発揮されているとはいいづらい。

このような現象を裏づけるデータが、『世界の青年との比較からみた日本の青年』(総務庁，1998) に示されている。中学校以上の学校の在学者に、学校へ通う意義を尋ねたところ、「専門的な知識を身につける (55.6%)」、「一般的・基礎的知識を身につける(47.8%)」を抜いて、「友達との友情をはぐくむ (65.5%)」が最も選択されている。また、卒業者に同じ質問をしたところ、やはり同様に「友達との友情をはぐくむ (55.8%)」が、「一般的・基礎的知識を身につける (48.9%)」、「専門的な知識を身につける (27.0%)」を上回っていた。つまり日本の青年は知識の獲得というよりも、友人との交流を第一の目的として進学し、卒業して振り返ってみても、在学中には知識の獲得よりも友人との交流を優先して過ごしたということになる。諸外国と比較してみるとその差は歴然で、知識の獲得という目的をもって学校へ通う比率が圧倒的に少ない。このデータでは高等教育に限定していないため、専門性の教育という点では読みきれない部分もあるが、学校教育全般に対して学生が何を求めているかがわかる。

一方でこれは、学校での教育が必ずしも将来の進路選択に結びついていないという現状も示している。「何のためにこの数式を学ぶのか」、「ここで学んでいる知識が、将来どういう形で役に立つのか」という実利主義的な教育を求める風潮が強くなり、手っ取り早くて結果が見えやすい勉強だけが重視される傾向にある。社会や現場ですぐに役立つ手段やツール的要素の知識のみを専門的と判断し、基盤となる教養や理論を軽んじる雰囲気が強い。そのため学校教育の中では専門的知識に関する教育が不十分であると感じられるのかもしれない。

では、仕事を得る、という点において学校の果たす役割とはいったい何だろうか。同じ『世界の青年との比較からみた日本の青年』(1998) によると、社会で成功する要因は「個人の努力 (74.8%)」や「個人の才能 (57.4%)」であり、「学歴 (9.4%)」を大きく上回っている。また、大学卒業者が評価される要素としては、「一流大学 (22.4%)」よりも「専門分野 (40.9%)」であるという比率が高かった。つまり、現代青年は単なる学歴ではなく、どのような専門分野を選び、

どれだけ自分が努力したかが大切であるという認識があるといえよう。

　日本の出生率は右肩下がりの一方であり、親が子ども一人当たりにかける教育費は次第に多くなってきた。つまり日本の現代青年は教育を受ける機会に恵まれ、望みさえすればある程度の学歴を得ることができる社会状況にある。しかし、学歴ではなく専門分野をしっかりと選び、そこで努力することが社会で成功することにつながるという認識がありながら、学校生活において知識の獲得にあまり重きをおいていない青年の姿が浮かび上がってくるのである。

B．職業の意味

　このようにして学校を卒業した青年たちは、職業についてどのように考えているのだろうか。日本の現代青年は人が働く目的を、図14－1のように答えている。これによると、諸外国に比べて「収入を得ること (58.7%)」の比率が低く、「仕事を通じて自分を生かすこと (28.9%)」の比率が高い。また図14－2を見ると、転職についても容認的態度が強い。つまり仕事とは単なる生活の糧であって、仕事以外の場面で自己実現する、というような考え方は、日本の現代青年にはあまり見られない。仕事を通して自己実現し、それができない場合は転職する、というように、仕事と自分の生き方とが非常に密接に関わり、あるいは一致させようとする意識がわかるだろう。

　尾高 (1953) は、職業の機能について、①個性の発揮（個人的側面）、②役割の実現（社会的側面）、③生計の維持（経済的側面）の3側面をあげている。この3つのうち、どれを重視するかは、人によって、また社会や時代によって異なってくる。だが、伊藤 (1993) が指摘するように、明治末から昭和の初期にかけての日本では立身出世的職業観が優勢で、②の側面にたって、倹約勤行して高い社会的地位を得ることが、そのまま社会に貢献することと考えられていた。戦時中は、同じような側面に立ちながらも、お国のためという自己献身的な職業観が強調された。ところが戦後は経済の復興と民主主義の流入によって、③の側面に比重がかかった生活中心的職業観が優勢となった。それが次第に物質的な豊かさを追求し享受する一方で、個性化教育や、**A.**で述べたような高等

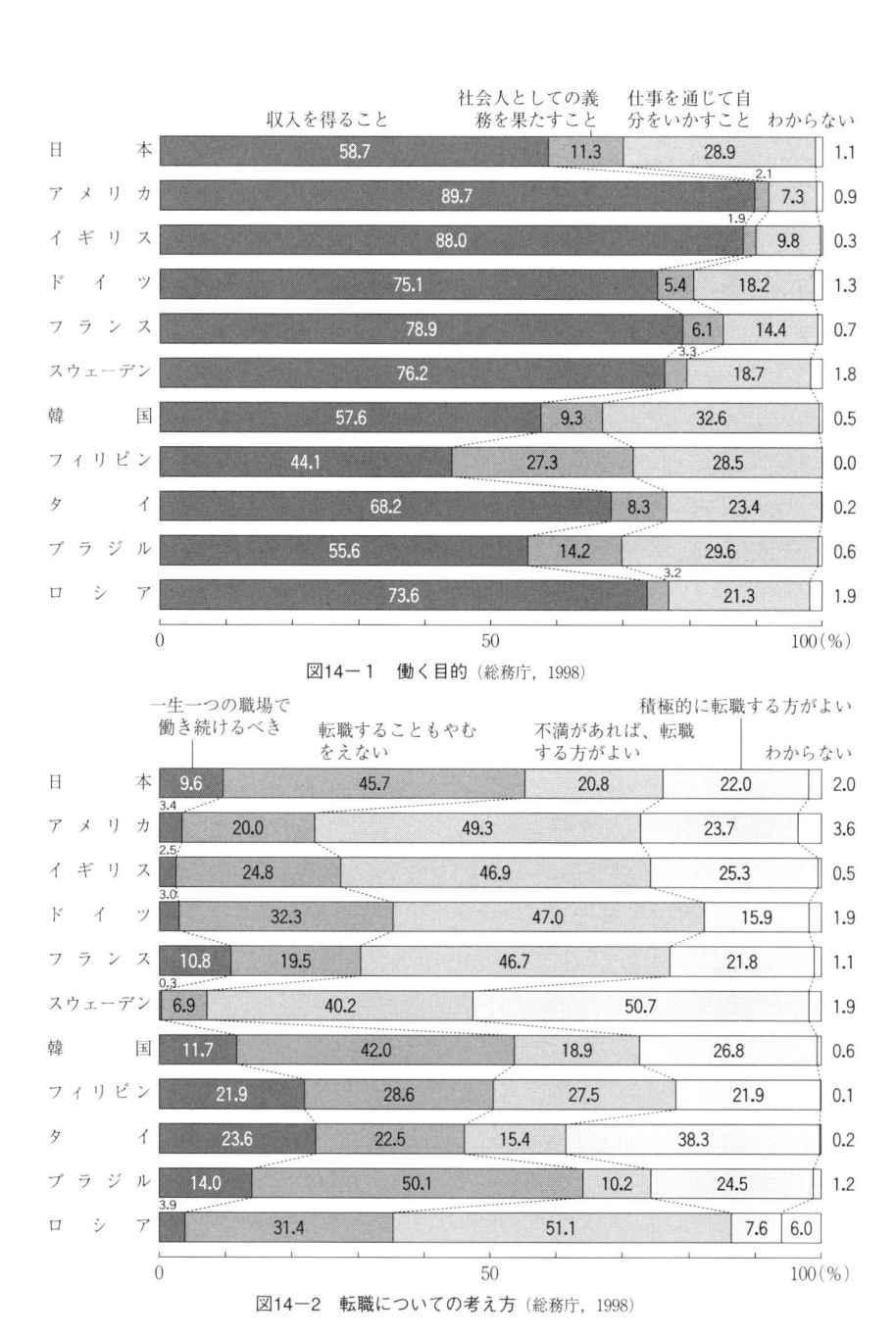

	収入を得ること	社会人としての義務を果たすこと	仕事を通じて自分をいかすこと	わからない
日　　本	58.7	11.3	28.9	1.1
アメリカ	89.7	2.1	7.3	0.9
イギリス	88.0	1.9	9.8	0.3
ド　イ　ツ	75.1	5.4	18.2	1.3
フランス	78.9	6.1	14.4	0.7
スウェーデン	76.2	3.3	18.7	1.8
韓　　国	57.6	9.3	32.6	0.5
フィリピン	44.1	27.3	28.5	0.0
タ　　イ	68.2	8.3	23.4	0.2
ブラジル	55.6	14.2	29.6	0.6
ロ　シ　ア	73.6	3.2	21.3	1.9

図14－1　働く目的（総務庁，1998）

	一生一つの職場で働き続けるべき	転職することもやむをえない	不満があれば、転職する方がよい	積極的に転職する方がよい	わからない
日　　本	9.6	45.7	20.8	22.0	2.0
アメリカ	3.4	20.0	49.3	23.7	3.6
イギリス	2.5	24.8	46.9	25.3	0.5
ド　イ　ツ	3.0	32.3	47.0	15.9	1.9
フランス	10.8	19.5	46.7	21.8	1.1
スウェーデン	0.3	6.9	40.2	50.7	1.9
韓　　国	11.7	42.0	18.9	26.8	0.6
フィリピン	21.9	28.6	27.5	21.9	0.1
タ　　イ	23.6	22.5	15.4	38.3	0.2
ブラジル	14.0	50.1	10.2	24.5	1.2
ロ　シ　ア	3.9	31.4	51.1	7.6	6.0

図14－2　転職についての考え方（総務庁，1998）

教育を受け選択肢の広い青年が増えたことで、自分らしい生き方を仕事にも求める傾向が強まっている。

ところがこの傾向は、ともすると労働意欲を低下させることにもつながる。これについて近年特に問題となっているのが、ニート (NEET) である。もとはイギリスの労働政策用語で、Not in Employment, Education or Trainingの略である。つまり、就職も就学も職業訓練も受けていない若者のことで、少なくとも働く意欲のあるフリーターとは区別される。総務省の労働力調査のデータによると、1993年には40万人であったが、10年後の2003年は69万人に急増し、これは対象となった15～34歳の年齢層の約2％に当たる。

この結果をふまえ、小杉ら (2004) は、その実態について聞き取り調査を行い、NEETは、①ヤンキー型 (反社会的で享楽的。"今が楽しければいい" というタイプ)、②ひきこもり型 (社会との関係を築けず、こもってしまうタイプ)、③立ちすくみ型 (就職を前に考え込んでしまい行き詰まってしまうタイプ)、④つまずき型 (いったんは就職したものの早々に辞め、自信を喪失したタイプ) の４種類に大別できるとした。そして、①のヤンキー型は先進国に共通して存在している特有のタイプだが、③と④は「高校や大学を卒業すると一斉に就職し、離職したら再挑戦が難しい日本に特有のタイプ」と指摘している。

これらは共通して、親に "パラサイト (寄生)" して生活せざるを得ないケースが多く、現金が必要になると１、２日の短期のアルバイトをしてしのぐ、などの生活スタイルが指摘される。また、年齢別で見ると、高校卒業から１年以内に当たる19歳が突出して多く、男女とも対象年齢の約４％に当たる人数がNEETの状態に陥っている。職業において個性的な自己実現を求められる現代に特有の問題ともいえるであろう。

C．移行の難しさ

では、学校を卒業して職業へと生きる場を移行する過程において、問題はないのであろうか。『世界の青年との比較からみた日本の青年』(1998) のデータによると、仕事に就くきっかけのうち最も多いのは「学校の紹介で (29.8％)」

というものであり、「新聞・雑誌や貼り紙などの広告をみて (17.9%)」や「友人や知人の紹介で (15.1%)」に大きな差をつけている。諸外国では学校の紹介というのは上位にのぼってこない。日本の学校には、学生の卒業後の出口の確保を行うことが強く求められているといえる。一方で若者の失業率は、15～24歳の年齢層では、2003年は平均で10.1%、NEETの69万人を加えると137万人にも達し、この年齢層の実に9.2%に当たる青年が就職できないでいる（総務省, 2003）。これに、求人をしていない青年を含めれば、さらにその数は膨れ上がることが予測される。なぜ、学校から社会への移行に困難さ（失業・就職失敗・進路未決定）を抱えるのだろうか。

小杉ら (2004) は、失業・無業やフリーターなど、学校から職業への移行プロセスにおいて、困難な状況に直面する青年の実態を、インタビュー調査によって明らかにしている。主に10代～20代の51人に対して、就労の次元（就職歴、紹介・斡旋経路、職場・現職への認識、就業観・職業観・キャリア設計、労働市場状況についての認識、職業能力開発への認識）、学校の次元（小学校高学年頃から振り返って、学校歴、学業成績・学校への適応状況、進路希望の形成状況、進路選択・決定に影響を与えたと認識されているもの、最終学歴からの就職時の状況）、家庭（家族構成・家族の変遷、家族との同別居・生活費などの金銭の授受、本人の収入の使い道・自由に使える金額、両親の職業・学歴・ライフスタイル、家計全体の収入・生活水準、親の本人への期待・関心）、ソーシャルネットワーク（友人・恋人・交友範囲、生き方のモデル、尊敬する人・生き方、価値をおく活動、趣味、やりたいこと、生活への評価、将来設計・展望、家庭生活への展望、生活範囲）という４つの次元を検討している。

それによると、移行が困難な若者は「刹那を生きる」タイプ、「つながりを失う」タイプ、「立ちすくむ」タイプ、「自信を失う」タイプ、「機会を待つ」タイプの５つに分けられる。「機会を待つ」タイプは、「労働力需要が著しく落ち込んでいる地域状況が生んだ移行困難者」であって、地方の高卒者に多いとされる。このタイプは他の４つと違って、景気回復がみられ地域経済の改善が進めば、解消される可能性が高い。それ以外の４つのタイプはいわゆる"モラトリアム"型で、学校を離れる時点で、先の見通しをもたない、選択の先送り

をしている場合が多い。「刹那を生きる」タイプは、都市の高卒者に多く見られ、学校を消極的な居場所とし、学業不振や遅刻・欠席の多い学校生活、厳しい家庭環境（欧米でいわれる社会的排除層と共通の側面）である点が共通していた。このタイプは、景気回復により求人が増えたとしても就業への移行に困難を抱え続けることが予測されている。また、わが国の特徴として、高等教育卒業者に「立ちすくむ」タイプの若者が多くみられることがあげられている。大学が当然という教育熱心な家庭で育ち、キャリア志向のないまま高等教育に進学し、大卒時点でキャリアの方向づけに失敗するタイプである。これは、産業界の要請する職業能力と大学の専門教育の関係がこれまで非常にゆるやかなものだっただけに、大卒者のキャリアが多様化し選択の幅が広がる中で起こっている問題だと指摘されている。このタイプには、キャリア教育の側面を強めるとともに、職業能力と教育との関係を改めて捉え直す必要がある。「つながりを失う」タイプは、友人関係など人間関係の形成に失敗し、就労への希望はあるものの社会的関係の構築に課題のあるタイプである。これには、就業以前の社会関係の構築から体系立った支援を要する。「自信を失う」タイプは、大学が当然という教育熱心な家庭に育ち、専門教育と職業との関連づけに失敗しており、就職しても要求する水準の仕事がこなせずに早期離職してしまうタイプである。このタイプは心身ともに疲れた状態だが、時間の経過とともに意欲も高まる傾向があり、当初は短時間の就業を望んだりしているが、徐々にフルタイムの就業への意欲も回復が見込まれる傾向にあった。

　このように、移行の失敗にもさまざまなタイプがあり、それぞれにおいて別々の対応が必要である。だがもとよりこの問題は、青年の側にのみ要因があるのではなく、青年の自立に対する親の寛容さも反映していると考えなければならない。**A.** でも述べたように、出生率の低下と親世代の経済力の増大という２つの要因が背景にある。個性の発揮を最重視する青年に対し、「自分が本当にやりたいことを見つけなさい。それが見つかるまでは援助するから」というスタンスで、自立を促すことを先延ばしにすることも考えられる。青年は、なんとか職業を通して自己実現を果たそうと躍起になるが、それが獲得できな

い現実の自分の姿に愕然としたり、必死にもがいたり、自信を失ったりする。高校までは学校の成績というひとつのものさしで測っていた大人たちが、大学に入って突然、単に「やりたいことを見つけなさい」では、いわれた方は自由の海に放り投げられたかのような感覚になる。生き方探しは、生まれた時から始まっているといっても過言ではない。小杉ら（2004）が「日本社会がこれまでもっていた次世代の職業人を育成するシステムが機能しなくなったことをまず社会全体が認識する必要がある。その上で、学校、産業界、行政が連携してシステムを再構築しなければならない」と指摘するように、環境全体がオーガナイズして次世代育成に関与していかなければならない。

第2節　進路指導にまつわる理論

A．将来展望と進路成熟

では、小学生・中学生は将来の人生設計をどのように行っているのだろうか。白井（1986）は、小学生・中学生・高校生を対象に、「自分の将来が明るいかどうか、はっきりしているかどうか」を聞いている。その結果、図14-3にあるように、学校段階が進むにつれて、自分の将来に対して明るいと捉える率が減少していることを明らかにしている。

また、大学生までを含めて「自分が最も関心のある時期」として、過去・現在・未来のうちからひとつを選ばせると、図14-4のように未来を選ぶ率は小学生で圧倒的に高く、中学生・高校生では半数近くの者が現在と答えていた。「将来のことをよく考えるか」という質問に対しては、学校段階が進むにつれて圧倒的に「考える」と答える率が高くなることとは対照的な結果である。つまり、「未来への時間的な幅のひろがりや関心の高まりが中学生や高校生にみられるのに、他方では彼らの関心が現在や近い未来に向けられているという矛盾」がみてとれるのである。

この結果について白井は、「現代の青年は未来をまったく展望していないわ

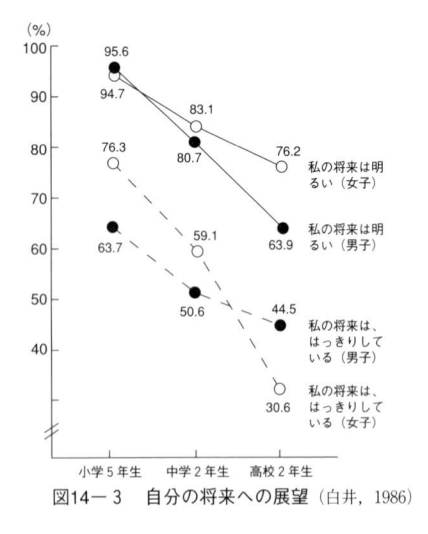

図14−3　自分の将来への展望（白井, 1986）

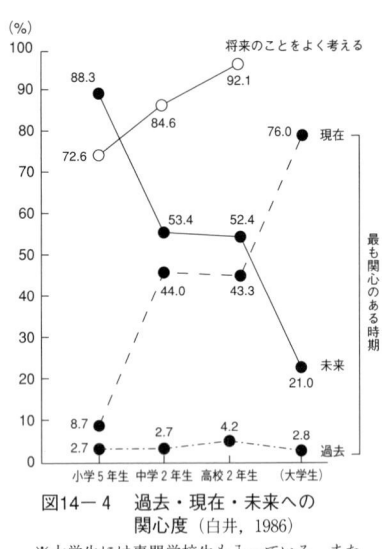

図14−4　過去・現在・未来への関心度（白井, 1986）
※大学生には専門学校生も入っている。また、「最も大切なとき」という形で答えさせている。

けではなく、むしろ未来との関係で現在を捉えていること、しかし、その未来が必ずしも明るくなく否定的な未来であることから、『未来展望がない』といわれるような問題が生じているのではないか」と指摘している。

　青年期という急激な認知的発達の生じる時期には、青年は未来を展望する能力を獲得するが、それは同時に実際の自己像や生活の現実吟味、それに基づく近い将来についての客観的な評価が可能になることも意味する。しかしそれは同時に、青年を取り巻く社会的環境、子どもたちのおかれた教育環境の中で、将来に対する明るい夢や、それに向けた意欲をもちにくくするとも思われる。前者の社会的環境でいえば、社会全体の不景気さ、不安定さ、不条理な事件・事故の多発など、自分の努力だけではいかんともしがたい世の中全体への無力感があろう。また、後者の教育環境でいえば、将来どのような職業につきたいのか、どんな人生を送りたいのか、人生で最も大切にしたいものは何か、そういった内容が学校教育の場で取り上げられることは非常に限られているのではないだろうか。「今やっている勉強が、将来どんな役に立つのか分からない」

という子どもたちに、学業成績の高低だけを問題にするのではなく、長期的な視野に立って行う教育が必要であろう。

さらに進路指導（career guidance）における重要概念のひとつとして、「進路成熟（career maturity）」という概念がある。坂柳（1992）は、進路成熟を「進路の選択・決定やその後の適応への個人のレディネスないし取り組み姿勢」と定義し、中学生における変化を検討している。そこで、進路成熟は、①教育進路成熟（主に、進学先の選択・決定への取り組み姿勢）、②職業進路成熟（主に、職業選択への取り組み姿勢）、③人生進路成熟（主に、人生や生き方への取り組み姿勢）の3側面によって捉えられ、これらの側面はそれぞれ、ⓐ関心性（Concern）、ⓑ自立性（Autonomy）、ⓒ計画性（Planning）の3領域の下位内容を含んでいる。

中学1年生が3年生になるまで、年1回、合計3回の調査を実施し、変化を検討したものが、図14-5に示されている。得点は15〜75点の間で分布するようになっていて、中間点は45点である。この得点が高いほど、その側面の進路成熟度が高いことを示している。その結果、全体としていずれの調査時点においても、男女ともに45点を下回っていることから、中学生の進路成熟度はそれほど高いとはいえないこと、男女ともに3年生になると教育進路成熟の得点が伸びて最も高くなるが、職業進路成熟の得点は最も低くなることが明らかとな

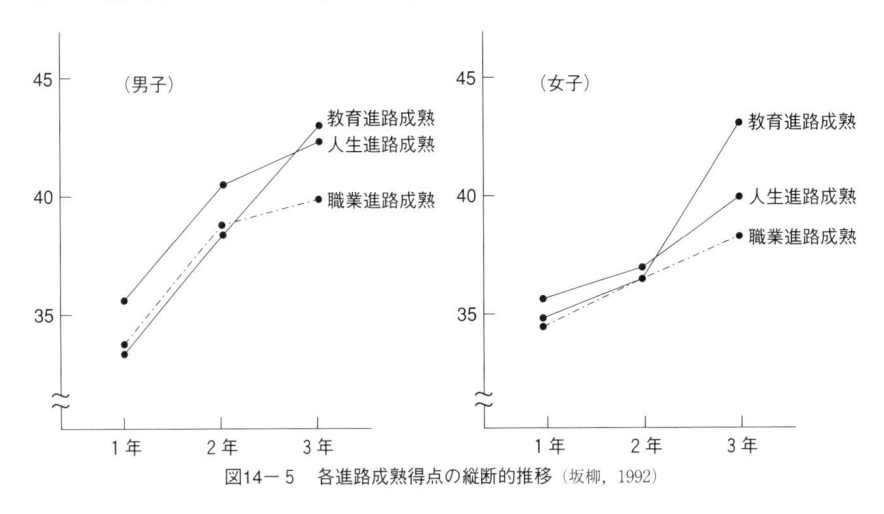

図14-5　各進路成熟得点の縦断的推移（坂柳, 1992）

った。

　これについて坂柳は、中学校の卒業の段階では、「現実的には『将来の職業』であるとか『これからの人生や生き方』といった、いわゆるストレートに『進学（特に、高校受験）』に結びつかない進路問題は先延ばしして、前向きに取り組むことを回避するような傾向がうかがわれる」と指摘し、目前に迫った卒業時の「進学問題」が、「将来の職業」や「人生・生き方」について積極的に自分に問いかけることよりも優先されてしまう傾向を推察している。そして、「中学校の進路指導が、特に卒業学年においては、『職業や生き方』から離れた『進学（受験対策）中心』の指導に重点が置かれがちな現状を示唆している」と述べている。進路指導を行う上では、職業進路成熟や人生進路成熟の側面を軽視せず、それらが教育進路成熟の基盤となるものであることを自覚しながら、生徒個人の個性にそって、生徒が明確な目的意識をもって進学できるように努めることが重要であろう。

B．アイデンティティの探求

　進路決定は、自分とは何かを見据え、自分は何をして何を支えに生きるのか、という問いと直面する問題でもある。つまり、自分の適性や興味・関心や性格などを等身大で捉え、自分らしく生きるための道を選んでいく作業である。これは、アメリカの精神分析学者エリクソン（E.H.Erikson）が、青年期における心理・社会的課題として唱えたアイデンティティ確立の課題である。

　エリクソン以降、職業がアイデンティティの主要な側面となることは、これまでに広く認められてきたし、青年期のアイデンティティ形成を論じる際にも職業の問題はその中核的なものとして考えられてきた（村山，1994）。エリクソンによれば、青年期のアイデンティティの混乱は、「職業的アイデンティティに安住することができないという無力感」である。アイデンティティの概念には、「私は何ものなのか」、「私は何のために生きているのか」、「私の人生の意味は何か」など「意味世界」を求め、その中に自分を確立・定位するという実存的な側面が含まれる。この点に着目する時、職業という「基本的な人生への

関与」の諸側面はアイデンティティ形成のひとつの重要な指標になると考えられる（鑪・山本・宮下，1984）。それほど、青年期のアイデンティティ確立にとって職業的アイデンティティが果たす役割は大きいといえよう。

だが職業発達とアイデンティティの理論研究の交流は、これまで必ずしも十分に行われてきたわけではない（村山，1994）。この点についてラスキン（Raskin, 1985）は、職業発達の理論とアイデンティティの理論についてレヴューし、職業発達はアイデンティティと重なり合うところが大きく、また両者は補完し合う関係にあることを指摘している。

このように"職業的アイデンティティ"とは、"アイデンティティ"概念と重複する部分も大きいものの、ある職業に限定したアイデンティティということで区別される。たとえば、看護師としての職業的アイデンティティ、教員としての職業的アイデンティティというように用いられる。また、ハーシェンソン（Hershenson,1967）は、自分が抱く自己像と他者の目に映る自己像との一致の程度をエリクソンにならって「アイデンティティの感覚」と呼び、これと、自分が選んだ仕事が肌に合うという感覚（職業的適合感）がアイデンティティの形成に寄与するのだと仮定した。

それでは、より専門化された学校段階である医療系大学生を例にとって、入学前の進路決定の問題が、職業的アイデンティティの形成にどのような影響を及ぼしているか見てみよう。藤井ら（2002）は、看護学科・理学療法学科・作業療法学科・放射線技術化学科という4つの医療職種養成課程の学生を対象に「アイデンティティの感覚」に焦点を当て、彼らの職業的アイデンティティの構造を分析した。「アイデンティティの感覚」とは、エリクソンによる「時間－空間における自分の存在の斉一性（Sameness）と連続性（Continuity）の自覚、及び他人が自分の同一性と連続性とを認めているという事実の自覚」という定義に基づくもので、現象学的なアプローチを試みている。

すると、医療系学生の職業的アイデンティティとは、表14－1のようになった。

このように、職業的アイデンティティの感覚とは、4つの側面が組み合わさ

表14-1 医療系学生における職業的アイデンティティの構造

	個人的側面(P)	社会的側面(S)
斉一性(S) (Sameness)	Ps かけがえのない自分自身との一致した態度 ：「医療職を志す学生として、私は他の誰とも違う自分自身であり、私一人しかいない」という自己一致の感覚 →f2 医療職観の確立	Ss 社会との関係の中での自己一致した態度 ：「医療職を志す学生として、私は他の誰とも違う自分自身であり、私一人しかいない」という自分の認知が社会の中でも一致しているという感覚 →f3 医療現場で必要とされることへの自負
項目例	・自分がどんな看護をしたいかはっきりしている ・私は自分らしい看護をしていくことができると思う	・私は看護職として医療の世界で不可欠な存在であると思っている ・私は看護者として、患者に必要とされていると思う
連続性(C) (Continuity)	Pc 過去から将来にわたる自分に対する一貫した態度 ：「医療職を志す学生として、今までの私もずっと私であり、今の私もこれからの私も、ずっと私であり続ける」という自己一致の感覚 →f1 医療職の選択と成長への自信	Sc 過去から将来にわたる社会との関係の中での一貫した態度 ：「医療職を志す学生として、今までの私もずっと私であり、今の私もこれからの私も、ずっと私であり続ける」という自分の認知が他者との関係の中でも一致しているという感覚 →f4 社会への貢献の志向
項目例	・私は看護職を選択したことはよかったと思う ・私は看護職を生涯続けようと思っている	・私は看護職として、患者に貢献していきたい ・私は看護職として社会に貢献していきたい

（藤井ら，2002をもとに作成）

った複合的な概念であるといえよう。ここでは医療職を例にとって内容を検討しているが、職業的アイデンティティを整理する側面は共通のものと考えることができる。職種別にこの4側面からアイデンティティを捉え直してみると理解しやすいだろう。しかし、藤井ら（2002）が指摘するように、その職種ごとに理論的背景や社会的役割・地位の差異によって職業的アイデンティティの高め方は異なる。職種別の特徴をよくふまえ、青年が希望する職種の職業的アイデンティティについての示唆を与えていくことが大切であろう。

C．キャリア発達

これまで述べてきたように、教育現場においても進路というものをさらに大きな枠組みで捉える動きが主流になってきた。「キャリア教育」がそれであり、

家庭、地域、職業生活の中でアイデンティティを探求し、主体的な生き方の創造につながる学校教育が目指されている。キャリアとはそもそもラテン語でcarrus（車）およびcurrere（走る）を語源としており、そこから人がその道に沿って進むこと、ひいては生涯、経歴という意味に発展したといわれる。スーパー（Super, 1980）によれば、キャリアは出生から「成長」「探索」「確立」「維持」「衰退」のプロセスの中で「子ども」「生徒・学生」「余暇を楽しむ人」「市民」「労働者」「配偶者」「家庭人」「親」「年金生活者」という9つの役割に関連して、生涯にわたって発達していく。日本ではこれまで、「キャリア」という語は資格の要る特殊な職業をさすことが多かったが、最近では単なる職業を超えて、人生や生き方を含めた概念として広く捉えられるようになった。

　キャリア発達について河﨑（2002）は、図14－6に示すような4つの決定プロセスを見出している。「早期決定型」とは、小・中学校段階でたとえば先生になりたいといった漠然とした特定の職業イメージを内在化し、周囲の意見やアルバイト・ボランティアなどの就労的経験で強化されながら、顕著な葛藤経験がないまま職業を決定していくタイプであり、教員志望者に多くみられる。「途中変更型」とは、小・中学校段階で内在化された職業イメージを、成績による進学先の調整・両親などの周囲の反対・就労的経験や突発的状況変化によって大きな葛藤をともなって変更するタイプであり、公務員・主婦・企業内定者に見られる。「直前決定型」は、中・高等学校時代に実現可能な職業イメージを構築できず、成績によって受動的に進学先を決定し、大学進学後も職業イメージが拡散しアルバイトなどの就労的経験につながらないまま、就職活動期に初めて短期間の葛藤経験をともなって決定を行うタイプである。この時、自分と向かい合う作業は非常に辛い経験として認知され、職業を知らない現実に焦りや戸惑いを感じ、決定した最終的な進路は「決めるというよりも、決まった進路」として受けとめられる。このタイプは企業内定者に多い。「回避型」は、職業イメージが拡散したまま、就職活動期になっても活動を行わず、決定を回避するタイプである。この場合には自分を見つめることも考えることも避けて通りたいこととして認識しており、将来のヴィジョンも明確ではなかった。

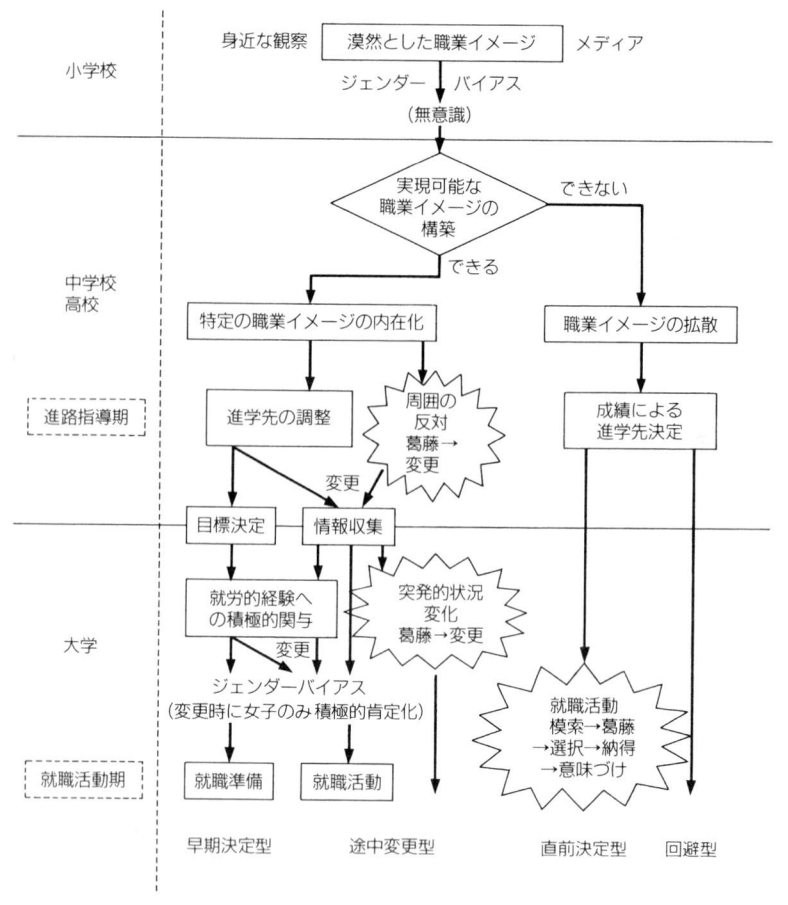

```
小学校          身近な観察    漠然とした職業イメージ    メディア
                          ジェンダー ↓ バイアス
                               (無意識)
─────────────────────────────────────────────────
                        ┌─────────┐
                        │実現可能な│ できない
                        │職業イメージ├──────┐
                        │の構築    │       │
                        └────┬────┘       │
中学校                   できる│            │
高校                    ┌────┴────┐  ┌────┴────┐
                        │特定の職業│  │職業イメージ│
                        │イメージの│  │の拡散    │
                        │内在化    │  └────┬────┘
                        └────┬────┘       │
                             ↓        周囲の    │
進路指導期          ┌────────┐ 反対  ┌────────┐
                    │進学先の │ 葛藤→ │成績による│
                    │調整    │ 変更  │進学先決定│
                    └───┬────┘       └────┬────┘
─────────────────────────────────────────────────
                    ↓    変更
                 ┌─────┐ ┌─────┐
                 │目標決定│ │情報収集│
                 └──┬──┘ └──┬──┘
                    ↓        │    突発的状況
大学            ┌────────┐   │    変化
                │就労的経験│   │    葛藤→変更
                │への積極的│   │
                │関与      │   │
                └────┬────┘   │
                     変更      │      就職活動
                ジェンダーバイアス      模索→葛藤
                (変更時に女子のみ      →選択→納得
                 積極的肯定化)         →意味づけ
就職活動期    ┌──────┐ ┌──────┐
              │就職準備│ │就職活動│
              └──────┘ └──────┘
                早期決定型  途中変更型  直前決定型  回避型
```

〈早期決定型〉 小・中学校段階で特定の職業イメージを内在化し,周囲の意見や就労的経験で強化されながら,顕著な葛藤経験がないまま職業を決定していく型
〈途中変更型〉 小・中学校段階で内在化された職業イメージを,成績による進学先の調整・両親などの周囲の反対・就労的経験や突発的状況変化によって大きな葛藤を伴って変更する型
〈直前決定型〉 中・高等学校時代に実現可能な職業イメージを構築できず,大学進学後も職業イメージが拡散したまま,就職活動期に初めて葛藤経験を伴って決定を行う型
〈回 避 型〉 職業イメージが拡散したまま,就職活動期になっても活動を経験せず,決定を回避する型

図14-6 キャリア決定プロセス (河崎, 2002)

さらに河崎は、キャリアの捉え方には男女による特徴的な差があること（第3節にて詳しく述べる）、ジェンダーの影響、葛藤経験の意義などが影響することを指摘している。キャリアの発達経路は一様ではなく、さまざまな要因が絡み合う、非常に個別性の高い問題であるといえよう。

　またその後、落合ら（2004）は医療系大学生において進路決定プロセスを検討し、河崎による4つのタイプに加え、「出会い型」という5つ目のタイプがあることを見出している。「出会い型」とは、高等学校時代にある時、看護師などの特定の職業があることを知り、その職業について詳しい情報を得て、それ以来その職業を目指しているタイプである。看護師や理学療法士、作業療法士などという職種は、近親者に同職種の人間がいればイメージがわきやすく、早期に決定できるが、身近に同職種の人間がいない場合、マスコミや職業情報や進路指導などを通して初めて触れる職種である。すなわち、周囲からもたらされる職業についての情報と、自分の適性とを照らし合わせ、進路を決定してきたタイプであるといえよう。

　そして、この5つの進路決定プロセスと職業的アイデンティティとの関連を検討したところ、医療系学生においては「出会い型」と「早期決定型」が多く、両者は総じて職業的アイデンティティのいずれの側面も高いことが示された。また、「回避型」は職業的アイデンティティのすべての側面において他のタイプよりもきわめて低く、大学教育へも適応が悪いことや、将来の職業的アイデンティティを予測できる可能性が指摘された。

　上記の結果は、医療系職種特有の特徴を表しているだろうが、どのようにして進路を決定してきたかということが、自分が職業人としてのアイデンティティを獲得するためには非常に重要であり、それらは長期にわたって影響し続けることは、すべての職種・生き方に共通している。その意味においては、学校教育段階における進路決定プロセスへの援助、キャリア教育が、一生に関わる重要な責任を負っているといえよう。

第3節　進路指導の実際

A．キャリア教育

　これまで述べてきたように、職業や進路は家庭・地域・職業生活といういくつもの側面を複合的に、人生全体にわたって主体的に位置づけていくべきものである。そのためには、大学入学前の小・中・高等学校時代のキャリア教育が非常に重要である。それは単なる進学指導ではない。さまざまな職業に触れ、それを自分の適性や興味に照らして選び取っていく「人生づくり」の作業である。

　日本でも仙崎ら（1998）の研究を端緒として、キャリア教育の必要性がいわれるようになった。中央教育審議会の答申では、キャリア教育とは、「学校教育と職業生活の円滑な接続を図るため、望ましい職業観・勤労観および職業に関する知識や技能を身につけさせるとともに、自己の個性を理解し、主体的に進路を選択する能力・態度を育てる教育」と示されている。

　日本では「進路指導」が戦前から「職業指導」として展開しており、それは就職指導として機能し、位置づけられてきた歴史がある。戦後は、1958年に学習指導要領の改定にともない、「進路指導」と名を変え、教科を超えて特別活動として実践が目指されるようになった。現在では、「キャリア教育」が「進路指導」に代わる新たな概念として近年学校教育において導入・実践されている。文部科学省（2005）は、進路指導と職業指導をキャリア教育の中核と認めた上で、従来のそれとの違いを述べている。すなわち、「従来の進路指導においては、"進路決定の指導"や、生徒一人ひとりの適性と進路や職業・職種との適合を主眼とした指導が中心だが、キャリア教育においては、キャリア発達を促す指導と進路決定のための指導とが系統的に調和を取って展開する。適合とともに、集団生活に必要な規範意識やマナー、人間関係を築く力やコミュニケーション能力など、適応にかかる幅広い能力の形成の支援を重視する」というものである。また、「従来の職業教育の取組では、専門的な知識・技能を習

得させることに重きが置かれており、生徒のキャリア発達をいかに支援するかという視点に立った指導は不十分であり、今後、キャリア教育の視点に立って、子どもたちが働くことの意義や専門的な知識・技能を習得することの意義を理解し、その上で科目やコース、将来の職業を自らの意思と責任で選択し、専門

表14－2　わが国におけるキャリア発達能力の構造化モデル（課題、能力、行動様式）（仙崎，1998）

能力領域	能力	発達区分 能力ラベル	児童期	思春期	青年期前期
キャリア設計	能力1	生活上の役割把握能力	・生活において、それぞれの役割が関連していることに気が付く。	・生活における役割が相互に関係していることを理解する。	・生活における役割の相互関係を理解し、その関係を示す。
	能力2	仕事における役割認識能力	・仕事には様々な役割があることに気が付く。	・仕事の中の様々な役割が変化していることを理解する。	・仕事の中の様々な役割が、互いに関連し、絶え間なく、変化していることを理解する。
	能力3	キャリア設計の必要性及び過程理解能力	・キャリア設計の手順に気付き、キャリア設計が大切であることを知る。	・暫定的なキャリア設計を行い、キャリア選択の過程について理解する。	・キャリア選択の過程を認識し、卒業後のキャリア設計を行う。
キャリア情報探索・活用	能力4	啓発的経験への取り組み能力	・役割を通じ働く習慣を身に付け、働くことにおける個人の責任に気が付く。	・生き方を探索する経験に取り組み、仕事に就くために必要な技能を知る。	・生き方を探索する経験に積極的に取り組み、仕事の変化に対応する技能を身に付ける。
	能力5	キャリア情報活用能力	・職業に関わる情報を理解し、使う技能を身に付ける。	・職業に関わる情報を、位置付け、理解し、運用する技能を身に付ける。	・職業にかかわる情報を位置付け、評価し、応用する技能を身に付ける。
	能力6	学業と職業とを関連づける能力	・学校で学んだことが、生活や職業と関連があることに気が付く。	・学校で学んだことが、社会や仕事を行う上でどのように役立つか知る。	・学校で学んだことと、キャリアとの関係を理解し、その繋がりを深める。
	能力7	キャリアの社会的機能理解能力	・仕事が社会の必要や機能にどのように関連しているかに気が付く。	・仕事が経済および社会において必要とされる機能にどのように関連しているかを理解する。	・社会的な必要や機能が、仕事の本質や構造にどのように作用しているか理解する。
意思決定	能力8	意思決定能力	・意思決定の方法を理解する。	・意思決定の技能を身に付け、それに伴う責任を受け入れる。	・意思決定を行い、その過程を一般化する。
	能力9	生き方選択能力	・将来の夢として職業人を同一視する。	・さまざまな仕事を通し、生き方について考える。	・仕事を通し、生き方を選択決定する際の課題を整理し、積極的に解決する。
	能力10	課題解決自己実現能力	・役割などを通じ、自分を示す。	・役割を果たす中で、自己を自立させ、実現することの重要性を知る。	・自己を実現する重要性を理解し、その課題を判断し、解決する技能を身に付ける。
人間関係	能力11	自己理解・人間尊重能力	・自分を知り、他者を尊重する重要性を知る。	・自分の良い面がわかり、自分の行動が他者に与える影響を理解する。	・自分の良い面を知り、行動が他者に与える作用とキャリアとの関連を理解する。
	能力12	人間関係形成能力	・他者との関わりの中で、自分自身の感情が変化し、成長することに気が付く。	・他者との関わりの中で、感情が変化し、成長することの重要性を理解し、人間関係作りを大切にする。	・他者との関わりによる感情の変化と自己の成長を理解し、効果的に他者と関わる機能を身に付ける。

第14章　進路指導にまつわる理論と指導の実際　207

的な知識・技能の習得に意欲的に取り組むことができるよう指導の充実が必要」であるとし、キャリア教育を推進している。すでに仙崎ら (1998) によって進路指導におけるモデルも開発され、実践に直接的な影響を与えている(表14－2)。

　だが、実際の青年たちにとって、キャリアの捉え方には男女で特徴的な差がある（図14-7）。河崎（2002）は、大学4年生の男女を対象に調査を行い、男性の場合は「職業キャリアを人生の中心と位置づけて職業に経済的責任と人間的成長の役割を認め、家庭生活は副次的なもの」とみなしていたこと、「男性は自分の職業キャリアを、賃金労働として"経済的責任を果たすもの"として位置づけ、その賃金労働の中で"自己が成長したり、人間的に幅が広がるもの"と捉え」、「その基盤のうえに積み重ねていくように生活キャリアが形成されるが生活キャリアに対しては責任や人間的成長は求めていなかった」ことを明らかにしている。その上、多くの男子学生が、「生活キャリアは結婚後にはいやおうなく増大して職業キャリアに侵食してくると、将来の不安要因として捉えていた」という。

　一方、女性は「職業キャリアは楽しみや生きがいのためのものとして、生活は逃れられない責任として位置づけ」ていたが、「現実には楽しみや生きがいのある職業キャリアにめぐり合い持続していくことは簡単ではないと予測して

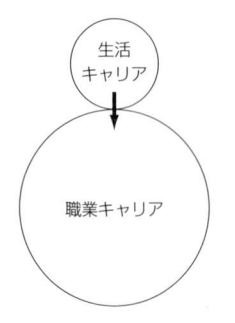

| 職業キャリア | 経済的責任と人間的成長のための職業 |
| 生活キャリア | 職業キャリアの基盤の上に積み重ねられるサブ労働 |

図14－7－1　男子学生のキャリアのとらえ方
（河崎，2002）

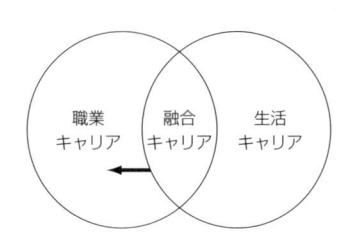

職業キャリア	楽しみや生きがいのための仕事
生活キャリア	責任としての家事・育児
融合キャリア	生活の延長線上にある趣味等を活かした楽しみや生きがい等のための趣味的仕事

図14－7－2　女子学生のキャリアのとらえ方
（河崎，2002）

いる」ことを明らかにしている。そして、責任としての生活キャリアを"素敵に"演出できるような融合的なキャリア、すなわち職業キャリアに求める楽しさや生きがいと、責任としての生活キャリアを融合させた趣味的に行うキャリアを、別のキャリアとして詳細にイメージしていたという。

　また、男女がお互いに抱くキャリアの捉え方は一致し、男女ともに職業をもつという考え方に肯定的で、問題は内容に見受けられた、としながらも、「責任の所在は、男性が経済的責任、女性が家庭での家事・育児などのケア責任と、性役割分業観に強く影響を受けたもの」であったことも同時に指摘している。つまり、経済的な責任と、家事・育児などのケア責任を、男女で共に担うという意識は非常に希薄であった。仕事と家庭のバランスを取りながら人生を歩んでいくことは、男女がともに担うべき課題であることは、青年自身も理解しているが、男女共同参画社会が叫ばれるようになって久しいにもかかわらず、実際には学校教育の場面においても、このような価値観が浸透していない現実が反映されたものといえる。この点は、キャリア教育の中でも重視していかなければならない側面である。また、キャリア教育の構築にとって、諸外国における教育プログラムとの比較は非常に有効であると思われるが、それは河崎(2002)に詳しいので、ここでは省略する。

B．進路指導の実践

　2003年、『13歳のハローワーク』(村上，2003) という本が出て話題を呼んだ。ここでは、13歳という自由と可能性を秘めた段階で、多くの職業の中から好奇心の対象を探すことが目的とされ、百科事典的に職業が紹介されている。そのため、自分の興味に沿って、どんな職業があるかを探せるようになっている。また、労働政策研究・研修機構のホームページにも「職業データベース」が設置され、学歴・資格の有無・年齢構成・性別構成・将来の需要などの条件によって検索できるシステムができている。高等学校までの学校教育では、職業の多様性や、それにともなう進路選択についての情報は十分とはいえない。こういった情報を有効に活用していくことが望ましい。

また、先述した仙崎ら (1998) の研究を端緒としてキャリア教育が提唱されるようになり、キャリア教育的内容の新科目の設置や、地域社会における啓発的経験プログラムが小・中・高等学校において実践されるようになってきている。現在、キャリア教育的内容の科目としては、「総合的な学習の時間」や「産業社会と人間」などがある。「総合的な学習の時間」では、自ら課題を設けて行う学習や将来の生き方を考える学習、自然体験やボランティア活動などの体験的な学習や問題解決的な学習、グループ学習や異年齢集団による学習、地域の人びとの参加による学習、地域の自然や施設を積極的に生かした学習などの多様なものが認められ、その内容の計画は各学校の裁量に任されている。

　たとえば茨城県では、地元の伝統産業を担う人びとや、地域の伝承を語る高齢者をゲストティーチャーとして招いて地域を理解する取り組みを行ったり、多くの学校で1週間程度の職業体験学習を取り入れたりしている。漠然とした職業イメージを、実際に体験することで、やりがいも大変さも知ることができ、「働く」体験は有効であろう。

　しかしその一方で、内容のレベルは学校間に隔たりがあり、必ずしも生涯にわたる生き方を考える授業実践には至っていないという問題点がある。渡辺 (2004) は、「キャリア教育は、若者の指導・支援に当たる我々が、治療者でも裁判官でもなく、真の教育者になることを求める。言い換えれば、『すべての子どもに未来がある』という確信を持って、『今だから育つ力』を最大限に発達させられるように、子ども達の生活の場である教育現場とそれを取り巻く社会を有効に生かす力を求めている。そのためには我々自身がまず人間関係形成能力、意思決定能力、情報探索活用能力、そして将来設計能力を発達させなければならない」と述べ、教師のキャリア教育への理解と能力の向上を提言している。すなわち、教員のキャリア教育に対する理解と資質の向上を前提として、クラス・集団全体への指導・援助と、個別の指導・援助とを整理し、キャリア発達の知見を積極的に取り入れ、経験則のみで動くのではなく、脱教室、脱進学指導という視点で進路指導を行っていく必要があろう。

引用文献

Erikson, E.H. 1967 *Identity: Youth and crisis*. New York,：Norton.
エリクソン，E.H. 1973 岩瀬庸理（訳）『アイデンティティー青年と危機ー』 金沢文庫．
藤井恭子・野々村典子・鈴木純恵・澤田雄二・石川演美・長谷龍太郎・山元由美子・大橋ゆかり・岩井浩一・N.D.パリー・才津芳昭・海山宏之・紙屋克子・落合幸子 2002 医療系学生における職業的アイデンティティの分析，茨城県立医療大学紀要，7,131-142.
Hershenson,D.B. 1967 Sense of identity, occupational fit, and enculturation in adolescence. *Journal of Counseling Psychology*, 14, 319-324.
伊藤裕子 2002 どのように社会に関わるか 落合良行・伊藤裕子・齊藤誠一『青年の心理学』有斐閣．
河崎智恵 2002 キャリア教育を通じてアイデンティティを育てる，岡本祐子（編著）『アイデンティティ生涯発達論の射程』ミネルヴァ書房．
小杉礼子・堀有喜衣・長須正明・宮本みち子・沖田敏江 2004 『移行の危機にある若者の実像－無行・フリーターの若者へのインタビュー調査（中間報告）－』労働政策研究報告書，6.
文部科学省 2004 『データからみる日本の教育』国立印刷局．
文部科学省 2005 キャリア教育の推進に関する総合的調査研究協力者会議報告書－児童生徒一人一人の勤労観、職業観を育てるために－．
文部省・中央教育審議会 1999 『初等教育と高等教育との接続の改善について』．
村上龍 2003 『13歳のハローワーク』幻冬社．
村山満明 1994 職業アイデンティティに関する研究，鑪幹八郎・宮下一博・岡本祐子（共編）『アイデンティティ研究の展望Ⅱ』ナカニシヤ出版．
尾高邦雄 1953 『新稿・職業社会学』 福村書店．
落合幸子・本多陽子・藤井恭子・落合良行 2004 医療系大学生における職業的アイデンティティの形成と教育（1）－医療系大学進学時の進路決定プロセスと職業的アイデンティティとの関連，日本教育心理学会第46回総会発表論文集，642.
Raskin,P.M. 1985 Identity and vocational development. *New Directions for Child Development*, 30, 25-42.
坂柳恒夫 1992 中学生の進路成熟に関する縦断的研究，愛知教育大学教科教育センター研究報告，16, 299-308.
仙崎武・職業教育進路指導研究会 1998 『平成8・9年度文部省委託調査研究 職業教育および進路指導に関する基礎的研究（最終報告）』．
白井利明 1986 現代青年の未来展望について，大学進学研究，8(3), 41-47.
総務省 2003 『労働力調査』国立印刷局．
総務庁 1998 『世界の青年との比較からみた日本の青年』大蔵省印刷局．
Super, D.E. 1980 A life-span, life-space approach to cacreer development. *Journal of Vocational Behavior*, 16, 282-298.
鑪幹八郎・山本力・宮下一博 1984 アイデンティティ研究の展望Ⅰ ナカニシヤ出版．
渡辺三枝子 2004 若年者のキャリア教育推進，ビジネス・ペーパー・トレンド7月号 日本労働政策研究・研修機構．

事項索引

ア 行

アイデンティティ　47,76,77,124,135,200,201
明るい不登校　79
アサーショントレーニング　98
アスペルガー症候群　166
アンダーアチーバー　147
生き方支援　79
生きていく力　81
いきなり型非行　58,117
いじめ　12,56,58,66,76,86,88,91,93,95,101,117,163
　——の構造　88
　——の様態　92
いじめっ子　88
いじめられっ子　88
一次的教育援助　33
インテグレーター役割　35,36
うつ病　178
運動障害　162
オヤジ狩り　121

カ 行

開発的カウンセリング　33
回避性人格障害　105
カウンセラー役割　35
カウンセリング　22,26,27,30,39,74
　——の技法　39
　——の基本的態度　39
鍵っ子生活　62
核家族　62
学習障害（LD）　149,163,165,167,168
学習遅滞児　148,151
学習不適応　147,160
仮想空間　65
学校恐怖症　57,73,74
学校の要因　62
家庭の要因　61
感覚障害　161
観察法　24
観衆　88,95
間接的いじめ　59
擬似欠損家庭化　62
気分障害　107
基本的生活習慣　12,132,133,136,141,144
虐待　85
キャリア・カウンセリング　51
キャリア教育　45,46,48,202,206,209
キャリア発達　46,48,52,202,203
教育課程　14
教育相談　20,32,33,36,163
教育相談係　35
教育相談体制　36
教科指導　15
共感的理解　39
強迫神経症　175
強迫性障害　107
キレ　58,121
偶然の機会を捉えての相談　42
ぐ犯少年　57,118
行為障害　118,120,176
交換ノート　28,29
高機能広汎性発達障害　171
高機能自閉症　107,161,163,165,171
構成的エンカウンターグループ　98
コーディネータ　82,83,85
校内でのチーム援助　82
校内暴力　174
心の教育相談室　97
こころの教室　113,187
孤食化　62
子育てグループ　145
個別指導　22,23,26

サ 行

蛹の時期　74,77,109
サポートグループ　114
参加観察法　24-26

213

三次的教育援助　34
視覚障害　161
自我の脆弱性　102
自己愛　104
自己愛性人格障害　104
自己一致　39
自　殺　177
自主来談による相談　42
思春期内閉論　77
思春期やせ症　177
自助グループ　114
自然的観察法　24
質問紙調査法　28
質問による非支持的リード　40
児童相談所　114
自発相談　42
社会慣習的発達　136
社会的交流の回避　102
社会的自立　81
社会的ひきこもり　100,102,103
集団指導　22,23
受動的被害者　89
受　容　40
成就指数　148
成就値　148
情緒的サポート　34
少年法　57
情報的サポート　34
将来展望　197
職業指導　206
職業的アイデンティティ　200,202,205
職業の意味　192
職業発達　201
触法少年　57,118
初発型非行　126
自律的動機づけ　138
新学習指導要領　20
心身症　76
心理検査法　29
進路指導　21,44,52,199,200,206,208
　　──の6分野　47
進路指導主事　54
進路指導体制　52
進路成熟　197,199

進路選択　190
進路相談　51
スクールカウンセラー　21,26,29,30,78,82,
　　　　84,113,127,183,186,188
スチューデント・アパシー　106,177
ストレスマネジメント教育　98
精神科医　29
精神障害　100,107,174,175,179,180,183
精神分析的心理療法　111
精神保健福祉センター　114
生徒指導　12,15,18,20,28,30,163,183
生徒指導主任　82
摂食障害　107
専門委員会型　37
専門機関　113
躁うつ病　176
早期脳障害　122
創作物を用いた方法　28
相談係　82

タ　行

大学の心理相談室　114
退却神経症　106
対人恐怖　176
対人恐怖心性　105
他の部などへの所属型　37
男女共同参画社会　209
知的障害　164
チャンス相談　42
注意欠陥多動性障害（ADHD）
　　　56,60,64,65,67,107,163,165,169
仲裁者　88
聴覚障害　161
挑発的被害者　89
直接言語的いじめ　59
直接身体的いじめ　59
治療的カウンセリング　34
通級指導教室　162
定期相談　42
適応指導教室　113
道具的サポート　34
登校拒否　57,73
統合失調症　107,176,178,185
道　徳　14,16,18,20

道徳性発達理論　136
特殊学級　162
特別活動　14,18-20
特別支援教育　161,165
特別な教育的ニーズ　167
独立型　37
トライやる・ウィーク　51

ナ・ハ行

二次的教育援助　34
ニート　45,194
認知行動療法　111
発達障害　85,161,164-167
発達性協調運動障害　165
発達促進的援助　33
犯罪少年　57,118
反社会的行動　117
反社会的人格障害　118
反射・明確化　40
ひきこもり　100,102,104,108,110,114
ひきこもり心性　104
非　行　12,26,56-58,85,117,118,120,122
　　　　124,130,163,174
微細脳機能障害（MBD）　165
否定的アイデンティティ　124
評価的サポート　34
ファミリーサポート事業　145
不安障害　107
不登校　12,26,56,72,85,102,111,113,163,
　　　　176,185
フリーター　45,194,195
プロモーター役割　35
分裂病質人格障害　106
勉強ぎらい　147
傍観者　66,88,95
暴力行為　117
保健室　113,127
母子分離不安　74

マ・ヤ行

ミニ・カンファレンス　83
無条件の肯定的関心　39
面接法　26
メンタルフレンド　110,114
盲聾養護学校　162
よい子志向　104
養護教諭　82,83,154,183
呼び出し相談　42
予防的援助　33
予防的カウンセリング　34
4層構造　88,89,95

ラ・ワ行

ラベリング理論　124
ラポール　40
臨床心理士　29
枠　23,30

人名索引

ア 行

アーシラス（Arcelus） 67
阿部年晴 25
American Psychiatric Association 60
池場望 48
石川悦子 133
石川義弘 122,126
磯部典子 106
伊藤忠祈記念財団 63
伊藤美奈子 78,192
稲村博 56,57,61,63
井上とも子 170
鑪幹八郎 22,26,201
岩野宣哉 141,145
ウィットニー（Whitney） 58,59
上野一彦 60,64,65,67
内山喜久雄 57
内山登喜夫 171
榎本博明 177
エリクソン（Erikson） 135,200
大井正己 124
大野精一 32
大野久 58
岡村達也 89
岡本英生 125
岡本祐子 100,104
小川一夫 24,129
尾高邦雄 192
落合幸子 205
オルヴェウス（Olweus） 58,59,61,64,66,87,
    90,93,97,99

カ 行

笠井孝久 155
笠原嘉 106,114,175
コルヴィン（Kolvin） 57
河崎智恵 208-210
菊池武剋 47,52,118
北島善夫 163

北村陽英 176,183,185,
衣笠隆幸 105,106
木村賢一 141
清永賢二 65,66
クリック（Crick） 59
黒田耕司 28
グロプター（Grotpeter） 59
桑原尚佐 66
小池敏英 163
河野荘子 125,126
古賀靖之 63
國分康孝 98
小杉礼子 194,195,197
ゴットフレッドソン（Gottfredson） 125
小林寿一 63
小林正幸 114
小松貴弘 104
コールバーグ（Kohlberg） 136,137
近藤文里 170

サ 行

齋藤久美子 25
斎藤環 101,103,112
坂野雄二 57
坂本昇一 98
坂柳恒夫 48
桜井茂男 132
佐藤郁哉 25
サリヴァン（Sullivan） 24,65,136
サルミヴァリ（Salmivalli） 66
司馬恵理子 60,64,67
清水賢二 58,62
清水貞夫 167
清水敬 153
Sharp 87,93
ジョンソン（Johnson） 56,61
白井利明 197
眞城知己 167
菅野盾樹 88
スミス（Smith） 58,59,87,93

スリー（Slee）　59,63
瀬川晃　121
仙崎武　44,52,206,208
総務庁　191
園田雅代　98

タ　行

高木隆郎　62
高橋祥友　177
高橋良彰　61
滝川一廣　76,118,164
田中千穂子　110
玉瀬耕治　142
中央教育審議会　45
辻村哲夫　30
坪内宏介　125
徳山美智子　183
富田ひさえ　145

ナ　行

中釜洋子　98
仲田洋子　114
鍋田恭孝　101,106,111,112
西村春夫　58
日本教育心理学会　33
野添新一　63
野村総一郎　179

ハ　行

ハウス（House）　34
ハーシー（Hirschi）　125
ハーシェンソン（Hershenson）　201
橋本治　182
橋本和明　129
葉梨康弘　120
浜名外喜男　24
速水敏彦　138
ハロウェル（Hallowell）　60
バンデューラ（Bandura）　123,133
ピアジェ（Piaget）　136
平野恵子　59
弘中正美　109
深谷和子　89

福島章　58,62,122
福田博行　96,98
藤井恭子　201,202
星野仁彦　61
堀恵子　181,186,187

マ　行

町沢静夫　105,114
松原達哉　151
マンデン（Munden）　67
三浦香苗　147,150,151
三隅二不二　25
緑川徹　63,65
宮崎大学教育学部教育社会学研究室　59
宮下一博　58,201
村上龍　209
村松励　125
村山満明　200,201
森敏昭　28
森田洋司　79,80,87,90,93,95
文部科学省　12,15,18,20,22,30,56,57,63,67,
　　　　　　90,93,94,190,206
文部省　57,61,117,132,144

ヤ・ラ行

安川禎亮　125
山家均　185
山岸明子　138
山口薫　167
山口透　62
山中康弘　77
山中康裕　109,112,174
吉田寿夫　28
吉益脩夫　122
米村公俊　54
ラスキン（Raskin）　201
ラッティ（Ratey）　60
リグビィ（Rigby）　59,63
リヴァーズ（Rivers）　59
ロジャーズ（Rogers）　39,73
渡辺三枝子　210
渡辺康弘　58

編著者略歴

宮下　一博（みやした　かずひろ）

　1953年　東京都に生まれる
　1981年　広島大学大学院博士課程後期教育心理学専攻中退
　現　在　千葉大学教育学部教授
　主　著　『子どもの発達と学習』（北樹出版，1997年，共編著）
　　　　　『教育現場に根ざした生徒指導』（北樹出版，1998年，共著）
　　　　　『子どもの心理臨床』（北樹出版，1999年，共編著）
　　　　　『ひきこもる青少年の心』（北大路書房，2003年，共編著）
　　　　　『もろい青少年の心』（北大路書房，2004年，共編著）
　　　　　『さまよえる青少年の心』（北大路書房，2004年，共編著）
　　　　　『傷つけ傷つく青少年の心』（北大路書房，2004年，共編著）
　　　　　『大学生の自己分析』（ナカニシヤ出版，2008年，共著）
　　　　　『大学生のキャリア発達』（ナカニシヤ出版，2010年，単著）

河野　荘子（こうの　しょうこ）

　1971年　兵庫県に生まれる
　1998年　名古屋大学大学院教育学研究科博士課程後期課程修了
　現　在　名古屋大学大学院教育発達科学研究科助教授　教育学博士
　主　著　『生きる力をつける教育心理学』（ナカニシヤ出版，2001年，
　　　　　共著）
　　　　　『キレる青少年の心』（北大路書房，2002年，共著）
　　　　　『非行の語りと心理療法』（ナカニシヤ出版，2003年，単著）
　　　　　『臨床心理学の実践1　心理療法の実践』（北樹出版，2004年，
　　　　　共著）

生きる力を育む生徒指導　[改訂版]

2005年 4 月 1 日　初版第 1 刷発行
2007年 9 月10日　初版第 2 刷発行
2011年 4 月 1 日　改訂版第 1 刷発行
2013年 9 月 1 日　改訂版第 2 刷発行

　　　　　編著者　宮　下　一　博
　　　　　　　　　河　野　荘　子

　　　　　発行者　木　村　哲　也

・定価はカバーに表示　　　印刷　恵友社／製本　カナメブックス

　　　　　発行所　株式会社　北樹出版
　　　　　〒153-0061　東京都目黒区中目黒1-2-6
　　　　　電話(03)3715-1525(代表)　FAX(03)5720-1488

Kazuhiro Miyashita & Syōko kōno, 2011, printed in Japan
（落丁・乱丁の場合はお取り替えします）　　ISBN　978-4-7793-0276-3

田中富士夫 編著
臨床心理学概説 [新版]

理論的基盤の多元化、技法の多様化に加え、その活動領域の範囲が著しく拡大されてきた今日の臨床心理学の現状を俯瞰できるような基礎的テキストたることをめざした最新版。巻末に用語解説をも付す。
Ａ５上製　261頁　2500円（551-9）　[1996]

森谷寛之・竹松志乃　編著
はじめての臨床心理学

臨床心理学の基本的知識を分かり易く丁寧に解説した入門書。臨床心理学の定義、歴史などの概説から、心理検査法や療法といった実務面の説明に至るまで、豊富な図表と具体的事例にもとづき平易に叙述。
Ａ５上製　240頁　2500円（550-0）　[1996]

塩崎尚美　編著
実践に役立つ臨床心理学

第Ⅰ部では実践の活用という視点から臨床心理学の諸理論を解説し、第Ⅱ部では第一線の実践家が臨床現場での臨床心理士の仕事の現状を紹介。基礎を養い今後の課題を明確にした理論と実践を繋ぐ入門書。
Ａ５並製　196頁　2100円（0148-3）　[2008]

鎌倉利光　著
こころを支える臨床心理学と発達教育

臨床心理学と発達教育に関する心理学の基礎入門書。臨床心理学の基礎知識や精神疾患について概説の上、人間の生涯発達を踏まえつつ、教育現場での問題やこころの問題に対し支援や介入の方法について学ぶ。
Ａ５並製　116頁　1700円（0169-8）　[2009]

村尾泰弘　著
家族臨床心理学の基礎
　問題解決の鍵は家族の中に

家族を知ることは個人を理解する上で必要不可欠であり、家族関係を改善することによって個人の問題は飛躍的に改善されるとする家族の視点からの臨床心理学の考え方と技法を論じる。新しい流れや技法も紹介。
Ａ５上製　174頁　2000円（804-6）　[2001]

井村たかね　著
家族臨床心理学の視点

人間関係の希薄さ・自らの家族をつくることへの不安・キャリア化した女性の結婚観の変化等、家族の現状とその中で起こる問題状況を紹介しながら臨床心理の視点で選択の主体としての生き方を学ぶ好著。
Ａ５上製　216頁　2400円（0111-7）　[2007]

若島孔文　編著
犬と家族の心理学
　ドッグ・セラピー入門

ドッグ・セラピーの研究理論を実践例、事例を交えつつ概説。またより良いコミュニケーションに向け、心理学的見地から犬及び犬種の特性を捉えつつ具体的に解説。ペットロスの要因やケアについても詳説。
Ａ５並製　104頁　1700円（0087-5）　[2007]

伊藤亜矢子　編著
学校臨床心理学 [改訂版]
　学校という場を生かした支援

スクールカウンセラー、特別支援コーディネーター等は学校でどのような支援や工夫が可能なのか。校内心理職をどう活用すれば良いのか。実践に結びつく基本的な知識を概説すると共に現場における具体実践例を紹介。
Ａ５並製　168頁　1800円（0201-5）　[2009]

沢崎俊之　編著
学校教師のアサーション（仮題）

[近　刊]

木ノ瀬朋子・山﨑千穂 著
こころを支える心理学
パーソナリティとメンタルヘルスを考える

パーソナリティ心理学の諸理論を解説することによりこころについての理解を深め、さらにストレスの知識、カウンセリング、精神科医療についても分かりやすく説明した。こころの健康に役立つテキスト。
A 5 並製 162頁 1800円 (0229-9) [2010]

会沢信彦・安齊順子 編著
教師のたまごのための教育相談
＜教師のたまご応援ブックス＞

子どもの乳幼児から高校までの発達と特徴的課題を概説し、昨今の問題を捉えた上で、校内外の連携のなかでいかに効果的に子ども達を支援し、問題に対応できるかを探る。実践視点の教育相談のテキスト。
A 5 並製 184頁 1900円 (0230-5) [2010]

新井邦二郎監修　藤枝静暁・安齊順子編著
保育者のたまごのための保育心理学
＜保育者のたまご応援ブックス＞

保育者の視点から発達を捉える発達心理学の入門書。子どもの具体的発達がよく分かるよう編まれ、事例も豊富に掲載し、保育する立場になったとき知識がより良い実践につながるよう諸連携についても解説。
[近　刊]

卯月研次・後藤智子 著
教育相談入門
生きる力・かかわる力を育むために

[近　刊]

榎本博明・飯野晴美・宮嶋秀光 編著
教育心理・生徒指導のキーワード

発達や性格、臨床領域などのほか、教育心理や生徒指導に関わる領域の基礎用語に子どものよき理解者となるには何が必要なのかにまでふみこんだ、より生き生きとした教育活動の展開にむけた実践的解説を付す。
四六上製 280頁 2700円 (667-1) [1998]

渡辺弥生・丹羽洋子・
篠田晴男・堀内ゆかり　著
学校だからできる生徒指導・教育相談
[改訂版]

近年の子ども、学校をめぐる様々な問題に対処すべく、こころのケアを考える。教師の考え、立場を考慮しつつ、いかに子どものこころを知り、発達をふまえた対応をしてゆくかを具体的に分かりやすく説き明かす。
四六並製 256頁 2300円 (0033-9) [2006]

濱口佳和・宮下一博 編著
子どもの発達と学習
〈子どもの心を知る　第1巻〉

発達の基礎概念、心身の諸側面の発達過程、教育の場での関わりと構造などを、豊富な図表や用語解説を織り込み詳説する。また随所に設けられたトピックでは教育をめぐる興味深い最新問題を取り上げる。
A 5 上製 211頁 2200円 (591-8) [1997]

弘中正美・濱口佳和・宮下一博　編著
子どもの心理臨床
〈子どもの心を知る　第3巻〉

いじめ、不登校、家庭内暴力など問題山積の子どもの心に焦点をあて、臨床心理学に関する正しい認識と知識をもつことを通して子どもの心の問題を見つめる目を養ってもらうことを意図としてまとめられた好著。
A 5 上製 228頁 2300円 (715-5) [1999]

髙田知惠子　編著
子ども　おとな　社会
子どものこころを支える教育臨床心理学

子どもの健やかな育ちのために、発達段階で生じる心身の問題、不適応、非行、性といった現代の子どもの発達の諸側面を解説。保護者・教師・学校・地域等、子どもを取り巻く環境の問題と連携とを考察。
A 5 並製 168頁 1900円 (0247-3) [2010]

肥田野 直 編著	大学の教職課程及び専門課程におけるテキストとして平易にして、オーソドックスな叙述により、基本に関する知識を要領よく盛り込む。きわめてバランスのとれた最新のテキストとして好評の書の改訂版。
教育心理学の展開 [改訂版]〈大学教養選書〉	A5上製 228頁 2400円 (536-5) [1996]
服部環監修 安齋順子・荷方邦夫 編著	発達・教授・学習等教育心理学の基礎的事項を取り上げ、重要な項目を分かりやすく解説した上で、カウンセリング・特別支援教育等、学校における心理教育的援助と関連事項を具体例をひきつつ、解説。
「使える」教育心理学	A5並製 208頁 2300円 (0177-3) [2009]
伊藤崇達 編著	「やる気」を切り口に、動機づけ研究の最新知見に基づいて理論・概念を丁寧に解説。実証的な知見に基づきつつも、より効果的な学習に結びついていくよう、事例や実践例も多く交えて説明した充実の書。
やる気を育む心理学 [改訂版]	A5並製 150頁 1800円 (0218-3) [2010]
今井むつみ・野島久雄 著	学びの科学の最先端を探る！ よりよい学びとは何か、よりよい学びを支える教育とはどういうものかという根本的問題に対して認知科学の立場から応え、多角的視野から検討し、まとめあげた好テキスト。
人が学ぶということ　認知学習論からの視点	A5上製 248頁 2600円 (904-2) [2003]
鎌倉女子大学子ども心理学科 編	子どもの心の問題や問題行動が深刻になりつつある現代に子どもを理解し、援助するために広い視野から改めて総合的に「子ども」を問いなおす。時代の要請によって成立した子ども心理学の入門テキスト。
子ども心理学入門	A5上製 208頁 2400円 (969-7) [2004]
鎌倉女子大学子ども心理学科編	
子ども心理学の現在	[近　刊]
伊藤美奈子 著	混迷している現代教育問題を教員・研究者・スクールカウンセラーと様々な立場から関わり続けてきた著者ならではの柔軟でバランスのとれた視点から捉え、開かれた連携、新たな教育の展望を具体的に示した好著。
思春期の心さがしと学びの現場　スクールカウンセラーの実践を通して	四六上製 148頁 1600円 (778-5) [2000]
平石賢二 編著	思春期・青年期の子どもたちの心理社会的発達の特徴を、彼らを取り巻く様々な人々とのダイナミックな関係性に焦点を当てて考察する。執筆陣に教師・カウンセラーを加え現場の事例を豊富に盛り込む。
思春期・青年期のこころ　かかわりの中での発達	A5並製 204頁 2000円 (0138-4) [2008]
渡辺弥生・小林朋子 編著	心身ともに急激な成長を遂げる10代の発達を概説した上で、様々な問題を乗り越えていくために必要不可欠なソーシャルスキル教育を解説。実践で使えるワークブックと詳しい教授法もついた実践の好書。
10代を育てるソーシャルスキル教育　すぐに使えるワークつき	B5並製 164頁 2000円 (0197-1) [2009]